当代学校变革的理论与实践译丛
杨小微 主编

心智交汇
复杂时代的教学变革
（第二版）

Brent Davis　Dennis Sumara　Rebecca Luce-Kapler 著

毛齐明 译

Engaging Minds
Changing Teaching In Complex Times

华东师范大学出版社

Engaging Minds: Changing Teaching in Complex Times, 2nd Edition/by Brent Davis/ISBN: 978 - 0 - 8058 - 6287 - 4

Copyright © 2008 Taylor & Francis

Authorized translation from English language edition published by Lawrence Erlbaum Associates, part of Taylor & Francis Group LLC. All rights reserved. 本书原版由 Taylor & Francis 出版集团旗下 Lawrence Erlbaum Associates 出版公司出版,并经其授权翻译出版。 版权所有,侵权必究。

East China Normal University Press is authorized to publish and distribute exclusively the **Chinese (Simplified Characters)** language edition. This edition is authorized for sale throughout **Mainland of China**. No part of the publication may be reproduced or distributed by any means, or stored in a database or retrieval system, without the prior written permission of the publisher. 本书中文简体翻译版授权由华东师范大学出版社独家出版并限在中国大陆地区销售,未经出版者书面许可,不得以任何方式复制或发行本书的任何部分。

Copies of this book sold without a Taylor & Francis sticker on the cover are unauthorized and illegal. 本书封面贴有 Taylor & Francis 公司防伪标签,无标签者不得销售。

上海市版权局著作权合同登记 图字:09 - 2008 - 152 号

献给
教师　Tom Kieren

致　谢

　　为了打破时下流行的认知观、学习观和教学观背后的假设与常规,一批老师、研究者和学者付出了辛勤的劳动,我们在此谨表诚挚的谢意!虽然本书只提及其中少数几位,但我们承认,正是有了这一大批与我们一样志在改变目前正规教育现状的教育者和批评者,我们的工作才得以顺利进行。

　　就周围的人来讲,我们非常感激我们的本科生、研究生、同事、审阅者和家属。他们仔细阅读了《心智交汇》的第一版,并提出了很有针对性的意见,为本版的修订做出了许多切实的贡献。同时,我们还要特别感谢几个为本书的发行提供了重要帮助的人,即英属哥伦比亚大学的 Moshe Renert, Juan Carlos Castro, Wendy Nielsen, Gillian Gerhard, Rachel Moll, Valerie Triggs, 和 Tammy Iftody, 以及女王大学的 Ted Christou, Jennifer Davis, Laura McEwen, Chris Deluca 等。

　　本书新增的大部分图片均由 Jenny Arntzen 制作,第 12 章的照片由 Oksana Bartosh 提供。Loretta Walz 设计了封面图片,O'Donoghue 帮助我们进行了平面设计。

　　我们还要感谢本书的编辑 Naomi Silverman,有了他温和的推动和熟练的介入,本书才得以成形。

目 录

"当代学校变革的理论与实践"译丛总序 / 1

第一编 认知 / 1
第一章 认知框架:知识观的内涵考察 / 4
第二章 认知图景:感知的生物和文化根源 / 19
第三章 认知行为:常态和发展的建构与解构 / 36
第四章 认知结构:具身性记忆和知识之研究 / 55

第二编 学习 / 73
第五章 学习框架:运用复杂思想研究学习系统 / 76
第六章 学习定位:学习观的历史及现状 / 92
第七章 学习心理:智力、创造性、多样性和集体性 / 113
第八章 学习形式:思想和文化的技术及结构 / 134

第三编 教学 / 154
第九章 教学框架:教学观的历史演变和新观点的兴起 / 157
第十章 教学挑战:全纳教学观和批判教学观 / 174
第十一章 教学条件:在复杂思想视角下重构教学实践 / 189
第十二章 教学遭遇:教学生活的伦理之维 / 206

参考文献 / 223
姓名索引 / 229
主题索引 / 233

"当代学校变革的理论与实践"译丛总序

我们处在一个变革的大时代。世界范围内的教育改革方兴未艾,基础教育领域中学校变革的理论与实践也是形形色色。就其基本进路来看,大致围绕两个问题展开,一是学校改革到底应该是"自上而下"还是"自下而上",或者是两者的结合?二是学校改革到底应该侧重于什么,是人、学校还是整个系统?前者是一个改革的路线问题,可称为"路线之争";后者是一个改革过程中关注点的问题,可称为"重点之争"。

关于路线之争。1969 年,Robert Chin 和 Kenneth D. Benne 在其著作《影响人类社会的一般变革策略》中对 20 世纪 70 年代以前的西方变革策略进行了概括。他认为,存在三种有计划的变革策略,即"权力—强制"型、"经验—理性"型和"标准—再教育"型。第一、二种都是普遍常用的、自上而下的变革方式,它们要么依赖于政治、法律、行政和经济的力量强制推行,要么着眼于某种理想模式的普及。第三种则是一种自下而上的变革方式,主张变革是一个所有参与变革者共同建立标准和接受再教育的过程。这种自下而上的变革方式的兴起,使"自上而下"的传统变革方式受到了冲击,从而构成了路线之争的第一个阶段。80 年代中期以后,学校改革中得出了两个基本共识:没有充足的证据说明采用自上而下的、命令—控制方法进行的改革提高了学校的效力;不少成功的事例证明,自内而外的改革学校的做法是可以提高学校效率的。依此,"学校本位"的改革策略备受关注,这种"自下而上"的教育变革开始与"自上而下"的标准本位学校改革和"自外而内"的市场本位学校改革分庭抗争,从而形成了路线之争的第二个阶段。路线之争在随后的 90 年代进入了第三个阶段,即人们已经不再局限于在"自上而下"和"自下而上"两者之间作非此即彼的选择了,而是开始寻找第三条路线。其中,欧洲经济合作与开发组织(OECD)提出了"共同适应与发展"的策略。霍尔和霍德于 2001 年在《实施变革:模式、原则与困境》提出了所有变革者平等参与的"水平模式"。迈克·富兰则在《变革的力量——透视教育改革》中以同样丰富的事例证明,"集权和分权都行不通",变革要坚持做到自上而下和自下而上同时给予相互影响。

关于重点之争。20 世纪 90 年代,学校变革的理论研究开始关注变革过程中以什么为重点的问题。M. Sashkin 和 J. Ebenmier 于 1993 年在一篇名为《学校变革的方法与过程》的文章中归纳了美国的教育改革存在的四种策略:(1)着眼于部分的策略,意图是革新学校里的某一部分,如教学大纲的某一部分;(2)着眼于人的策略,它的意图是改变人的态度、知识和技能,例如通过补习和继续教育来实现;(3)是指变革作为机构的单个学校,如通过组织发展;(4)着眼于系统的策略,是以改变整个学校系统方式进行变革。波·达林于1998年在《学校发展:理论与战略》提出了与之类似的三大策略,即个别化策略、组织化策略和系统化策略。变革分别以起始变革者、单个学校和学校系统为"单位"。

从思维方式的角度来看,无论是路线之争还是重点之争,思维的发展过程都是一致的,即从简单趋于复杂。大致来讲,这种思维方式有三个特点:一是强调变革主体间的互动和相互促进;二是强调变革过程在不断反思与重建中动态生成;三是强调变革没有普遍的模式,要根据具体情景而变化。

循着这种思维方式的走向,纵观当今西方世界的学校变革,我们不难发现,一种新的改革趋势正在受到越来越多的人的关注——这就是区域改革(district-wide reform),也称为学区改革(school district reform)。从研究形态上看,大致可分为三种:一是实践形态的,在美国和加拿大各学区中已有不少这种改革的案例;二是文献分析型的,如美国学者G. S. Shannon和P. Bylsma(2004)在《学区有效变革的特点:来自研究的主题》一文中,对过去15年来23个有关区域改革的研究进行调查,归纳出了区域改革的13个特点;三是实践与理论相结合的研究形态,如富兰等人在加拿大、美国和英国的多个学区进行了区域变革的研究。在此研究的基础上,他们在《区域变革的新启示》一文中总结出了有效的区域变革的10要素。从区域变革的切入点来看,这些变革大多以一个涉及全区的普遍性问题(如教师集中培训问题、全区学生的健康问题、全区学生的识字能力提高问题、全区资金的统一管理问题,等等)入手,进行区域变革,而着眼于区域中各个学校内涵发展的则相对较少。正因为此,富兰在其《教育变革的三个故事》中指出,在区域变革中的主要敌人之一就是对于学校内涵发展的忽视,而事实上每个学校的内涵发展都是无法替代的。

我国的基础教育尤其是义务教育阶段的当代改革,在经历了改革开放30年来从微观方法手段的更新到宏观体制理顺再到课程、信息技术等主题变革的多次转换之后,逐渐聚焦于学校这一中观意义上的基础性的分析单位。处于学校层面的改革实践,大致可以区分为两大类型。一是由教学、课程、信息技术、组织管理及教师专业发展某一维度的切入而引发的相关性改革,虽有一定力度但未能触及学校的结构、形态和整体品质,总体上属于局部的改革。这一类型的改革或可称为"非转型性变革"。另一类型则是顺应当前社会整体结构的转型及相应的教育结构与功能转型之大趋势,致力于学校整体面貌、内在基质和实践形态的有结构的变革,以此实现学校由近代型向现代型的根本转变,努力创建21世纪新型学校。这一类型可称为"转型性变革"。学校内部的转型性变革,面临着如何在学校整体性变革框架和思路之下,统整学校发展的价值观与目标重建,学习方式与学科课堂教学重建,学校德育或班级工作重建,学校组织、制度和文化的更新与重建,学校变革的方法论重建等重要问题。

三十年学校改革实践促进了理论研究的不断深入，也到了一个系统反思和整体转型的关口。随着教育改革实践阶段和性质的不断转换，理论研究的思路与方法也应作相应的调整和提升。无论是对教学、课程、班级建设、学校管理等领域进行反思与重建，还是对西方教育改革理论资源加以本土式吸取，都需要在研究的方法、策略及思维方式上进行方法论重建与创新，既丰富基础教育改革与发展的理论，又为中国教育学的理论建设提供新思路和新资源。

在我国的基础教育改革大潮中，区域性改革和学校变革分属于宏观与中观两个不同的层面，但在新的历史条件下，两者开始呈现出新的关系状态。

就宏观领域来看，区域推进是我国素质教育常用的变革方式。改革开放三十年来，我国区域推进教育改革大致经历了"恢复高考之后的散点推进阶段"、"在体制改革框架下的综合改革阶段"和"以全面实施素质教育为追求的区域推进阶段"，而今进入了"以义务教育均衡发展为主题的区域推进深化阶段"。正在兴起的以均衡发展为导向的区域推进教育研究，是当前素质教育的时代主题。我国教育发展非均衡状况主要表现为：东部地区多种发展水平在区域内共存，先进与落后、富裕与贫穷、国际化与本土之间既冲突又融合，区域"内差异"突显，这种内差异对教育发展而言，既是障碍又是资源。中部地区以农业文明为主导、属中等发达地区，但改革开放以来经济发展呈塌陷之势，教育的基础条件薄弱，教育投入的区域分配不均衡、普九欠贷严重，应试教育的强势导向更加大了这种不均衡，中部崛起战略将带来发展机遇。西部地区的经济总体上欠发达，多民族文化交融与冲突，高密度的国际援助在促进教育发展的同时，也使理想与现实、观念与行动之间的落差加大。面对这一非均衡状况需要进行区域变革的理论反思。其一，基础教育内涵发展在不同地区具有不同的"内涵"。尽管在东中西部，教育均衡发展处于不同的阶段，但是，无论处于哪一个阶段，内涵式发展都是基础教育均衡发展的题中应有之义。其二，对差异和均衡要有正确理解。我们承认差异、直面差异，但这并不意味着我们视一切差异为合理的存在。均衡是有差异的均衡，是追求优质的均衡，也是动态的均衡。就东、中、西不同地区基础教育促进均衡发展的状况来看，有的是不断提升底线的"成长性均衡"，有的是强势弱势不断互动和转化的均衡，还有的是将差异不断转变为发展资源的"有效益的均衡"而不是"削峰填谷"式的"平均"。也就是说，区域变革的推进离不开每一所学校的内涵式发展，而区域的均衡发展，也同样是以促进每所学校在自身基础上的发展为导向的。

在中观层面，学校变革是我国在推进素质教育过程中一直探索的主题。上个世纪80年代初开始的、综合的、整体的学校教育改革实践，是较早把研究的目光聚集到学校这个层面上来的。这一时期学校变革最突出的特征是引进系统科学方法论，强化了在学校层面上进行变革的整体意识。但这种整体性、系统观，在实际运用上仍停留于一般原则和空泛的口号。

在随后的90年代,一些大学研究者与中小学合作展开了主体教育实验,这一研究给中国的基础教育发展产生了不可忽视的影响。但是,其在学校变革方面的研究主要侧重于课堂教学,对班级建设和学校管理较少涉及,尚未形成较为完整的构架。在区域推进方面的研究,由于研究者指导的实验学校数量较大、跟进较快,较少对实践的深度介入和研究,也未形成步步深入的逐阶段推广计划。从理论构思上看,主体教育实验所强调的人的主体性毕竟只是作为整体的人的一部分功能特性,着眼于主体性的教育变革仍然很难称得上是一种"整体的人"的变革,也不是完全着眼于学校整体的"转型性"的变革。

从90年代中期开始,华东师范大学学者叶澜主持的"新基础教育"在东南沿海一些城市与中小学携手开展了学校的"转型性变革",顺应当前社会整体结构的转型及相应的教育结构与功能转型之大趋势,致力于学校整体面貌、内在基质和实践形态的有结构的变革,以此实现学校由近代型向现代型的根本转变,努力创建21世纪新型学校。这一变革的突出特点是:着重于内涵式和整体转型式的变革,注重将"推广性"与"发展性"相结合、基地学校深化与区域辐射推进并重、多元主体的参与以及多层面多形态的合作。

通过以上对中外基础教育改革发展总体状况的梳理,我们至少可以得出以下几点启示。首先,无论自上而下还是自下而上的改革,最终走向上下结合,如课程改革一进入实施,就离不开教学支持,离不开校本培训和校本研究;又如产生于基层的新基础教育、主体教育实验、学校整体改革,一旦得到地方行政支持,即转变为地方基础教育改革的政策和策略。这反映了三个层面是一种既相互制约又相互支撑的关系。其次,区域变革为上下结合型的变革提供了一个良好平台。在这个平台上,来自不同层面的基层学校、教育行政和大学科研人员聚集在一起,共同成就提升学校之"事",并在这种"成事"的过程中,成就个人、团队和组织自身的发展。再次,区域性改革与学校的内涵发展相结合是当代教育改革的必然趋势。学校不能离开区域生态而存活,没有学校深度变革的区域改革会失去依托。同时,缺少了区域改革氛围烘托的单个学校变革会成为孤岛。学校变革与区域改革必须同时推进、相辅相成。但目前国内外的研究在这方面都缺乏在这两者之间建立起内在联系的清醒认识,这需要有着眼于关系、过程的综合性研究思维和整体构建的发展思路。最后,当代学校变革应该着眼于"转型性变革"。转型是一种结构性重建,当今学校变革的主要任务,不是点状修补、也不是线性式的以新替旧,而是从学校组织的关键要素及其相互关系构成的整体结构上加以重组和优化。

然而,教育改革越是深入,其难度和复杂程度越高,在艰难的探索历程中,我们既需要勇气和坚持性,也需要不断地吸收域外同行探索提炼的最新研究成果作为滋养我们的宝贵资源,藉此拓展我们的研究视野、提升我们的变革智慧。有鉴于此,我们在华东师范大学出版社的鼎力支持下,从海量的前沿研究成果中,筛选出我们认为有价值的相关论著陆续译出,构成一个不断跟进的译丛。

译丛的首批书目共七本,即:

(1) 迈克·富兰(Michael Fullan)著,武云斐译:《教育变革的新意义》;

(2) 迈克·富兰(Michael Fullan)著,朱丽译:《变革的6个秘密》;

(3) 大卫·霍普金斯(David Hopkins)著,鲍道宏译:《让每一所学校成为杰出的学校——实现系统领导的潜力》;

(4) 菲利普·C·斯科勒克蒂(Phillip C. Schlechty)著,杜芳芳译:《创建卓越学校——教育变革核心之六大关键系统》;

(5) 布伦特·戴维斯(Brent Davis)著,毛齐明译:《心智交汇:复杂时代的教学变革》;

(6) 克尔隆·埃根(Kieran Egan)等编写,王攀峰译:《走出"盒子"的教与学——在课程中激发想象力》;

(7) 论文集:《实践智慧——舒尔曼论教学、学习与教师教育》(王凯译)。

迈克·富兰所著《教育变革的新意义》一书主要包括三个部分,第一部分主题是"理解教育变革"(第1章到第6章),提供了教育变革如何发生的详细图景。具体讨论了教育变革的历史、变革的主观现实性以及变革的动力,为成功的或不成功的改革过程提供了关键的内在视角。接下来重点关注特定的教育变革的决定是如何以及为何做出的,变革是如何实施和持续的,研究了规划及应对教育变革的各种复杂问题,试图回答"发展方向问题"。第二部分是对地方层面变革的论述,它由五章构成(第7到11章),其间讨论了在学校和学区层面不同职位上人们的角色问题。作者通过分析关键参与者即教师和校长的角色以及他们之间的组织关系,检视了学校之中的变革。这部分最后两章讨论了家长、社区和学校董事会的角色,特别讨论了具体的家长角色在教学、决策制定及其他与学校和子女教育的问题方面所起的作用。还通过案例分析了学区在学校变革中扮演的角色。第三部分共4章,讨论转向区域和国家层面,评估了政府机构的作用的两难问题并为政府行动提供了一些行动指南,讨论了学校中个体的教育和专业发展问题,最后基于教育变革的未来发展趋势和展望,反思了变革中的问题。作者风趣地指出:希望就存在于60年代的天真之中,70年代的玩世不恭之中,80、90年代的部分的成功之中,以及新世纪之始对现实的清醒认识之中,变革比我们想象的要困难得多。

迈克·富兰是多产的,我们在这批书目中还推出了他的《变革的6个秘密》以飨读者。2001年,他发现了五个彼此紧密联系且与组织成功联系在一起的主题:道德目标、理解变革、关系、知识运用和一致性。历时七年,他在考察了百万个变革实例后,从对英格兰和安大略(包括公立学校系统和大学)教育改革的理解工作,以及实现大规模的、真实性变革的工作,还包括他在世界各地参与的一些重要变革行动中发现了必须掌握的6个秘密,即:关爱并为一种高质量的目标而投资于你的员工是成功的基础;将同伴与目标联系起来;能力建设优先;学习即工作;透明法则;系统学习。掌握了它们,你将重新建立起应对变革的信心,这种信心反映了一句格言:"依据知识行动的能力,同时怀疑你所知道的。"

大卫·霍普金斯的《让每一所学校成为杰出的学校——实现系统领导的潜力》共八章按三编展开。在第一编"系统变革的缘起"中,开篇以一种压缩的形式陈述全书的基本观点,"让每一所学校成为杰出的学校"这句话,作为任何一个社会民主的教育体系中教育核心目标的隐喻被推出,并提出了学校改进的建议,还指出了先前大规模教育改革失败的事实,认为作为根本性的改革方法,系统改革的方法已经势在必行。许多国家大规模教育改革的努力尽管在早期取得了一些成功,但是,这些改革现在大部分止步于"高原期",对这些大规模改革结果分析显示,一段时间内,国家指令需要通过学校领导改革进行平衡。可是,从给定处方方式转换到专业自决的方式需要有系统的观点——在所有层次上都需要这样的能力建构。

第二编共四章,讨论的焦点转移到学习、教学和学校层面的进程,集中阐述了系统变革的四大动力,即个性化学习、专业化教学、理智责任、网状组织和创新。第三章讨论了个性化学习这一先导性主题,它允许系统从一个建立在提供服务基础上的系统转变成一个强调大规模定制品和合作生产的系统。个性化学习是它的教育形式。这一着重点提供了一座桥梁,它使处方式教学、学习技能、课程和评价,过渡到确保使每一位学生实现其潜能的课堂实践的方法上来。第四章论述的焦点是个性化学习需要对教师的教和学校自身组织方式作根本性调整,教师自身需要塑造成新的专业主义形象,他们用向学生提供大量数据和证据材料的各种各样的教学模式,达到使每一位学生都能进行个性化学习的目标。第五章讨论的中心问题是:在从"给定处方"到"专业自决"的过渡中,任何责任框架都不仅需要实现它的初始目的,例如提高水平,而且需要建立具有专业责任的能力和信心。建成"理智的"责任系统需要在内部评价和外部评价之间寻求平衡。第六章围绕如下中心问题展开:持续的教育改进不仅是学校的成就,也是学校中教师、学生的成就。持续的系统改进要求具备一个教育愿景,这一愿景为学校及当地社区共享共有。

第七、八章构成本书最后一编。为了让每一所学校成就非凡,通过培育系统内部的多样性和创新能力,实现富有生机的系统发展、壮大,并形成规模,就是必要的条件。作者一再重申"为了让每一所学校成为杰出的学校,要具备几个卓越的信念:诸如个性化,专业自决,网状工作模式,理智责任,个别与系统兼顾的领导方式"这一观点。这些观念如能被那些贴近实践的人掌握、运用,那么就能实现系统改革的潜力。作者讨论了国家和地方政府所扮演的角色在学校系统变革中的转变,并指出通向成功的"第三条道路"。在这条道路上,学校领导、教师、政策制定者和社区可以协同工作,把"让每一所学校成为杰出的学校"的理想变为现实。

菲利普·C·斯科勒克蒂所著的《创建卓越学校——教育变革核心之六大关键系统》,与大部分热衷于改造坏学校的改革者不同,作者这本书里关注的焦点是创建卓越学校。他引用克雷顿·克里斯汀生(Clayton Christensen)区分的两种革新类型,即:持续性创新和破坏性创新。充分与现存社会系统相一致的革新是持续性的革新,它对于这些系统的结构或文化几乎不产生影响。这种革新基本上是目前系统的延伸。它们意在改进效果和效率,并使目前的系统最大限度地发挥潜能。如果能够有效地使用破坏性革新,在组织的结构和文化方面都需要明显的改变。这种改变不仅需要信念、价值观和承诺的变革,也需要规则、角色和关系的变革。本书作者指出,在像学校这样复杂的社会组织里,具有决定作用的是六个关键系统,即:招募和引进系统、知识传递系统、权力和权威系统、评估系统、方向性系统和边界系统。全书分三个部分,第一部分区分了通过参与产生的服从和通过外在奖励或惩罚威胁产生的服从,认为只有通过戏剧性地变革决定学校行为的系统,才能把参与的培养作为学校的核心任务。系统变革中的六个关键系统由一系列复杂的规范和价值观而结合为一体,这些规范和价值观是在规则、角色和关系中表达出来的,从这一观察角度入手,阐明这些规范如何在学校场景和学区操作的。作者还描述了系统变革和成人服从模式之间的关系。第二部分即第四章到第九章,逐章详细阐述了必须变革的六个关键系统。第三部分是全书最后两章,讨论了如何迈向破坏性革新。作者呈现了分析人们遵守正式规范范围的框架,这些正式规范指导着系统内的行为。还尤其关注引进新规范的努力和支持新价值观与方向而产生的问题。最后向读者呈现了对于美国未来公立教育的个人看法。

布伦特·戴维斯的《心智交汇:复杂时代的教学变革》与大部分有关这个主题的文献不同,并不从假定存在既定的教学定义入手——甚至不假定可能(或应该)存在对于教学含义的广泛认同。相反,作者围绕一些疑难问题来组织本书。这些难题涉及感知、认知、行动、身份、背景、意图和一些有助于理解教学的其他问题。"什么是教学?"这本身就是一个难以回答的问题。事实上,在纷繁的教学理论、教学哲学和教学实践中,似乎只有一点已达成共识——即教学与促进学习有关。当然,这一点又使人想起另一个问题:"什么是学习?"尽管人们很想承认这个问题已有定论,但事实上,这是一个非常复杂而又尚未充分理解的现象。如同教学一样,人们对学习的理解也多得令人咋舌。与教学一样似乎也没有多少共识——除了认为学习是改变人们已有的认知之外。

该书在第一编中讨论的问题是：什么是知识？知识有什么作用？认知是什么？什么是认知者？事实表明，这些问题并非微不足道，对于这些问题的最新回答，使人们的常识面临巨大的挑战。第二编着重论述学习。什么是学习？学习是怎样发生的？什么是学习者？为什么有些学习者比其他学习者更有能力？智力能够提高吗？与认知一样，有关这些问题的最新见解可能具有挑战性。在有关教学的讨论中尤其如此。第三编讨论教学。正如大家所期望的，这一编也会提出一些与人们根深蒂固的信念和实践相左的东西。因为前面已经讨论了认知和学习，这部分着眼于考察时空中的不确定因素，主要目的是呈现一种切实可行的、与我们所处世界相契合的教学观。

作者声明，本书主要不是讨论根深蒂固的观念或者陈旧的实践，而是怀着更加令人鼓舞的目标，即探讨有关认知、学习和教学的新见解，考察它们为教育带来的发展空间。探讨这些主题时，我们的意图不在于用另一种自信来代替已有的深信不疑的信念，而是努力寻求一种更具尝试性的方法来探索存在和教育的复杂性——这是我们一直试图以诙谐的语言来强调的一种态度。

想象是教育中一个必不可少的方面，它允许我们从新的视角看待世界，以此帮助我们改善教学。克尔隆·埃根等多位作者撰写的《走出"盒子"的教与学——在课程中激发想象力》，从多重视角聚焦想象和想象力问题。作者们从历史、哲学、社会和心理等多个角度探讨这种新的教育观念，并考察想象在公共教育中的作用和含意。他们相信，学校必须培养和开发学生的智力、道德和审美想象力，以确保他们获得成功而富有意义的教育经验。然而，极其常见的是，尽管教学方案看上去使用了富有想象力的材料和方法，但课程和活动仍然无法激发学生想象力中的决定性方面。这本书致力于对想象力培养之价值和意义的深入理解，确立想象在教育中的理论和实践意义。

全书由两大部分构成。第一部分的作者从历史和哲学等多个视角看待"想象"这个概念，克尔隆·埃根的文章在开篇论述了想象在教育中的重要性，有的作者具体阐明了想象和教育之间的关联，有的则对有关教学中想象作用的某些普遍的无根据的观念和误解提出了质疑。有的作者力主一个人想象力的发展必须成为教育至关重要的部分，因为想象与教育的关联仅仅被一些教育理论家在教育原则上阐明或认识到，却不存在于当今的实践中；有的主张批判性思维和想象性思维是相互促进的技能，两者通常都是教育和社会科学中范式间知识建构所必需的。第二部分的作者提出了一些有关想象的通行的迷信说法，探讨了想象是如何成为学习的基础部分，并说明了实践中是如何看待想象教育的。这一部分的作者分别从"想象在数学课堂中的作用"、"想象与文学教学"、"想象与科学教育"、"想象与艺术教育"、"想象和问题青年的教育"、"富有想象力的多元文化教育"等方面展开专题研讨。

一位物理学家指出:"我们作为科学家的责任是……教授人们如何才能不害怕疑问、并主动迎接和讨论疑问,要求这种自由成为我们对于后代应尽的职责……如果我们想解决我们以前从未解决的问题,我们就必须让大门为未知半开着",而那扇门是由想象来打开的。

《实践智慧——舒尔曼论教学、学习与教师教育》是李·S·舒尔曼(Lee S. Shulman)探讨教学、教师教育和教育研究性质的论文集。舒尔曼曾任美国教育研究会、美国国家教育科学院、卡内基教学促进基金会等多个组织的主席,主持了教师思维、教师知识分类、PCK知识等多项具有开创性的研究项目,并积极倡导教学成为专业,以及促成西方教学研究范式转型,是影响美国教育政策,具有国际影响的重要教育学者。为此先后获得美国教育研究会的最高荣誉——教育研究杰出贡献终身成就奖、E·L·桑戴克杰出教育心理学贡献奖。这本文集囊括了舒尔曼各个时期的学术精品,涉及教学研究范式、教学的特性、教育心理学、案例教学、教师知识、教师评价等方面研究的成果。其中不乏《知识与教学:新改革的基础》、《教学研究:历史与个人的视角》等影响深远,耳熟能详的名篇。因为舒尔曼几乎没有个人专著,这本文集可以算得上他的代表性作品。

上述首批书目中的前六本正好构成教育、学校、课程与教学三个层面的主题研讨,然而,这三个层面之间又是相互关联的。例如,迈克·富兰的两本著作是在一般意义上讨论教育改革,却始终不离开学校变革这一核心主题,他使用了大量特定的教育改革来解释教育变革的实践意义,这些特定的改革就涉及课程的各个学科(如语文、数学、科学、社会)、计算机、合作学习、特殊教育、学校重构、教师教育、全校性的革新等等领域;关于学校变革的两部著作都涉及学区与社区环境,且以系统的视野将学校变革置于社会变革的大背景中;另两部著作在课程、学习及学科课堂教学领域展开探讨,涉及的诸多问题都关系到学校的系统变革。可以说,六部著作浓缩地映射出当今以学校变革为核心的教育改革所呈现给世界的复杂多变的壮观图景。第七部属于学者个人的论文集,涉及教学、学习和教师教育多个领域,能给读者带来不一样的感受。

诚挚地感谢迈克·富兰先生、大卫·霍普金斯先生等多位原作者欣然为我们的译著撰写中文版序,这是对我们工作的最大激励。真诚地期待读者喜欢我们的选择,也真心地期待读者指出我们翻译过程中理解和表述上的错讹,以及你们宝贵的建议。在读者的鼓励下,我们将有信心把后续工作做得更好。

杨小微

华东师范大学基础教育改革与发展研究所

2009年9月30日

第一编 认 知

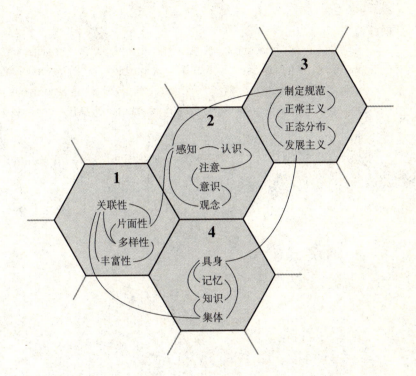

词源

  认知(know)一词源于希腊语 gnosis,意为"灵知或洞见"。它还有一个补充词 pisteme,意指"日常技能"。英语只用"认知"一个词来包含这些不同方面的意义,这种现象很少见,而大部分其他语言都有两三个动词来表达这些意义。比如,法语用 connaitre 和 savoir,德语用 kennen 和 wissen 来区分"熟悉"(人或物)和"掌握"(事实)。

同义词

  接受(accept)、熟悉(be acquainted)、能够做(be able to perform)、理解(apprehend)、相信(believe)、认识(be cognizant of)、领悟(comprehend)、辨别(discern)、区别(discriminate)、区分(distinguish)、体验(experience)、熟悉(be familiar with)、感到(feel)、弄清(fathom)、审查(go through)、领会(grasp)、拥有(have)、掌握(master)、遇到(meet with)、了解(be onto)、感知(perceive)、证明(prove)、认出(recognize)、记得(remember)、品味(savor)、看到(see)、确信(be sure of)、品尝(taste)、经历(undergo)、理解(understand)

反义词

怀疑（doubt）、忘记（forget）、忽视（ignore）、曲解（misinterpret）、误解（misunderstand）

同源词

不可知论者（agnostic）、认知（cognition）、认识（cognizance）、诊断（diagnosis）、认识的（gnostic）、不光彩的（ignoble）、无知的（ignorant）、化名（incognito）、通知（notice）、观念（notion）、声名狼藉的（notorious）、预知（precognition）、预后（prognosis）、预言（prognostication）、认出（recognize）

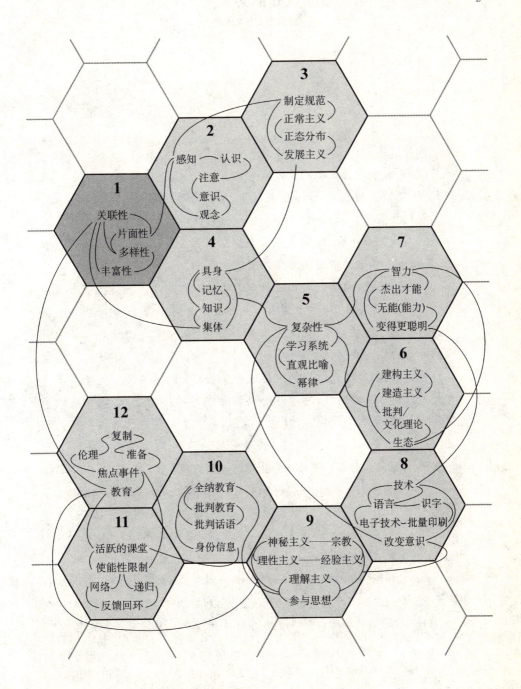

第一编 认知

第一章　认知框架
知识观的内涵考察

为什么在讨论认知的时候我们会经常用树的图像（image）作比喻呢？比如，我们会说知识的大树和它的研究分支，也会讲意识的种子、理解的根、洞察力的生长、学习的果实等。

人们热衷于把知识比喻为有机体，这在某些方面与现行知识观不合拍——在谈论知识时，绝大多数人会把它当作存在于外部真实世界的东西，等着乐于接受的头脑去发现和吸收它。

但是，树的图像会使我们注意到迥异的关系网络。树是生长和发展的，它本身既是整体，同时也是由部分组成的共同体，包括树根、树干、树枝、树皮、树叶和树种等，而其中的每一部分，本身又是由细胞和其他鲜活的形态构成的共同体。

当然，我们不可能把树简化为这些要素。它的活力源于这些亚系统相互关联而形成的网络，有了这个共同活动的网络，水和食物才得以移动，能量才能聚集和转化，呼吸才会顺畅，其他生命功能才可以实现。因此，与其说树是物，倒不如说它是能量交换的节律。*

同样，树的这种形态记载着它穿越时光的历程。树枝层级分支，这种精确的模式既为人们所熟知，同时也不可预见。在其他的树木及其根系和叶茎中，在河流三角洲、闪电以及血液循环系统中，我们都能发现类似的分支模式。然而，树的这种分支模式完全独一无二。它是气候、季节、其他生命体和微小种子里所包含的信息等要素动态交织的、仍在形成中的产物。

那么，在讨论知识时，使用树的图像之所以突出和常见，也许是因为这种方式会使看到该图像的人想起使生命形式得以彼此关联的模式。用树的图像表示知识，暗示着认知所内含的活力、丰富性、偶然性及其不断发展的特征。

---

* 该短语出自 Neil Evernden, *The natural alien: Humankind and enviroment* (Toronto: University of Toronto Press, 1993).

第一节 关联性

这是一本关于教学的书。

与大部分有关这个主题的文献不同,我们所写的这本书,并不从假定存在既定的教学定义入手——甚至不假定可能(或应该)存在对于教学含义的广泛认同。相反,我们围绕一些疑难问题来组织本书。这些难题涉及感知(perception)、认知、行动、身份、背景、意图和一些有助于理解教学的其他问题。

"什么是教学?"这本身就是一个难以回答的问题。事实上,在纷繁的教学理论、教学哲学和教学实践中,似乎只有一点已达成共识,即教学与促进学习有关。

当然,这一点又使人想起另一个问题:"什么是学习?"尽管人们很想承认这个问题已有定论,但事实上,这是一个非常复杂而又尚未充分理解的现象。如同教学一样,人们对学习的理解也多得令人咋舌。它与教学一样似乎也没有多少共识——除了认为学习是改变人们已有的认知之外。

那么,什么是认知呢?这是本书的一个起点性问题。在第一编中,我们的问题是:什么是知识?知识有什么作用?认知是什么?什么是认知者?事实表明,这些问题并非微不足道,对于这些问题的最新回答,使人们的常识面临巨大的挑战。

第二编着重论述学习。什么是学习?学习是怎样发生的?什么是学习者?为什么有些学习者比其他学习者更有能力?智力能够提高吗?与认知一样,有关这些问题的最新见解可能具有挑战性。在有关教学的讨论中尤其如此。

第三编讨论教学。正如大家所期望的,这一编也会提出一些与人们根深蒂固的信念和实践相左的东西。因为前面已经讨论了认知和学习,这部分着眼于考察时空中的不确定因素,主要目的是呈现一种切实可行、与我们所处世界相契合的教学观。

从许多方面来看,这里所呈现的论述,既试图颠覆人们对于正式教育的普遍理解,又试图恢复一些被遗忘或压抑着的有关认知、学习和教学的见解。在人类的理解能力的发展历史中,复杂性、相互依赖性、涌现和转换等核心主题源远流长。事

在这本书的三编中,每一编的第一章的标题都有一个词框架(frame),它与来自(from)的词根相同。这两个词都指向历史和运动,表明感知和理解都是与经验相互缠结的。

我们的来(from)路框(frame)住了我们自身。但是,因为我们从来就不是静止不动的,所以我们的框架又是不断发展变化的。

苹果是表示师生关系的经典图标,也是教育里面一个较突出和常用的标志。

在讨论认知、学习和教学时,把苹果置于一个发人深醒的(provocative)关系网络中,苹果也就成了一种象征,既可以用来指根深蒂固的理解(sensibilities),也可以用来表示新兴的看法(见原书第17页)。

树不只是一个有趣的主题,也不只是一些发人深醒的比喻的发源地。

比如,有证据表明,仅仅是挂一幅树的风景画(而不只是通常所看到的医院的空白墙壁)就能促进病人康复。很明显,植物还能帮助人们降低焦虑。

也有证据表明,"绿色时代"(green time)能够帮助孩子们(尤其是那些以前容易分心的孩子)集中注意力。*

* 参见 Jesse Norman, Living for the City(London: Policy Exchange, 2006).

实上,在每个文化的神话故事和民间传说中,你都能很容易地发现这些主题。然而,由于人们坚持精确的定义、清晰的归类、无懈可击的基础和不可辩驳的逻辑,这些主题一直被掩盖了几个世纪,直到最近才重见天日。

在讨论教育和受教育的含义时,人们还没有摆脱这些愿望,还在寄希望于普遍真理、精确测量、去情景的方法(context-free methods)和可预见的结果。在大学的书店和专业图书馆中,专门放置教育书籍的书架上,这样的书籍可谓汗牛充栋。这些大部头的书,强制性地规定了教学计划、课堂管理、评估策略和提问技术之类的主题,更有甚者,这些工具性的东西又经常被进一步细分为具体的技术,作为良好实践的基础呈现出来。

在用来进行教学评估的核对清单和评估细则中,大部分教师都看到过这些"专业知识"。我们这些作者也经常遇到这类东西,起先是在公立学校当老师的时候,后来则是在当教师培训者的时候。在看一些师范生(teacher candidate)上课时,我们常有一种不舒服的感觉——他们似乎做什么事都"照搬书本"("by the book")。即,他们总是试图表明,他们很清楚如何条清缕晰地陈述学习目标,如何整合一堂好课的所有要素,如何不偏不倚地运用课堂管理策略。但很明显,他们做得并不好。他们精心设计和呈现出的完美无缺的课,往往完全忽略了课堂要素出现的偶然性。本书的目的就在于探索这种分离的根源。

然而,本书主要不是讨论根深蒂固的观念或者陈旧的实践,而是怀着更加令人鼓舞的目标,即探讨有关认知、学习和教学的新见解,考察它们为教育带来的发展空间。探讨这些主题时,我们的意图不在于用另一种自信来代替已有的深信不疑的信念,而是努力寻求一种更具尝试性的方法来探索存在和教育的复杂性——这是我们一直试图以诙谐的语言来强调的一种态度。我们使用"心智交汇"(engaging minds)、"认知行为"(knowing acts)、"学习定位"(learning positions)和"教学条件"(teaching conditions)等用语,以表示我们重视认知中的诘问习惯,提醒人们在知识中存在的尚未实现的可能性。这些标题既可以理解为名词短语(表事物),也可以理解为动词短语(表动作)。这反映了认知的必要条件,也就是说,认知需要动静结合的能力,也需要为了更好地迈出下一步而暂时驻足的能力。换言之,本书以这个信念为基础,即知识是动态现象。我们使用动名词"knowing"(认知),目的就在于提醒人们,知识不是物。

避免知识走向固化的一个策略,就是留心语言和关系网络。举一个熟悉的例子,我们可以看看"教育产业"(the business of schooling)这个用语。从这个用语我们可以得出:学生是顾客,教育是一种可买卖的服务,教师是技术熟练的工人,知识是商品。由此,我们可以很容易地得出一系列推论。比如,假定一个人接受了正规教育是商业的观念,他就会觉得追求效率、最大利润、质量控制、工人问责和资源管理都是有意义的——确切地讲,教育要缩减教育资金、增大班额、减少备课时间、实施标准化考试(既针对学生也针对教师)。凡是支持这套观念的理论和行为,他都会认为有道理。我们还可以这样继续推理下去。

> 简言之,我们不能把一个人说话的方式与他的思想和行动割裂开来,认知和做事并不是两种不同的现象。
>
> 当然,树不是独立存在的生命形式,而是更大系统的组成部分。比如,要理解一种树为什么可以结出这么丰硕的果实,而另一种树为什么可以结出那么多的种子,你就必须把这种树的生活与它所在森林的生活联系起来。树处在相互交换能量的网络中,它给形形色色的昆虫、飞禽、爬行动物和哺乳动物提供食宿(更不用说是更微小的生命形式了)。作为交换,这些动物也会帮它们传花授粉、撒播种子和滋养树根。
>
> 当这些生命形式与其他的生命形式一起,共同参与氧气和二氧化碳的交换以及水的循环运动时,这种相互依赖性会进一步扩展开来——这些交换和运动都属于季节性运动和一年一度的生命循环的某些方面,通过它们,天空和大地、有机和无机、生命和死亡、过去和现在、可能与现实都被统一了起来。
>
> 树不是单一的实体,森林也不仅仅是树的集合,这些看法事实上还是颇为新颖的。大约一个世纪前,俄国的 Georgy Fedorovich Morozov 最早提出了这些观点。* 他把树比喻为"植物社会的森林"("forest as plant society"),以此强调生态系统会产生单个树木无法展示的特性。

* 引自 David Suzuki & Wayne Grady, *Tree: A life story* (Vancouver, BC: Greystone, 2004).

> 不无讽刺的是，在目前许多有关文化和社会的讨论中，Morozov 所提出的"作为社会的森林"的隐喻被颠倒过来了，成了"作为森林的社会"。在很大程度上，由于人们已经开始意识到了自然系统中令人惊讶的复杂性，在人类社会系统和自然生态系统之间进行类比已经是司空见惯的事情了。

第二节 片面性

本文的一个核心主题是，认知总是会越出认知者的感知界限。人不是自我封闭、与世隔绝的、孤立的存在，而是处于一个更加广阔的社会、文化和生态系统之中。

在那些最流行的"教学指南"（"How to Teach"）中，很难见到对认知和认知者的如此重视。我们相信，缺乏对于认知问题的处理——或者，更麻烦的是，压根就不承认它们是问题——曾经助长了根基不稳的教育正统的出现，也助长了一种固守文化传统的、不思变革的教育机构的形成。

这里需要集中说明的一点是，我们要认识到每个认知行为都是片面的（partial）——包含"不完全"（"incomplete"）和"偏见"（"biased"）两个方面的意义。认知需要选择，也需要通过选择来放弃其他的可能性理解。这些选择既不单纯，也非出自善意。现代学校教育所产生的实际影响就可以证明这种说法：在讨论正式教育时，人们经常会提到学校是一种善行，且能够提供无限多的机会，但学校远不是去兑现这种承诺，而是表现为与社会合谋，共同保持一种按经济分层的社会现状。在这种社会中，特定的知识领域、特定的文化传统和特定的社会身份具有超越其他知识、文化和身份的优先权。（参见第十章）

授予特权这种现象本身不是主要问题，毕竟，认知的片面性是合法的。人的感知和意识是有限的，期望对任何事物都能有一个全面而无偏见的认识是天真的。然而，麻烦的是，人们并没有注意到这些片面性的存在。这种无知可能导致危险的

有些植物是根茎的，即他们通过地下的芽铺展开来。比如，在一个白杨林中，所有的树经常共同构成一个统一的有机体，而联结这个有机体的只是一个根部系统。

这种根茎植物提供了一个生动有用的比喻，可以用来描述某些观念相互联结的状态。有些观念表面上看起来是截然不同（和相互对立）的，但其深处可能是互相交织的，即便这些联系深藏不露。*

* 参见 Gilles Deleuze & Felix Guattari, Anti-Oedipus: Capitalism and Schizohrenia (Minneapolis: University of Minnesota Press, 1983).

自满——自信懂得够多,满足于流行的思想观念,没有兴趣担当起关注其他世界观的伦理责任,忽视人的行为对其他现象造成的影响。

目前,这种自满导致的一些极端后果正在逐渐显现。全球变暖、流行疾病的威胁以及过敏、哮喘和癌症的涌现,各种危机隐隐逼近,这些都是认知的产物。这些后果的出现,与人类(尤其是西方文明)认识他们在世界中所处地位的方式有关。因此这里包含着另一个问题。由于人类对于世界的适当反应,可能不只是获取更多知识的问题,而是如何以不同方式认识世界的问题,所以人们现在似乎变得有些不知其所了。

我们现在返回到这一节开始时的观点:认知总是要超越认知者的边界。认知是相互关联的,这种关联既与观念上的联系有关(正如上一节所提到的),也与认知者的身体所在的网络有关。认知者、知识和认知的对象都密切相关,一个人的所知、所是和所为从来都不是截然分开的。

那么,正规教育又如何进入这些认知网络之中呢?要培养学生的综合能力,使他们不只是积累更多的知识,而是以不同的方式获取知识。为此,教育者又该肩负起什么样的责任呢?

本文反复强调这种以不同方式进行认知的重要性。令人欣慰的是,就教育实践而言,实际上已经出现了一些以不同方式进行思考的趋势。在核对清单、线性课程、僵硬的教学模式、标准化的评估细则和其他相关事项的背后,隐藏的是还原论的、片段化的思维方式,而人们在认知本质、学习过程和教学可能性等方面的新近探讨,已经对这些思维方式提出了挑战。在人类学、神经学、社会学、心理学、数学、计算机科学、文化学、生态学和生物学这些似乎完全不同的领域之间,已经出现了概念的融合,而这些融合的核心就是认知的嵌入性(embedded)、具身性(embodied)①和情景性(situated)等。这种跨学科的势态有助于探讨某些学校教育实践,揭示构成和维持这些实践背后的那些自我延续和未经批判的关系。在接下来的几页里我们还会更深入地阐述此观点。

在这个过程中,这种跨学科运动有助于重新定位教育——不是将其定位为西方文明复制自身的手段,而是将其定位为奔向未来的希望之源。有些人甚至进一步认为,一种倡导以不同的方式进行认知而不是强调获得更

---

① embodiment 和 embodied 本意指具体化、体现等,它们作为专业术语用于心理学和哲学时,强调人的心智(如思想,观念,概念等)的形成在很大程度上取决于身体的某些具体方面(如运动能力、活动、与环境的互动等),反对身心二元的两分法。这里采用国内一些学者的译法,将其译为"具身性",以表达认知与具(体)身(体)活动密切相关。——译者注

多知识的教育,也许是人类的最佳希望之所在。*

小幅升温、微量水银、少量砍伐森林、单一作物的推行——人们曾经认为,从全球范围来看,这些事情都是微不足道的。毕竟,这个星球浩瀚无垠。

但是,在过去半个世纪的生态学研究中,人们得到的一个重要认识就是,起因和结果之间的关系不是成比例的,因为表面微小的环境变化也曾导致过巨大的生态灾难。这种认识引发了众多的讨论,也使人们对于自身在生物圈中所处位置的流行观念发生了极大的转变。

尤其是,人类似乎重新清醒地认识到自己只不过是芸芸众生之一。人类也越来越意识到,在生物组织的各个层面都有必要存在多样化的系统,在一个物种中必须有多样化的基因,在一个栖息地必须有多样的物种,在一个生态系统中必须有多样的栖息地,在一个星球上必须有各种各样的生态系统。在所有这些层面上,只要某个层面的种类减少了,该层面的生态组织(因而也是所有其他层面的生物组织)就可能岌岌可危。

同样的思想近来已经被应用于人类王国——种族圈(ethnosphere)。** 因为人们的认知都是与其生存环境相适应的,而这些环境又包括北极冻土地带、赤道丛林、大陆中部平原、大洋中的多山岛屿,以及沙漠和雨林,等等,因此在整个地球上,就会存在种类繁多的文化传统。在每个文化传统出现时,就会出现一个新兴的社会——也就是一个认知系统,而这个新兴社会总是深深植根于其地域之中。从整体上看,这些形形色色的认知系统共同组成了一个种族圈——它是人类智慧的集合,包含着多种解读世界的方式,以及对于人在生态圈中所处位置的不同理解。

我们也许可以认为,既然生态圈的持续生存需要各个层面都有多样化的生物,同样,要确保人类的生存能力,也需要社会和文化的多样性。

* 比如,参见 Edgar Morin, Seven complex lessons in education for the future (Paris: UNESCO, 1999).

** 比如,参见 Edgar Morin, Seven complex lessons in education for the future (Paris: UNESCO, 1999).

第三节 多 样 性

作为西方文化不可分割的一部分,正规学校教育的形成是以知识假设和政治现实为基础的,而这些假设和现实大多根源于启蒙时代的经验主义和欧洲帝国主义,它们联合产生的影响如此显著,以至于人们经常认为这些假设和现实就是"事物存在的方式"。事实上,一旦有人质疑这些假设和现实,这些质疑也往往会被认为过于哲学化或者"不符合教师的实际需要"而不予理会。

本书的一个主要意图是质询这些假设和论断。我们自始至终地关注西方较近的思潮和纷呈的世界观,以期能在知识、学习和教学方面获得更为复杂的理解。在这个课题中,我们正在与一线教师的合作使我们深受鼓舞。这些一线教师与我们一样,一直认同这些理念,认为相对于经验主义和欧洲帝国主义的那种指定性和简化论的传统而言,这些理念更适合他们的课堂实际。

与那些"铁板一块"的学校教育框架不同,从我们的视角来看,更突出的主题是多样性。

在讨论本土民族时,多样性是一个核心话题。本土民族的知识和理解浩若繁星,而这些多样的知识和情感在西方的认知方式面前已经黯然失色。鉴于研究本土的教育家们的一些观点与本文的意图关系甚密,我们在这里对其略作讨论。* 在讨论前,需要强调一点,我们提及本土世界观,目的不在于窃取他人的观点,而在于表明对源于不同文化、时代和地域的认知的关注是重要的。

正如我们在随后的几章(尤其是第五章和第九章)中将要阐述的一样,数百年以来,经验科学一直是西方世界在知识产生方面普遍持有的态度。支撑经验主义思想的要素,包括可重复的实验、简明的测量和可预见的结果等,这些要素的重要价值在现代科学的惊人成就中表现得淋漓尽致。

遗憾的是,现代科学所取得的成就及随之而来的经验主义特权使人们倾向于把现代科学看成是"铁板一块"的、一元化的

理论 VS 实践?

为了作出最好的行为决策,你需要建立一套清晰明确的、在逻辑上能自圆其说的(logically defensive)观念体系。好的教学根源于好的理论。

你没有时间为每个决策去翻找逻辑含义,因此,好的教学就是实实在在的、反复演练的熟练掌握了的实践。

共同的基础:在古希腊哲学之中,理念(即观念)与身体被看作两个截然不同的王国——因此,理论(一个人看待世界的方式)与实践(一个人在世界中的行动方式)就被分离开来了。

* 对于本土教育的更完整介绍,请参见 Linda Tuhiwai Smith, *Decoloizing methodologies: Research and indigenous peoples* (London: Zed Books, 1999).

我们每一章都反复使用根茎的图像(见下文和扉页),以表示那些表面相互冲突而实际却同根共生的观念。比如,大家普遍关心的"理论与实践相脱离"(theory-practice split)可以追溯到古人对于现实的性质所作出的假设——一个站不住脚的观念。

理论,就其字面意思来讲,与我们感知世界的方式有关。我们怎样看待世界影响到我们如何行动;我们如何行动又影响到我们怎样看待世界。换言之,所有的实践都是理论化的,而所有的理论都会影响实践。

* 参见 Gregory Cajete, Look to the mountain: An ecology of indigenous education (Ashville, NC: Kivaki, 1994).

和西方知识的所有代表。事实上,研究本土文化的学者们已经表明,西方知识比他们通常展示的要更加纷繁多姿,而且冲突多多。比铁板更为贴切的比喻是集市(bazzar),集市把物品、观念、叙事、词汇、图标和文章等集于一身,而这些东西源自许多知识传统,并通过规则、信念、哲学和实践等表现出来。这些因素既是稳定的(通过不断的演练而各就其位)同时又是动态的(随着环境的变迁不断地进行调整)。

即便如此,很少有人会清楚地认识到西方知识与文化内在的多样性。本土教育研究者已经强调了该问题,他们经常对那些倾注在西方知识中的动机和方法极为愤慨。比如,把知识当作商品,即把知识作为一种固定的可供买卖的东西。这样的倾向是西方特有的一种观念,也是一种把非西方文化置于被统治和被剥削地位的观念。此外,西方文化传统中存在的另一个问题是,它通常把个体当作认知和社交的基本单位,并由此引申出所有的知识与文化。它假定人是彼此独立和孤立存在于自然界的,因而很难(如果不是不可能的话)认同那些以集体主义和相互联系为基础的世界观。

个体主义与集体主义的反差也许是西方和许多本土信仰系统之间存在的最明显冲突。* 本土文化中的伦理、实践、社会结构和关系的形成,所依据的通常是他们对于人与人之间以及人类与"超人类世界"(more-than-human world)之间关系的鲜活感受。在这样的情景中,认知就不能再被理解为不带感情色彩的学术训练,也不能视为生产出待售的商品。相反,认知关系到你的身份和职业,展现在政治、社会与环境等相互交织的网络中。

在这些文化冲突中,西方教育扮演了明显的始作俑者的角色。在其短暂历史的大部分时间里,现代学校教育一直是围绕再生产狭隘的、经验主义的知识观来组织的。事实上,学校不仅是表达经验主义者态度的喉舌,还是服务于西方帝国主义的工具。

在过去的几十年间,在本土教育研究者的努力下,这个问题已经倍受关注,并引发更广泛的讨论。根据收集到的证据,我们可以发现,学校是怎样被用来使本土文化西化和强迫本土孩子脱离自身的文化传统,以此排挤非西方知识并系统地瓦解本土社会的。* 即使这些不公正行为已经部分中止,但这种暴行仍在以教学实践和课程的形式延续着。这些教学和课程浸淫于一个植根于经验主义和帝国主义的知识理论中,因而是根据一种个人主义和商品化的知识观来组织的。

有鉴于此,本书第一编将阐述认知。在这一编中,我们会审视那些理所当然的观念,以期导向一种具有尝试性、发展性和片面性的认知方式——它不把学生看作吸收知识的海绵,也不把他们当作消费者、模仿者或被殖民者,而是把他们视为参与者。换言之,我们旨在呈现一种摆脱根深蒂固的经验主义和帝国主义态度的知识观、学习观和教学观。

经验主义和帝国主义处于不断变革自身的过程之中,因而这项研究也是一场持续不断的斗争。比如,目前,教师、学校领导和教育研究者需要"问责"和"基于证据的实践"——这些就是植根于经验主义科学的观念。从更大范围来看,随着跨国公司努力扩张经济、通讯技术瓦解地方性社区、各国致力于意识形态灌输,"全球化"似乎正在成为帝国主义在新时期的代名词。我们与许多研究本土的学者携手共进,以培养人们的意识,使他们认识到在生物和文化系统中培养多样性的重要性。而开展这项工作的一个重要战场,就是课堂教学。

我们认为,教学不是复制,而是通过不断地与他人、与时间、与环境进行联系和再联系,创造出某些新的东西。在这些人际的、时间的和生态的层面上,我们的这项工作与本土教育家们的学术研究(他们从个体—集体和生物—文化的角度来理解教育)更接近。这个意义上的教育,不是把学习者看作在人格上和文化上发展不完善的人,而是把人的多样性和文化的多元性纳入对话中,并由据此而产生的多种可能性来理解学习者。这种教育不在于控制和管理,而在于参与。

也许最重要的是,这种教育关注那些立足于实践的理论。正如世界上研究本土的学者在对于经验主义和帝国主义的批判中所强调的那样,理论蕴含着对感知对象和行为对象进行选择、组织、排序、验证的技术。意识不到这一点,理论就会把人锁定在既受限于人又限制人的现实之中。认识到了这一点,理

什么东西可以称为知识?

对于这个问题,不同文化有截然不同的回答。比如,有些文化认为所有的形式和事件都是相互联系的,因此,认知与注意交流和联系有关——与能够认同自己在这些关系网络中的节点有关。

在一些传统中,某些看来完全对立的事物也会被理解为从根本上讲是相互交织的。在图标和标志中普遍存在的圆形、螺旋和飞舞状的图形,都表明了这种理解,突出的是一种相互联系和相互依存的观念。

* 比如,参见 Celia Haig-Brown, With good intentions: Euro-Canadian and Aboriginal relations in colonial Canada Vancouver (University of British Columbia Press, 2006).

论就有助于进行规划、制定策略和实施转化。

> 当我们三位作者聚在一起讨论本书的写作问题的时候,温哥华的百万居民(包括我们)收到了一个有关饮用水的建议。在规模空前的降雨中,大量泥沙被冲入该市的水库。一种E型大肠杆菌可能附着于泥沙之上,这可能使该市的水供应面临被污染的危险。
>
> 果不其然,媒体报道的焦点集中在"这种事情为什么会发生"。对于这个问题的看法,仁者见仁,智者见智。但是,有两个一致认同的观点:第一,影响因素错综复杂,以至于不可能完全理解这种现象。第二,尽管问题很复杂,但人类可能是有责任的。
>
> 其中的一个细节报道得相当多。不久前有一段时间,政府迫于林业部门的压力,批准在水库周边重要地区伐木。由于起固沙作用的树木被砍伐了,而且又遇上了极端恶劣的天气,因而最终出现了大面积滑坡。
>
> 因此,尽管所讨论的污染问题似乎与几层楼深的湖底关系不大,当我们思考这个问题时,还是会不由自主地想到人类认知所产生的生态后果。冲咖啡时所用的稍稍浑浊的水,做午餐时所需的额外时间——这样或那样的细节都会提醒我们,光滑的墙壁和现代设施所呈现的只不过是人与自然相隔离的错觉。

第四节 丰 富 性

14　从概念上讲,本书主要有两个重点:第一,质询知识观、学习观和教学观得以形成的关系网络。第二,整合当前的跨学科研究,以期能阐明一种关注时间、背景和变化的学校教育的可能性。

作为本书的作者,我们在做这个课题时所面临的困难是,需要找到一些呈现信息的方式,使之与所宣称的感觉(sensibility)相契合。比如,如果我们把话语定格在已发表的文献上,我们怎么能够感觉到知识的偶然性、情景性和发展性呢?在一本从头至尾平铺直叙的著作中,我们如何突破线性观点的局限呢?

事实证明,第一个问题尤其棘手。由于我们很想表达强烈的态度,就总存在过于注重陈述新观点的危险,即容易用认知代替知识。在本书的第一版中,通过理清假设、强调两者的不一致性、运用诙谐话语和注意理解的多样性,我们以为已经有效地处理了这个问题。然而,本书初版七年后,当我们坐下来讨论它时,对于其中出现的错误和夸大其词感到惊讶。我们已经尽可能地就目前所知处理了这些问题,但是必须承认,再过七年,如果再一次讨论新的观点与可能性,我们可能会否定已写过的大部分内容。

至于如何避免线性呈现模式的缺陷和局限,我们想出了使行文复杂化的几个策略。这里提及其中的四个策略。首先,每一章都包含一对相互交织的讨论:一个较具轶事性,另一个则较具典型的学术性,交织的双方构成一种互补关系。除本章之外,其他各章的轶事所写的都是关于真实的教育和研究事件。这些报告以课堂和学校中的其他教育情境为基础,涵盖了一系列的学科领域。

我们之所以这样做,一方面是想通过一些案例阐明学术问题,另一方面是想"呈现自己"。我们是生活在特定场域的教师和研究者,与特定的人进行着互动,秉持着特定的信念。当我们讨论认知、学习和教学时,感觉有责任展现自己在这个世界中的生存状态。

有关人类记忆的最新研究也表明,把这些相互交织的讨论安排成这种结构是合理的。正如我们将在第四章中更详细阐述的一样,认知科学研究者们通常认为,有两种有意识的长期记忆(long-term memories):轶事型(episodic)记忆(以事件为基础、自传型、具有叙事结构)和语义型(semantic)记忆(以事实为基础、背诵型、经常缺乏统一的结构)。前者通常比后者更稳定,更容易回忆起来。正因为如此,古代教学把事实知识融于丰富的想象和叙述中会卓有成效。在这种源远流长的教学实践(不是近来的认知研究)的启发下,我们把本书各章安排成目前这种体例。不过,令人欣慰的是,前沿科学研究也支持这种既源于古代又跨越不同文化的教学实践。

本书另一个写作特点是使用页边空白。我们旨在利用这些页边空白强调和阐述一些观点,偶尔也说点题外话。实际上,这个特点是由一些教育原则触发的。这些原则包括有必要提供机会使读者在阅读正文之余可进行短暂休息,有必要重新

参与认识论(a participatory epistemology)是一种认为世间万物(有生命的和无生命的)及其各个方面都在持续不断的知识生产过程中参与到人类生活之中的理论。

比如,如果要了解一棵树,我们就必须考察这棵树是以什么方式融入更加广阔的关系网络之中的。

尽管"参与认识论"常与非西方的感知(sensibility)相关,但它复兴于当代的学术领域,并通常与重新涌现的关注生态和精神事件的潮流相呼应。

强调一些特别相关的事情等。

至于参考文献，与第一版明显不同之处在于，我们把注脚并入了一些读者可能希望获取更多信息的地方。在这个方面，我们精挑细选，把重点主要放在既可获得又可理解的参考文献上，这些文献大部分本身就包含着很好的文献清单。如果你有兴趣获得更多细节和更严谨的论证，根据所提供的引述线索应该能够查找到它们。

这种文献安排法不是学术论文中使用的典型方法。在学术论文中，较常见的做法是广泛地罗列参考书目。我们想避免附上一长串书目清单的权威做法，其目的不在于灌输或验证观念，而在于吸引别人进一步探讨这些观念。因此，我们感觉有必要对这些选择加以限制。罗列冗长的清单与不列举任何参考文献一样，常常毫无助益。

采用这种策略的另一个原因是，我们相信认知有一个网络化的结构。这个观点在第四、第五和第十一章中有更详尽的阐述。我们把这本书看成是认知网络中的一个节点，因此，我们的目的是通过运用这个策略，提供进入更广大认知网络的通道，而不是通过无谓的尝试去呈现这个网络无所不包的图景。

最后，第四个打破线性的策略也许更加精妙。在组织这本书的结构时，我们不是根据讨论展开过程中非连续的和连续的步骤来构思文章，而是采用了筑巢式讨论（nested discussion）的方式。所谓筑巢式讨论，就是使讨论在不同层面返回自身。参照每一章开头所给出的比喻，读者也许能更容易地理解这一点。从某种意义上讲，本书十二章中的每一章、三编中的每一编以及全书本身，都是首尾相连的。

如同随后的几章所论及的一样，筑巢式结构和回环式的动态机制是认知、学习和教学的重要方面。因此，我们认为，根据筑巢式讨论的原则来组织文章将是有趣的挑战——一个"使能性限制"（an enabling constraint）（见第十一章）。

更加重要的是，我们希望本书能体现一个认知原则（这个原则在写作中居于核心地位），即人的认知会不断地接受调整，但奇怪的是，人对于世界的感知是足够丰富的。尽管仅仅认识到了感知的一部分，但人们通常意识不到知性与感性之间存在

第一编（关于认知）所阐述的主要论题是，我们所做的大部分事情不是出自**理性**的思考，而是来自反复的演练。*

也就是说，人们绝大部分行为都不是基于深思熟虑的决策，而是由特定情景引发的行为"块"迅速组装而成。

这种即时应对（与理性的行动相对）表明了实践的重要性。然而，单纯的演练可能会形成令人痛苦和难以消除的习惯。因此，这种演练应该引入一些不同的理论视角，以便能够对实践行为提出质询。

* 参见，例如 Humberto Maturana & Francisco Varela, The tree of knowledge: The Biological roots of human understanding (Boston: Shambhala, 1987); Franscisco Varela, Ethical know-how: Action, wisdom, and cognition (San Francisco: Stanford University Press, 1999).

的这种差距,即认知具有某种动态丰富性。

相比之下,当代教育实践是根据静态的缺乏性来组织的,即它相信学习者是知性不足和多少有点固定不变的人。在这种理解框架中,教育的任务就是充实人的知性。

如同我们将在随后几页中努力阐明的一样,以动态丰富性原则为导向的教育与当代教育实践迥然不同。认知框架会影响人们对于学习和教学的理解,因此必须注意人如何构建知识。简言之,就是要注意认知框架。

> 当然,在把树的图像引入有关认知和教育的讨论时,苹果几乎变成了一个不可避免的话题。牛顿的苹果曾经变成了顿悟的象征,亚当的苹果则暗喻着认知的危险。在学习字母表时,苹果图像的使用频率比任何其他图像都要高("A 代表……")。而在讲桌角上的苹果则是一个常用的警示,用以提醒师生之间的关系状态。
>
> 从更广的层面上理解,现代的苹果树是人类历史的一个活记录。在超市里出售的大部分苹果是亚洲和欧洲品种的杂交,它们不仅反映了植物品种的杂交培育,也反映了几个世纪以来不同文明的相互融汇。而且,在被转变了的味道和结构中,在苹果的大小和无疵的表皮中,超市的苹果保留着一些相互交织的历史事件和社会运动的痕迹,包括工业化、都市化、资本主义和现代科学等。
>
> 所有的一切全都包含在一个立于讲桌角上的苹果中,这是一种只有将其置于复杂的生物和文化背景中才能被理解的现象。苹果,的确是认知和认知者的一个非常恰当的象征。

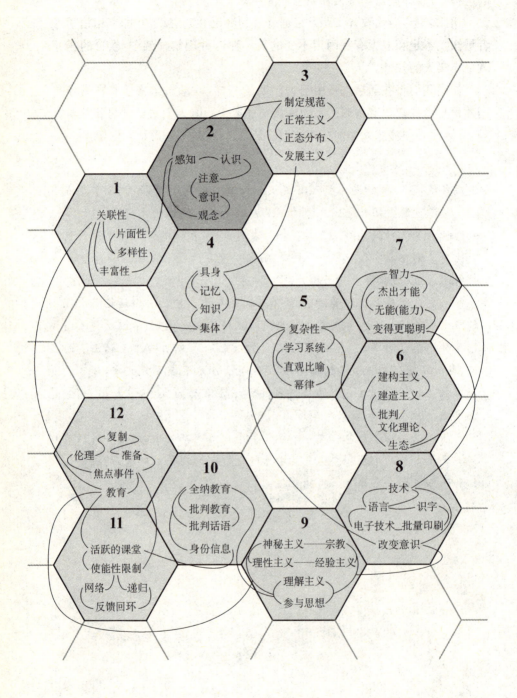

第二章 认知图景
感知的生物和文化根源

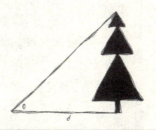

在给职前中学数学教师上课之初,我请他们做一个辨认几何图形的简单练习。我请他们环顾四周,然后把所看到的图形尽其所能地罗列下来——当然,要恰当地使用数学术语(在进入本章的主要论题之前,也许要花几分钟时间来确认你所看见的几何图形,所罗列的清单通常包含10到20个项目)。

几分钟后,我把他们列出的所有图形汇总起来。在不同的班级,汇总起来的清单通常非常相似。当然,清单中总会包括长方形(比如,你可以从窗户、墙壁、桌子等看出来)、正方形和圆形。在大多数情况下,还会提到三角形、梯形、平行四边形、六边形、椭圆、立方体、直角棱形、圆柱体和球形等,也总是会有一些出乎意料的图形,如截四棱锥、凸等形等。

本活动的部分目的在于表明快速评估学习者已有的知识是多么容易。在许多七、八年级的数学课堂上,我都做过类似的活动,有时在教室的各处放置一些我期望他们知道的关键图形。结果总是表明,几乎每个学生不仅能认出已经学过的图形,而且还能认出我希望他们在该单元结束时应该学会的图形。换言之,仅十分钟时间,我就能够弄清在随后的几堂课中,哪些需要重点强调,哪些是他们都知道的常识。

对中学生来讲,这是一种快速而有效的课堂。对于职前教师而言,也是如此。

第一节 感　知

为什么需要教育？

这个问题看起来简单易懂，但实际上却是数千年来人们一直激烈争论的焦点，而且在将来也不可能得出一个明确的结论。这个问题的答案会随着人们在真理、权威、人性和生命等方面所持信仰和假设的变化而变化，没有跳过这些复杂问题的简单答案。

尽管人们的观点和基本信仰会千差万别，但大家通常都认同这一点：正规教育与一些人有意无意地想要另一些人像他们一样看待问题有关。父母教育子女，政府教育民众，老师教育学生，所有这些行为通常都可以根据这一点来解释。

然而，如果认为教育只是形成人们看待世界的方式，那么这种观点也存在问题。从与本书所论述的主题和理论框架相关的方面来看，以下两个问题经常被掩饰了：第一，这种看的性质是什么；第二，人们可以采用什么方式来影响它。从表面上看，这里所讨论的问题似乎是知识与教学的本质，但从更深层的意义上讲，所讨论的关键问题是感知和因果关系。教师能够促使学习者以特定的、预先指定的方式来改变**感知**吗？也就是说，根据上面所提到的共识来构想的教育计划可行吗？

如同我们在整本书中所阐述的一样，绝大多数证据表明，对这个问题的回答是"不"。至少就它把因果关系理解为直接影响这一点来看，我们可以得出这个结论。*我们认为，如果教育者能够意识到这一点，就可能会重新思考这个问题，即学校教育到底是做什么的？在本书中，我们试图围绕拓展**可能空间**来设计教育计划，而不是迫使别人像我们一样看待世界。即我们不是根据线性因果关系把教育看成是取得预设的目标或者再现既定的真理，而是把教育当作参与不断开展的计划，以能够探寻新的也许是从未想象过的可能性。这是一种关注过去但不沉溺于过去的思维方式；是一种预见未来但又不试图固定未来的思维方式；也是一种理解当下生活的思维方式。即学校教育不是为生活做准备，它本身就是生活的一部分。

换言之，与其说学校和教育的作用是根据现有的框架来塑

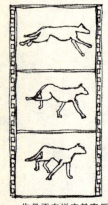

你是否在说完某事后马上意识到你把一个术语的音发错了或者把两个单词说颠倒了？

这些现象暴露了意识的一个伎俩：意识掩盖了它落后于实际行为半秒钟这个事实。人要利用这段滞后的时间来进行无意识的加工，以分拣、理解和选择可以进入意识的东西。这种滞后是不可避免的——但我们很少发现我们的意识比行动慢了几个节拍。

---

* 事实上，有许多理解因果关系的方式。参见 Alicia Juarrero Dynamics in Action: Intentional behavior as a complex system（Cambridge, MA: The MIT Press, 1999）。

造(shaping)感知,倒不如说是向新的可能性敞开(opening)感知。这个论断要求我们注意感知的性质。比如,假如感知被理解为"摄入"或"构造"存在于外部世界的事实,那么围绕既定的不变真理来组织学校教育就是有意义的。然而,如果我们把感知理解为某种更具动态性、复杂性和参与性的东西,就必须重新思考教育。那么,当代的研究如何看待感知的性质呢?

为了回答这个问题,在整个章节中我们会呈现几个有关感知的实验。*第一个实验与右图有关。

▼

一个"盲点"实验(操作方法见左边三角形标记以下的文字)。

把这本书放在离你的脸部大约 30 厘米(12 英寸)的地方,盖住您的左眼,然后把一个指尖放在灰色的点上。用你的右眼盯着那个指尖,保持眼睛的焦点不变,同时把手指向三角形滑动,你的视线不要离开移动的指尖,并努力注意这个灰点,看会发生什么。

这个点会从你的视线中消失(如果它还在的话,试着把你的手指再往左移一点。把书逆时针转动几度或者改变你的眼睛与页面的距离,或许也有帮助。一定要紧盯而且只能盯着你的指尖)。

这种现象为什么会发生呢?从生理学的角度来解释很容易理解:每个人都有一个盲点,在盲点处,视觉神经通向眼睛的后部,结果留下了一个没有感光细胞的区域。但这并不是这个实验真正吸引人的地方。

我们再做一次试验。这一次留意当灰点落在你的盲点上时,中间的黑线会发生什么变化。大部分人都会发现,这条线上"丢失"的部分似乎被填充了起来。也就是说,有意识的感知被欺骗了,结果人们会认为在视线中不存在这个缺失。当然,这种欺骗会经常发生。每只正常的人眼都有一个盲点,但很少有人注意到视线中存在的空洞。那么,这个实验吸引人的地方,不在于盲点,而在于所看到的世界似乎是无空隙的和不间断的。看不见这个空洞并不要紧,要紧的是我们没有注意到看不见这个空洞的事实。

类似的问题也存在于眨眼这种现象中。如果把你眨眼睛的所有时间加起来,那么在一天之中闭眼的时间总共会达到一

*为了使读者获得更多与本章论证有关的信息,我们推荐 Donald D. Hoffman, *Visual intelligence: How we create what we see* (New York: W. W. Norton, 1998) and Donald M. Mackay, *Behind the eye* (Oxford, UK: Blackwell, 1991).

一张"分形卡片"（制作方法请见原书第24页）。

到两个小时。即，由于你不断地眨眼睛，结果在你清醒的人生中眼睛几乎有10%的时间是闭合的。但是，这个世界似乎仍然是连续不断的。

这里所要表达的要点是什么？感知不只是收集信息和将信息输送给大脑，如果那样的话，我们就会注意到直线上的那个缺口。相反，感知更多地是协调当前经验与过去经验之间的关系。在遭遇盲点和眨眼的时候，经验会"告诉"我们：空间之布(fabric of space)没有空洞，时间之流不会间断。*因此，通过无意识的加工，视觉上的盲点和时间中的间隙就被应该出现在那里的东西填充了。

结果是，眼睛不是拍摄世界的照相机，耳朵不是传播声音的麦克风，实际情况远比这复杂得多。比如，神经细胞在感觉器官和大脑之间做双向运动——从大脑传达给感觉器官的信息要比从感觉器官传输给大脑的信息多。这意味着，感觉不是消极被动的或者只是一个"摄入器"。事实上，感觉器官积极地寻找感觉，从而使感知成了一个把期望加诸经历的过程（揭示这一点的一个非常有说服力的方法是让人进入感觉剥夺箱(a sensory deprivation tank)。当一个人被禁止与活跃的外部世界连续接触时，他很快就会诉诸有可能产生的感觉——幻觉。人在睡眠过程中出现的思维活动就是这些幻觉中非常轻微的一种。因此，当别人要你去辨认某个东西（如几何图形）时，你也许就是通过把模板强加于视觉刺激来作出回答的。在这里矩形、圆和其他的图形都不存在，它们都是从你投射到世界的经验中过滤出来的东西。

*对于感觉和有意识的感知之关系的理解，请参见 The user illusion: Cutting consciousness down to size (trans. J. Sydenham; New York: Viking, 1998).

> 在这节有关几何教学的基础课中，第二个活动是制作所谓的"分形卡片"(fractal card)①。这是纸加剪刀的创造活动，在这个活动中，简单的反复过程会产生令人惊讶的复杂结果。在下一页的页边空白中，我们将详细地说明如何制作左图所示的卡片。

---

① "分形"，是一个数学和物理术语，如果一条曲线或一个模式包含有更小的形状一模一样的曲线或模式时，那么它就是分形。——译者注

接着,我通常会在诸多课程主题中挑选出那些能够用这些卡片来解决的主题。几何单元的应用性很明显,包括确认图形、类比、对称和变形等,除此之外,无需费力,我们就能看出如何应用周长、面积、体积等测量内容及相应的测量工具。对于数字系统、数列、级数和极限等主题而言,它们虽不明显,却同样深奥。另外,数学过程是更为微妙的主题,如抽象、归纳、符号表征等。

在讨论课程的可能性时,我提出的一个主题是区分数学(mathematics)和数理(mathematical)。"数学"通常被用来指一个知识体系(a body of knowledge)——经过几个世纪的探讨后被人们广泛接受的概念与过程的集合。正如分形几何的例子所揭示的,它是不断生长和演化的领域。相比之下,"数理"更多的是思维模式(a mode of thinking),包括对相同和差异、模式和不规则性、特殊和一般、抽象原则和具体对象等的关注。数理与它的古希腊词根 manthanein 一样,是有关学习的。

在讲完这节课的这一部分后,我提议,老师们最应该关注的可能是培养数理,而不是掌握数学。

第22页中分形卡制作说明*:

首先,把一张纸对折。

其次,分别在左起四分之一和右起四分之一处平行剪两刀。每刀剪切至折线距顶部一半处。

把剪出的纸片向上折。

打开卡片,把纸片推到里面(必须保留折叠)。

在标出的区域重复以上操作过程(第二次重复会产生两个"小房间")。继续重复操作,直到纸张叠得不能再剪了为止(通常要重复四、五次操作)。

第二节 认 识

当我们睁开双眼时,所看到的是世界的本来面目吗?

数千年来,这个问题的各种变式一直困扰着哲学家和研究者们,尽管他们的理论和解释各不相同,但绝大部分思想家都不约而同地作出了相同的回答:不是。

有关感知的最新研究也得出了相同的结论。特别是,它们证明了一点,人置身于海量的感觉信息中,其中只有极少数信息能像气泡一样浮现到认识这个层面上。实际上,这些证据表明,如果我们把所有的感觉器官合起来,它们一秒钟所记录的信息可多达1千万比特(这个数字是根据人体通常所拥有的感觉接受器——如皮肤中的神经末梢、眼睛中的感光细胞等——

*本表基于 Elaine Simmt 制作步骤。对这种分形卡和其他分形卡的进一步了解,参见 Elaine Simmt & Brent Davis, "Fractal cards: A space for exploration in geometry and discrete mathematics," in *Mathematics Teacher*, vol. 91 (December, 1998),102 - 108.

从感觉器官所登记的信息数量和其中进入意识的信息数量两个方面来看，感觉器官互不相同。下表给出了一些粗略的数值。

人类感觉器官的能力

感觉器官	每秒钟可感知的事物数目	每秒钟可辨别的事物数目
眼睛	10000000	20—40
皮肤	1000000	5
耳朵	100000	15—30
鼻子	100000	1
舌头	1000	1

这些数据有助于解释一些事件，如目瞪口呆（dumbfounded），张口结舌（awestruck），失语等——单单视觉刺激和听觉刺激中的一样就可能会消耗掉所有意识。这些数据也有助于我们理解为什么闭上眼睛能加强视觉以外的感知。

的估计值来确定的。事实上，在我们所见到的文献中，所估计的数目差距很大，从 5 百万到 5 千万不等，但最常见的估计数字介于 1 千万到 1 千 5 百万之间）。在这些信息中，人们每秒钟所能意识到的似乎只有 10 到 20 比特。即，一个人能够有意识地注意到的信息只占其感官信息的百万分之一。

当然，意识的范围似乎比它本身要大得多。很明显，假若你抬起头，把视线从这本书上移开，你能辨识出的远不止一打东西。然而，通过一个简单的实验，你就能看清这些辨别到底进行得怎么样：在读完这一段后，请把书翻到另一页，任选一个地方即可。用一秒钟时间看那几页，然后关上书，列出你所注意到的东西。完成之后，请再翻回到这一页。

即使你看过并熟悉这几页，但可能也列不出多少东西。这就引出了一个问题：如果意识的范围真的这么小，那么它看起来为什么要大得多呢？如果人类只能如此缓慢地感知这么少的信息，那么我们为什么会感觉认识到了世界这么多的特征呢？

在意识与聚光灯之间作一类比，也许有助于我们解释这种现象。对于任何原本漆黑一团的地方，只要把聚光灯的狭窄光束投射其间，它就会变得一览无遗。同样，当我们把认识有意识地集中在某个地方时，与其相关的细节就会变得清晰可见。与此同时，以前显现的细节被迫从人们的观念中退出。但这并不是说它们就此消失了，而只是说它们不再涌现在人的大脑之中（我们采用这个类比不是要表明没有注意到的细节就无关紧要，恰恰相反，这些证据表明，一些也许从未涌入过人们意识的事件和环境，正是人们习以为常和深受影响的东西）。

证明这一点很容易。可以停下来想一想你熟悉的街区，那里有干洗店吗？有药店吗？也许你经常路过这些店面，却从来没有注意过它们，直到有一天当你需要时才会注意到它们（感知的聚光灯就因而指向了这个方向）。对于其他的感官，你也可以做类似的实验。如果让你暂时停止阅读，聆听周围的声音，你会听到什么（注意，要听到周围的车辆、荧光灯和人群的声音，你必须停止阅读，因为意识没有大到足以让你同时应付这些相互竞争的需求的地步）？会闻到什么？

在这里，我们所区分的是感觉（sensation）和有意识的感知。相比之下，前者广泛，后者相对细微。然而，值得特别强调的是，在说明这种差异时，那些没有涌入意识的感觉，对我们的思想和行为的形成仍然产生着深刻的影响。换言之，似乎存在两个范畴的认识，即有意识的认识和无意识的认识。行为主义和心理分析这些完全不同的思想派别都充分地论证了后者的存在及其作用。事实上，我们对周围事物的适应似乎主要是无意识的。

比如，通过分析一些谈话录像可知，人们在交谈中远不止是注意别人说话的内容。在谈话时，说话的方式会非常精确地跟细微的身体动作同步出现，并紧随着周围情况的变化而变化。但说话者很少意识到自己的这些动作或周围发生的事情，更不会意识到这些动作行为的复杂编排。*

还有一些针对父母行为的类似研究。父母会帮助孩子学习语言、熟练掌握骑车技能和了解社会习俗。当他们给孩子提供不偏不倚的提示，使帮扶既不过度又不欠缺时，精细的活动编排就出现了。研究中令人惊讶的是，在大多数情况下父母们虽然在从事这些出色的动作编排，但他们自己意识不到这些行为（进一步的访谈也突出表明了这一点）。当研究者问起他们在给孩子的特定提示和帮助时，他们却很难对自己的行为作出理性的解释（除了那些明显的、不提供任何信息的"好像应该那样"之类的回答）。当被问到是什么时候、通过什么方式学会用这种复杂的参与性方式来教育孩子时，他们显得更为茫然。**

事实上，在进一步的访谈中，研究者时常会发现一些意想不到的问题。如果人们有意识地把注意力放在具体动作和交互行为的特定方面，那么这实际上会导致活动的崩溃，正如当独唱者和运动员把注意力分散到表演细节上时，他们的活动就会变得不自然一样。意识的范围很小，因此人不能既从事活动又兼顾详尽的细节。正是由于这个原因，在一些报道中，人们经常会把优异的表演和深度参与说成是"忘掉"自我。***

这种情况不只是发生在特别复杂的行为中。相反，人们总是在不断地从事着其意识远没有认识到的活动，甚至当你现在理解这页纸上的文字符号时，就是在从事一项非常复杂的任

分形图可以通过递归过程产生。这个过程由一系列制作组成，其中每个阶段的起点都是前一个阶段的终点。

比如，这里的香芹图可以从画三齿叉入手。这个递归过程的第一步是把原图在每个齿上画三次。接下来再在新齿上同样画三次，依此类推。

分形图揭示了进入递归发展过程后，事物是怎样从简单起点出发，迅速产生出令人惊讶的细节的。

* 对于该现象的进一步了解，请参见 Merlin Donald, *A mind so rare: The evolution of human consciouess* (New York, W. W. Norto, 2001). 同样，在人类共同活动方面，对于具有非典型性概念能力（源于自闭症、特定脑区损伤、神经受损等）的人进行的研究有助于把人们通常认为理所当然的东西显现出来。Oliver Sacks 发表过许多有关这些方面的案例研究，包括 *Seeing voices: A journey into the world of the deaf* (New York: Harper Collins, 1989) 和 *An anthropologist on Mars: Seven paradoxicall tales* (New York: Knopf, 1995) 等。

** 参见 Alison Gopnik, Andrew Melzoff, & Patricia Juhl, *The scientist in the crib: What early learning tells us about the mind* (New York: Perennial, 1999).

*** 参见 Philip Ross, "The expert mind," in *Scientific American*, Vol. 295 no. 2 (August, 2006): 64-71.

务。而当你这样做时,不一定要有意识地注意每个字母的形状或把每一个音节都读出声来。如果一定要注意所做事情的复杂细节,那么你就不可能做好它。

对于教育者而言,这里包含着许多重要的含义。比如,在很大程度上,学习新事物属于有意识的认识。* 然而,把这种知识融入生活就经常不会那么有意识。比如,在理解语法规则、扩大词汇量,或者弄清在新的环境下可接受的行为标准时,我们需要有意识的认识。但是,到了一定的阶段,这些明显的学习必须消融在流畅的行为模式中。有意识地注意每个单词的意思、每个句子的结构或者每个场景中的行为模式,都会使行为难以进行。

27

分形几何学原理已经被应用于许多领域,包括粒子物理、医学研究、信息科学和电影图像等(在此仅略举一二)。西方人(尤其那些视频游戏或特技电影的爱好者)目前正在接触有规则的分形图形。分形几何学被证明是非常有用的,它们能够被用来制作逼真的图像——树、山、云、皮肤和其他的自然形式。事实上,正因为这样,人们有时把分形几何学称为"自然几何学"。

我在几何图形基础课上安排的第二个活动,是请参与者按一些简单的规则用纸笔画一些分形图形(请看前一页页边所示的画香芹的规则),这个活动所花费的时间不长。

不管参与者绘画的天赋如何,他们通常都对能如此迅速地画出一幅栩栩如生的图画感到惊讶。在学习之后不久,人们一般都会尝试使用这个规则的变式。如果一棵树有四个而不止两个树干该怎么办?用什么规则可以画出叶子?

绘画活动结束后,我通常会让大家看一些熟悉的具有分形结构的自然图形。每次收集的图形都会有所不同,视能找到的东西而定,但通常都会包括香芹、蕨类植物、花菜、椰菜、羽衣甘蓝等。另外,我还收集了一些树形结构的图形(血管、神经元、河谷、闪电、海岸线、涟漪……这个单子可以不断列举下去)。

通常情况下,当这个活动结束时,这部分课程的点睛之语就已经非常明显了:我们已经接触过的解释性工具有助于开启感知,这让我们既看到以前未曾见过的东西,同时也注意到以前未曾发现的联系。

* 事实上,有些著名的研究者主张,所有人的学习都必定是有意识的。参见 Donald, A mind so rare.

第三节 注　　意

我们现在转向课堂情境。在教学和学会教学，尤其是吸引和集中学生注意力方面，我们应该注意什么呢？

首先，教育者必须同时从有意识和无意识两个维度来思考所学主题。既然意识的范围非常小，教师就必须限定信息的数量，不要把"讲"(telling)和"教"(teaching)混同起来，千万不要假定学生一定会注意我们所讲的东西。

因此，在心理学和教育学文献中有一个著名原则，即教师在一堂课中所教授的新信息不应超过六或七条。*这个原则建立在观察的基础上，人们通过观察发现，大脑通常只能容纳六或七个随机数字（因此电话数字通常设为七位）。**更长的信息串需要压缩成块，以减少对意识的需求。这个原则经常被用来为"掌握"式教学实践辩护——这种教学着眼于孤立的技能、重复的训练和定期检测，其目的就在于使学生掌握"信息块"。

假设组织教育的目的是让学生死记互不相干的事实，这种课堂教学是有用和有效的。然而，根据处理随机信息的情况来推断学习能力的做法存在严重的问题。尤其是，神经学的最新研究成果表明，人似乎在大脑的不同区域，以至少两种非常不同的方式处理随机信息和有意识的信息（参见第四章有关记忆的讨论）。

问题的关键不在于不适当的机械记忆和重复训练，恰恰相反，许多技能（包括解码和计算等明显的实例）在发展成为更复杂的能力之前必须变得自动化和简单易懂。但问题在于，如果不把记忆适当地与情境相联系，它就可能起反作用。机械记忆也许有助于学生提高考试能力，但这种学习材料的方式可能会阻碍学生更好地理解材料。即，死记硬背的学习所达到的效果与学习的意图可能完全相反。

因此，教育者所面临的任务也许是既重视细节又不使之脱离情境。事实上，父母和教师（还有咨询者）一直在从事这种任务，所采用的方法包括重复关键词、强调核心观点、返回中心主题、检查学习以促进理解等。有效的教学也许既不是确保学生掌握孤立的事实，也不是使学生完全沉浸于丰富的情境之中，而是要求教师明确重点，并运用多种策略在适当的时候把学生

* 对于该研究的讨论及其在各种情境（包括学校）中的应用和误用，参见 Steven Pinker, How the mind works (New York: W. W. Norton, 1991).

** 该研究首次报告见 George A. Miller, "The magical number seven, plus or minus two: Some limits on our capacity for processing information," in Psychological Review, vol. 63(1956):81-97.

的注意力引向重要的细节。

实际上，教学的重要作用在于使熟悉的事物变陌生。教学要进入学习者的日常生活，引导他们注意生活的某个新方面，并促使他们以新的方式理解它。人们对这个世界有多种感觉和理解，它们争相吸引着学生的注意力，教师有责任关注这个世界，并对这些感觉和理解进行甄选——注意不要忽视了最能使理解充满趣味的情境。

在一个图像中精心选取一部分并将其放大，如果它的形状非常接近整体图像，那么这个图像就是自我类似的。在这个蕨类植物的叶子中，每一个圈内的那部分图像都类似于整个叶子的图像。

本章中其他分形图和本书中大部分树的图像都表现出了一定程度的自我类似性。

我准备了几张分形卡片，在笔记本上画了一些素描，并把若干自然图形(natural form)放在眼前。这样，我们就准备好了一切，可以开始对分形进行概括了。在这部分讨论中，我想强调四个特征，即递归发展性(recursive elaboration)、层级独立性(scale independence)、自我类似性(self-similarity)和嵌套性(nestedness)。

递归发展性被用来描述不规则图形的产生过程。递归是一种重复，但这种重复通常会产生重要的变革，而不仅仅是数量上的累积变化。比如，当我们每次将新规则应用于每个业已创造出来的图形时，都会产生不同水平的复杂性。相比之下，经典几何图形的构造方式比较简单，不会在不同水平上生成新的细节。

用专业术语讲，这些不同水平的复杂性可称之为层级独立性，意指不管你走近还是远离某个事物，它的细节总是处于一个稳定的凹凸不平的层面。更专业点讲，无论你扩大还是缩小一个层级独立的事物，它都不会变得更简单或者更复杂。比如，树是层级独立的。当你走近它时，新的特点便会显现出来，结果，你的视野中似乎总是充满了相同水平的细节（相反，经典几何中的图形不是层级独立的。比如，当你放大一个圆的一段弧时，它会变得越来越直，从而更接近于直线图形）。

一些层级独立的图形具有自我类似性。如果我们精心选择图形的一部分，并将其适当放大，那么它看起来就会非常像原来的整体图形（参看左边的页边注释）。

当参与者开始考察在分形卡片、蕨类植物叶子等呈现的自我类似性时，许多分形所具有的第四个特点嵌套性会显现出来。与经典的几何体非常不同的是，分形通常有不同层次的组织，这些组织会与其他层次的组织嵌套在一起。

第四节 意 识

接受"教育"的一个重要方面,是认识我们习以为常而不加注意的东西,并揭示隐没在活动背景后的东西。

从这个层面上讲,对于教师而言,重要的是不仅要认识到意识的有限性,还要考虑事物引人注意的条件。我们是如何把一缕感知(a trickle of perception)从感觉信息的洪流中挑选出来的?怎样才能接受这个事实,即有意识的认识不是要呈现有关世界的"第一手资料",而是要提炼、概括和解读世界?

对于这些问题,人们曾经给出了许多不同的答案。简言之,这些观点位于两个极端:一端认为知觉严格地受制于生理活动,另一端认为所有知觉都由社会因素决定。大部分观点则处于这两个极端之间的某处,即认为遗传和环境对感知都有影响。然而,尽管最稳妥的态度似乎是把先天(nature)与后天(nurture)的影响融为一体,但真实的情况也许远非这么简单。比如,由于技术的发展使人类实时观察大脑活动成为可能,人们已经清楚地知道,经验会影响神经结构。坦率地讲,你现在的大脑与你刚开始阅读这段文字时的大脑就有所不同,大脑一直在创建新的联结。如果这种创建活动是持续不断的话,那么我们又怎么可能把先天与后天分割开来呢?

不过,通过考察一些分歧背后的论据,我们总是可以学到一些东西。因此,在下面的几小节中,我们讨论生理(先天)和文化(后天)对于感知的相对影响,其目的在于强调把先天与后天影响分割开来是很不恰当的。

生物和感知

人类的感觉能力具有种族特色,也就是说,其他种族都不会以我们的方式适应这个世界。一般而言,某种生物与人类在进化方面的差距越大,他们在感觉能力和内在倾向方面的差别也就越大。

事实上,有些生物已经通过进化形成了完全不同于人类的感觉器官——如此不同以至于我们很难想象他们是怎样适应其环境的。比如,有些生物能够"看到"热(尤其是某些蛇)。更加不同的是,有些鸟也许能看见第四个维度,即时间维度。* 人

以上两个图中,哪个图是 bouba,哪个图是 kiki?

有证据表明,90%以上的人(不管其语言和文化背景如何)都会认为左边的图是"booba",右边的图是"kiki"(人们的这种选择不受字母形状与图案形状之间所存在的关系影响。在没有字母表的社会中,这种情况照样发生**)。

大脑是在整合多种感官的基础上运作的,结果把尖锐的声音"ki"与锐角相联系,而把柔和声音"boo"与圆的边缘联系起来。这种现象表明,人的感知是以生理为基础的。

---

* 参见 Francisco Varela, Evan Thompson, & Eleanor Rosch, The embodied mind: Cognitive science and human experience (Cambridge, MA: The MIT Press, 1991).

** 参见 Vilayanur S. Ramachandran & Edward Hubbard, "Hearing colors, tasting shape," in Scientific American Mind, vol. 16 (October 2005):17-23.

的眼睛长在脸的前面,因而人(和大部分食肉动物)能看到三维空间,而眼睛长在头部两侧的动物(主要是捕食动物)具有两个既不相同也不重叠的视界,其中每个视界都是两维的。我们还不清楚,在昆虫世界中用"视觉"一词来表示对光的感受性是否合适。同样,物种差异也存在于其他方面的感觉:有些感觉是人类缺乏的,有些感觉则是人类从来没有想象过(也不敢想象)的。

换言之,人类在生理上通过特定的狭窄通道与世界连接在一起。客观地讲,因为你的眼睛只能感知由电磁波谱的一个狭窄部分所照亮的地方,所以你所看到的世界并不是世界本身。

讲得更复杂点,对于人类感知的特性,我们不能一概而论。人与人之间存在非常大的、基于生理的差异,既有我们熟悉的差异(如色盲和极为灵敏的嗅觉),也有一些罕见的反常现象(比如联觉,即视觉和味觉等感觉可能会混淆,结果颜色会有味道,或者味道会有颜色)。事实上,我们不必到处寻找这种感觉能力的差异:我们自己的眼睛和耳朵通常就存在差异,他们在明暗、色彩、音量和音调等方面具有不同的感受性。我们不仅在所见所闻方面彼此不同,而且连我们自己的眼睛与耳朵的配合也不是很默契。另外,感觉能力与习惯会随着人的成长而发生变化,也会因为年纪太大或长期闲置而变得迟钝(有时也会通过练习得到增强)。

文化和感知

如前所述,感知的主要决定因素不是生理结构而是文化背景。这种说法似乎符合我们的认识,即感知与观念密不可分。

然而,在探寻其证据前,值得强调的是,似乎的确存在一些独立于文化和基于生理的感知倾向。比如,刚出生几个小时的婴儿喜欢垂直放置的直线胜过水平放置的直线,喜欢排列成人脸状的点胜过排列成任意其他形状的点。* 研究者在不同情境中研究了不同社群的颜色归类策略(人们通常认为这些策略以语言学为基础)。结果表明,不同民族对于颜色的归类通常相同。事实上,他们倾向于采用完全相同的色调,比如,取红色或蓝色作为特定类别的典型代表。**

但是,我们必须小心谨慎,不能把感觉能力(sensory

从上图中你看出了什么?两只兔子向右看吗?两只鸟向左看吗?一只兔子和一只鸟相对而视吗?或者是兔子和鸟背向而立?抑或其他什么东西?

人的意识每次只能理解一件事。我们能够在不同的想法之间转换,但每次只能考虑一件事情。

我们的意识能够像玩杂耍球一样同时考虑六件事情,但它必须在这些事情之间来回穿梭。一旦我们没有注意到某几个,或者过于注意某一个,其中一两件事情就会像杂耍中的球一样从意识之中掉落出来。

* 参见 Gopik et al., The scientist in the crib.
** 参见 Eleanor Rosch Heider, "Universals in color naming and memory," in Journal of Experimental Psychology, vol. 93(1972): 1-20; and Brent Berlin & Paul Kay, Basic color terms: Their university and evolution (Berkeley, CA: University of California Press, 1999).

capacity,如视觉或触觉)与感知能力(perceptual ability)混为一谈。感知包含理解和根据经验进行理解的能力,这意味着人们主要通过学习获得感知。这种观点完全建立在案例研究的基础上,研究的对象是通过这样或那样的手段恢复了曾经失去多年的感觉能力(通常是视觉)的人。也许事与愿违的是,恢复视力并不总是一件值得庆幸的事情。在有些案例中,这些人更多地表现出恐惧和沮丧,原因在于他们突然需要理解一大堆陌生的、不断变化的东西,通常要花数年时间才能学会辨别物体边界、跟踪事物的运动和发现相关事物的区别。简言之,就是要学会看。*

既然人是在特定的社会和文化背景中学会看的,那么人能看见什么在很大程度上取决于他是在**哪里**学会看的。这既指人所处环境的物理结构(如人造物、植物等),也指他所能获得的理解工具(如语言、宗教、意识形态等)。因此,尽管人与人之间的基因差别很小,但是,不同个体所理解的世界可能会有天壤之别,甚至对于那些从小一起长大的人来讲,也是如此。

由于在不同文化、时代、宗教、地貌中,人们的世界观和思想倾向迥然不同,于是,上个世纪下半叶,大量的学术话语都建立在一个前提假设上,即感知完全由文化决定。尤其是,人们通常认为语言会决定我们感知什么和不感知什么。**

显然,感知通常倾向于在语言的田野中沿着其深壑流淌。我们的语言把感知的聚光灯照射在特定的细节上,结果使其他细节完全无法被感知。然而,如果我们把感知的所有可能性缩减为目前已经命名的几种感知,则似乎有点简单化。实际情况可能要复杂得多,它更多的是持续不断地递归发展,而不是表现为显而易见的因果关系。

实际上,实验这种现象并不难。穿插在本章的叙事事实上都是围绕着一个实验展开的,正如下一部分的叙事将要阐明的一样,当参与者被要求重复课堂上刚开始时所做的活动(即列举目力所及的几何图形)时,活动过程中产生的感知变化是令人惊讶的。显然,引入新词会对人的感知产生深刻的影响。

但是,语言远不只是确定感知的方向,它还会建构行为。

从下图中你能看出什么(请在继续阅读前先回答)?

如果有人提前告诉你,这个图案是想表示两个人各抱一只鸭子背对背坐在那里,你可能会看出那样的形状。尽管这个图只是不小心形成的墨痕,但是这种"前解释"(pre-interpretation)可能会引导人的感知。我们所说的每件事情会以这种方式影响感知,尽管其方式并不总是这么直接。

* Oliver Sackscf 对此有过经典阐述,详情请参见其论文"To see and not see," in An anthropologist on Mars.
** 该观点走向极端就是"语言决定主义",有关这个主题的最新研究参见 wikipedia.org 的条目"Sapir-Whorf"。

生物 VS 文化?

人类具有与其他种族不同的感知能力,这就表明,感知是一种生理现象,即感知主要与生物因素有关。

感知是习得的。尤其是,感知在很大程度上是受语言制约,即决定感知的主要因素是文化。

共同的基础:两种观点都假定生物结构与文化影响不可分离,简言之,生物决定感知的内容,而文化决定感知的方式。

语言使我们处于建构和理解的循环中,而这种循环会拓展我们建构意义的习惯。比如,你可以想想人们是怎样运用经典几何来塑造我们的生活空间的。人们沿直线建造现代城市,按整齐的矩形分布农村。反过来,由于到处都是这种形状,结果导致了一种根据经典几何来理解事物其他方面的趋势。请回忆一下你的教育经历——按矩形状的课表组织的教育在矩形的城市中的矩形街区的矩形大楼里的矩形房间里进行。或者,你也可以看看用以装订这本书的经典几何形状。

因此,感知受限于文化,但同时,文化也能激活感知("使能性限制"——能激活感知的限制——这个词在本书的第三编中将会再次出现)。正如我们已经阐述过的,意识的范围太小,以至于不能容纳丰富的感觉。我们也许可以把语言和其他文化工具理解为选择某些感觉而忽视另一些感觉的手段;也可以把它们理解为联系经验和压缩信息以处理更多信息的策略。比如,正如下一章将要阐述的一样,像正常(normal)这样的词聚集了大量的具体经验和抽象性质,但它却允许意识的加工而不被细节所淹没。结果,当语言和其他文化工具使我们把众多的感知可能性拒之门外的时候,我们的思维和感知能力仍然能够保持平衡。

> 当我感觉参与者对分形图已经有了深入理解并知道如何辨认它们时,立即转回到该课开始时所进行的活动。我采用与当时完全一样的活动步骤,请他们环顾四周并尽可能多地列出所见图形。当然,要使用恰当的数学术语。
>
> 这一次大家的做法通常与前一次迥然不同,而且他们在这个过程中会不断表现出吃惊甚至是非常惊讶。
>
> 比如,我们经常可以听到诸如此类的问题或评论:"那棵树一直在那里吗?""看看那些云,它们之间多么相似!"

第五节 观　　念

人类意识的另一个令人惊讶的特性是,意识总是稍稍滞后于行为。无意识的加工要花一些时间(大约一秒钟)对感觉进行分类,并通过将感觉与其他经验相联系而使之变得有意义。因此,我们永远不能真正意识到当下正在发生的事情。换言之,意识不是控制者,而更多地是评论者。与其说它真正地发起了行为,倒不如说它是为业已发动的行为进行辩护或将其情境化。*

一方面,人的生理倾向和(或)文化话语预定了他的感知和理解,另一方面,人的意识滞后于行为,这两点认识相结合,似乎对自我控制和自主的观念提出了挑战。但是,有关感知和意识的研究对于"选择的自由"真的是一种挑战吗?

粗略的回答是肯定的。然而,如果我们对意识的性质进行反思,即不把意识当作固定不变的形式,而是将其视为不断发展的复杂现象,就会发现意识有些重要的特性。在这里,教育似乎发挥着重要的作用。

神经学和社会学的大部分证据表明,我们不能**直接**选择让哪些东西进入意识,就像不能选择我们的心跳速度和体温一样。但是,如同可以间接地控制现象一样(如通过特定的身体活动或想象),我们能够间接地影响意识。关键是要理解,意识的作用不是控制而是**定向**。意识就像教室里的教师或社区里的电台一样,在影响随后将要发生的事件方面发挥着重要作用,其作用方式是把感知的聚光灯投射于事物的某些方面而忽视其他方面。

一旦某事物进入了意识,我们就能够作用它。这并不意味着控制,但是,它至少表现出了某种形式的选择。很明显,人所意识到的东西不会**决定**随后所要发生的事件,但是,人的选择通常**依赖于**他所意识到的东西。我们所感知到的事物很重要。

正如我们在本章各讨论部分里通过几何活动所表明的一样,教师可以通过改变学生的感知和意识来引导学生的注意力,从而发挥其关键作用。比如,参与活动的人会发现以前从未注意到的在树木和云朵中存在的性质和关系,尽管他们多年

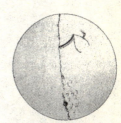

在 17 世纪早期,随着天文望远镜的发明,有两个天文学家把目光转向了月球。在英国,Thoas Hrriot 看到了一些"奇怪的点状物"(简图如上)。在意大利,Galileo 看到了一些截然不同的东西(简图如下)。

为什么会产生这种感知差异呢?

Galileo 是受过训练的艺术家,专门学习过怎么理解光和影的作用。他的教育背景也许使他能把这些奇怪的点看成被遥远的太阳照亮了的山脉和火山坑。

关于这一点,西方科学史中还有许多类似的例子,这些现象表明人的理解和感知是密不可分的。

* 该观点具有广泛的研究基础,其综述参见 Norretranders, The user illusion and Daniel C. Dennett, Consciousness explained (New York: Little, Brown and Company, 1991).

来已经看过这些东西不下数千遍。

换言之,我们也许可以重塑教育概念了。教育与其说是教学生知道不知道的东西,倒不如说是帮助他们注意不曾注意的东西。即,我们可以把教育理解为影响学生的感知——它指向世界的某些方面,力图培养学生不同的理解习惯。这种理解框架下的教育,在于不断拓展学习者的感知世界。它是一个对人们的视角、立场和观点进行质询的、永无止境的过程,也是一个有关认知图景的问题。

> 作为教师,我通常围绕一个"大问题"组织每一堂课。当我思考这节几何课时,采用的问题是"数学有什么作用"?
>
> 这是一个与"数学是什么"或者,更广泛地讲,是与"知识是什么"非常不一样的问题。在过去几个世纪以来,这个问题一直是哲学中激烈争论的主题,因此梳理与其相关的假设和论断很不容易。
>
> 但是,"数学有什么作用"这个问题的实用性更强。当然,它的大部分作用在于形成我们的感知,并因而影响我们的行为。我们通过建构物理世界,可以体会到部分感知,而这种体会反过来又会进一步巩固和拓展我们的理解习惯。因此,"数学有什么作用"更多的是一个认知(knowing)的而不是知识(knowledge)的问题。
>
> 在这堂几何课中,为了阐明这个观点,我们梳理了几千年来历史上形成的不同世界观,以弄清数学中所取得的主要成就是怎样融入艺术和学术争论等文化形式的。尤其是,我尽量围绕学与教等复杂现象,关注感觉在当前的发展(在这种发展中,分形图像和混沌的动态性正在取代欧几里德的图形和因果逻辑)。我认为,如果我们要形成对于这些现象的不同理解,就必须获得新的词汇和形象的比喻等。

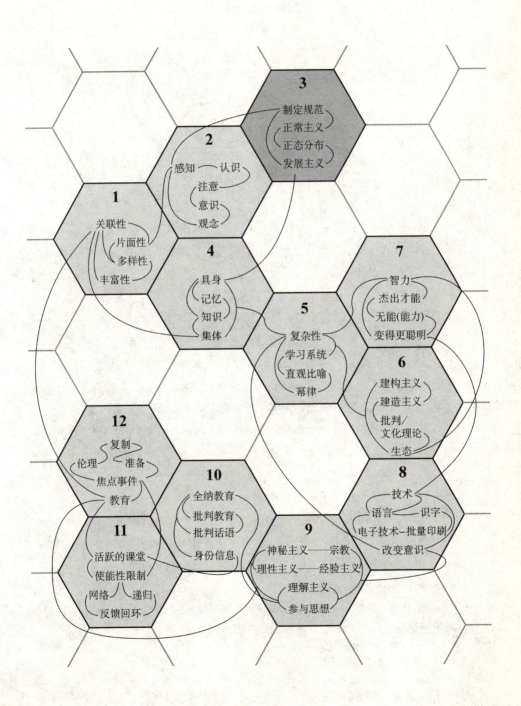

第三章 认知行为
常态和发展的建构与解构

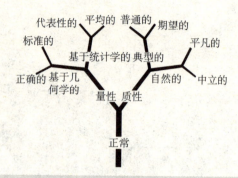

令人颇为吃惊的是,在讨论学校教育时,频频出现正常(normal)这个词:正常的智力,正常的发展,正常的行为,正常的方法……不胜枚举。当然,不同语境下,"正常"一词的含义有所不同。不过,我们认为,这个词的广泛应用蕴含着重要意义。穿插在本章的叙事①旨在揭示,当人们说教育的某方面"正常"时,他们背后的假设和观点是什么。

本章中各讨论框(discussion boxes)均以一个研究为背景,研究的主题是职前教师所展示的身份及身份认同。该研究在其他地方有详细报道*,它不仅揭示教师教育项目中的"正常"结构,而且展示职前教师突破这些"正常"结构后所生成的一些"反常"的教学策略。

随着该研究的深入,有一点变得很明显,即"正常"观念的存在比我们预想的还要普遍。在这些讨论框中,我们指出"正常"观念在这个特定项目中的一些表现,目的在于突出表明,在教育中改造教师与学生的经验时,多样化的、互不相容的意见发挥着非常重要的作用。

然而,为了承接前章的思想,我们有必要首先简要地考察"正常"这个词的意义及其所包含的一些联系。"正常"一词来自拉丁语"latin norma",意谓"木匠的直角尺"。几百年前,该词成为英语中的常用语,多见于建造事物的情境中。基本"正常",原意指接近完美的直角。直到19世纪早期,社会科学家们一直使用这个词来表示某些行为和品质是否或在多大程度上符合普遍标准。

* 参见 The Counterormativity Discourse Group, "Performing an archive of feeling: Experiences of normalizeing structures in teaching and teacher education." in Journal of Curriculum and Pedagogy, vol. 2, no. 2 (2006): 173-214.

---

① 这里的"叙事",指每节末尾处灰色底纹的讨论框(discussion boxes)中所讲的研究故事,下文所讲的"讨论框"亦指同样的内容。——译者注

如第二章的讨论框所述,正常是以"terms"为词根的家族中的一员,而这个家族源于业已融入了西方世界观的欧几里得几何。"正常"已经置身于一个庞大的关系网络,不再只是用来表明物理形状,而是进入了概念领域——包括正确和错误、真理和谬误、永生和死亡、有效和无效等。比如,请思考一下,如果别人要你倡导一些东西,而这些东西不能是正确的、正常的、直接的和笔直的,你脑子里会想到什么?"正常"的反义词包括弯曲、偏离、扭曲、卷曲、古怪、乖僻和曲解等(所有这些词的字面意思或者词源都指"不直"或"不平")。它们所指的似乎都不是积极的方面。

词目	正常(形容词)
定义	正确(从字面上讲是"直",这种观念来自欧几里得几何)
同义词	正确的(correct),笔直的(direct),直立的(erect),说明的(explained),直接的(forthright),公正的(just),合理的(justified),平坦的(level),直线的(linear),正统的(orthodox),垂直的(perpendicular),简单的(plain),平面的(plane),矫正的(rectified),常规的(regular),校准的(regulated),正确的(right),直角的(right angle),正直的(righteous),守规矩的(rule-following),公平的(square),标准的(standard),笔直的(straight),直接的(straightforward),真正的(true),真理的(truthful),竖立的(upright),直立的(upstanding)
反义词	弯曲的(bent),偏离的(deviating),笨拙的(gauche),扭曲的(kinked),奇怪的(queer),邪恶的(sinister),歪斜的(skewed),扭曲的(twisted),歪曲的(warped)

第一节 制定规范

不久前有一段时间,许多教育性大学均称为"师范学校"(normal schools)。这个习语可追溯到19世纪早期,最初是用来表明人们非常希望教师成为他人行为的楷模,或引领他人走向标准的灯塔。尽管现在这个习语已经鲜有提及,但人们依然认为,教师应该是集体理想的榜样或文化代表。

这种看法合适吗?我们还应该把教师当成模范或代表吗?如果是的话,教师应该为谁的理想树立榜样,应该代表哪些人

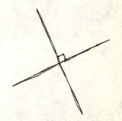

在数学中,一条正常的直线是与另一条直线垂直相交的线。

的文化？毕竟，在北美第一所师范学校创建时，不同文化群体正趋于一致。但是，此后近200年以来，公共教育所扮演的角色已经发生了巨大的变化。如今，人口迅速变化，社会和文化的流动性日益增强，人际交往越来越频繁，我们似乎很难说存在某种统一不变的文化让教师来代表，更不用说指望教师充当模范了。

这个问题切中了学校职责的要害。阐述这个问题，可以追问人们是怎样围绕"正常"这个词的意义来构想和组织教育的——这是本章的意图之一。此外，作为补充，我们还有一个目的，即继续考察认知和知识。

因此，在写作本章时我们采用了解构（deconstruction）策略。所谓解构，是考察关系习惯（habits of association）的方法，它尤其关注语言、图像、想法和实践中很少被人发现却又指引、塑造和激活人的感知与观念的方面。解构旨在增强新的思想和行为得以产生的可能性。

也就是说，解构不是真的要把事物分解，而更多地是呈现被排除、隐藏、内含或者未经涉及和不能涉及的东西。它是阐述而非简化。换言之，它关注内隐的关系，即看不见的结构和联系，这些结构和联系占据了我们的大部分所知，但我们通常意识不到它们的存在。

比如，让我们想想"normal"这个词吧。穿插在本章的叙事主要是为了凸显一些使概念有意义的关系，同时也想使人注意这些关系所引起的结果，尤其是对于教育实践产生的影响。其目的在于强调人类的大部分知识都不是显见的，而是缄默、含蓄和内隐的，是通过行动表现和表演出来的，展现在人际互动、观念态度、社会结构和人的痴迷行为之中。

相比之下，自正规教育产生以来，教育实践在很长一段时间里几乎完全是围绕外显知识（可用于有意识的研究的观念和见解）来组织的。它所导致的不良后果是，遮蔽了赋予知识以意义的庞大的关系网络（如果不是完全不可进入的话）。正规教育通常只关注知识冰山的可见部分，而经常遗忘了使这一小部分得以探出水面的大块水底冰山。

从某种意义上讲，这种情况是不可避免的。正如第二章中

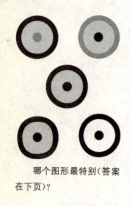

哪个图形最特别（答案在下页）？

所阐明的一样,人的意识范围很小,不能处理太多的信息。要使新的见解显露出来,大部分其他细节就必须隐没在观念的阴影中。因此,我们也许可以认为,文化规范之所以有助于我们实现重要的目的,是因为这些规范有助于减少有意识的思考。然而,既然某些内隐的关系(如与正常这个词相关的那些联系)会导致一些不良后果,那么我们似乎有理由认为,正规教育也必须关注认知的行为维度。

用上一章的话语来重新表述该观点:教育的一个重要方面是使熟悉的事物变得陌生,即促使人们重新注意关系中根深蒂固的习惯,并寻找新的可供替代的行为。人是在感知上注重差异的物种。作为生物体,我们会在生理上适应各种变式和变化,有时把一些细微的差别扩大为主要区别。作为文化体,我们通过符号技术和共同的解释系统来阐明某些区别。简言之,作为生物—文化体,我们参与意义世界的建构。

(下面讨论的背景见上一页)

最特别的是中间的图形。其余的图形中,每一个都在某一方面与"标准"(norm)不同:左上方的图形有一个灰点;右上方的图形有一个灰边;左下方的图形近似方形;右下方的图形的背景是白的。只有中间的图形没有独特的特征,因而是最特别的,即便它看起来最正常。

这种说法直指传统的对于"正常"的理解所存在的缺陷:在一个由高度分化的个体组成的族类中,真正正常的样本恰恰是不正常的。

> 学术界(包括正规教育)之所以对于"正常"普遍持这种理解,主要是因为受了基于数据的研究的影响。
>
> 我们在刚开始研究职前教师的自我形象时,就充分意识到了这一点。就像做任何同类研究项目一样,该研究的第一步是寻找参与者。为了吸引别人参与,我们采用的策略是在教学楼里张贴海报,告诉学生我们研究的主题和意图。然而,联系我们的第一个人不是想参加研究的学生,而是一个忧心忡忡的同事。他是一位资深教授和令人尊敬的研究者。他通过电话留言提醒我们注意"研究设计中的缺陷"。他解释道,"你不可能通过学生自己报名的方式获得典型样本。如果你要获得有效的结果,就应该采取随机抽样的方式"。
>
> 典型性是选择研究对象的要素。如果要通过个体研究得出有关整体的结论,就必须采用随机抽样。然而,我们的研究是关心个人体验,而不是学生整体的性质。因此,尽管这位教授的意图很好,但其建议并不合适。

词目	正常（形容词）
定义	有代表性的（representative）
同义词	原型的（archetypal），特有的（characteristic），典范的（classic），经典的（classical），描绘的（delineative），描写的（depictive），标记的（emblematic），唤起的（evocative），模范的（exemplary），理想的（ideal），说明性的（illustrative），模范的（model），表象的（presentational），模型的（protypal），原型的（protypical），典型的（quintessential），标准的（standard），象征的（symbolic），典型的（typical）
反义词	非典型的（atypical），不正常的（deviant），极端的（extreme），偏远的（outlying）

上面这些长方形的暗度是一致的。但是，当一个长方形被加上了颜色更深的方框时，其阴影的颜色看起来会浅一些；而当一个长方形的阴影被着上了颜色更浅的方框时，它的颜色就会看起来更深（如果你用笔盖住一条边界，你就会注意到相邻的方格不再有这种差别）。这种错觉表明，人的感知不做绝对的判断，而是做比较。

原文第 56、110、111 和 154 页的图像都运用了相同的错觉效果。其目的在于表明，在这些图所标出的现象之间不存在固有的差异。

第二节　正常主义

人与人互不相同。

但是，到底有多大差异呢？

显然，这个问题的答案至少有一部分与人的感知习惯分不开。如第二章所述，感知习惯既有其生物根源，也融入了文化因素。其中，人的感知在很大程度上指向差异，这是一个尚未阐述透彻的观点。如放错了位置的书，高出他人许多的孩子，拼写错误的单词，左右不配的鞋子，男孩群中的女孩。人总是在寻找事物的差异，并区分它们的不同之处。

事实上，感知系统不仅倾向于区分差异，而且还放大它们。有时，它会把一些在客观上根本不存在的差异强加于我们（左边页边空白中提及的活动就是这种感知倾向的一个简单实验）。这种感知倾向的常见解释是，它对于人的生存的确大有裨益。边界是环境中最重要的信息，因此我们也许会发现，视觉、听觉、嗅觉、味觉、触觉和其他感觉都是以寻找有关边界的细节并加以放大为中心的。人类的这种感知倾向已经延伸进了概念习惯。我们总是在不断地区分概念，而且经常放大它们。这种习惯不一定不好。比如,在自我界定和群体认同方面,这种倾向至关重要。很明显,想弄清你是谁或你是做什么的,你就要明白你不是谁或你不是做什么的。

然而,这种区分差异的倾向有时过犹不及。比如,实际上人与人是相似的。但在大部分情况下,当我们与他人初次见面时,注意力通常不是集中在广泛而深刻的共性上,而是在少数的与众不同之处,比如,在身高、口音和肤色等方面的微小差异。

在与人的感知同样复杂的领域,这种 Sigmund Freud 所谓的"陶醉于细小差别"的倾向经常会产生严重的问题。正如第二章所提及,感知不只是收集信息的简单过程,而是一个联系当前经历与先前事件的过程。对于这个过程,我们无法直接控制。而且,所建立的这些联系不一定全都合适或有建设性。

从集体层面上讲,许多无意识的联系嵌套在语言中,在本章对话框中我们已经通过列举正常的例子强调了这一点。在个体层面上,许多心理学家一直在研究这种无意识的联系向人们灌输的偏见。他们发明的一个工具,看似简单,却很有用,可用于检测内隐联系,适切的名称是"内隐联系测试"[Implicit Association Test (IAT)*]。内隐联系测试旨在帮助人们观察无意识的联系。测试包含一列词目,你要做的是,在每一列的适当处作标记,依次把每个词目归入所属类别。重要的是速度,要尽可能快而不要担心出错。

如果你尚未做过这两页页边空白中的测试题,那么现在正是尝试一下的时候。做过这些测试后,下面的讨论会更有意义。

如果你与西方的大多数人一样,应该会注意到做第一个测试与做第二个测试之间的不同之处。对大多数人而言,后一个测试更难,究其原因,我们发现人们在男人—商务和女人—家务之间建立的联系强于在男人—家务和女人—商务之间的联系。对于这种现象,尽管很容易提出批评意见,但不足为怪。毕竟,90%的大型公司总裁是男人,而从事大量家务的仍然是妇女。因此,当"男性或家务"被归入同一类别而又要求我们快速作答时,我们通常会产生概念上的困难(澄清一下,这里不是说这种情况多少有点情有可原,而是要表明它内含偏见)。

内隐联系测试(1)
看这两个方框,把每个词目归入适当的类别(先完成这一页的方框)。

男性或业务		女性或家庭
☐	Ralph	☐
☐	安娜	☐
☐	窗帘	☐
☐	办公室	☐
☐	大卫	☐
☐	订书机	☐
☐	彼得	☐
☐	传真	☐
☐	Gloria	☐
☐	Debra	☐
☐	厨房	☐
☐	会计	☐
☐	Playpen	☐
☐	Lara	☐
☐	浴室	☐
☐	总裁	☐
☐	父母	☐
☐	Darren	☐
☐	萨拉	☐
☐	麦克	☐

* 参见 Anthony G. Greenwald, Debbie E. McGhee & Jordan L. K. Schwarz, "Measuring individual differences in implicit cognition: The Implicit Association Test," in Journal of Personality and Social Psychology vol. 74, no. 6 (1998): 1464-1480. 登录 http://www.implicit.harvard.edu 可查阅更多计算机化的例子。

内隐联系测试（2）

看这两个方框，把每个词目归入适当的类别（先完成前页的方框）。

男性或家庭		女性或业务
☐	正餐	☐
☐	Dorra	☐
☐	开文	☐
☐	经理	☐
☐	闹钟	☐
☐	Garth	☐
☐	哥德	☐
☐	Becky	☐
☐	家庭的	☐
☐	工资	☐
☐	人事	☐
☐	Ellen	☐
☐	Linda	☐
☐	吸尘器	☐
☐	复印机	☐
☐	Neil	☐
☐	沙发	☐
☐	Mary	☐
☐	加班	☐
☐	Tom	☐

内隐联系测试的设计者们开发了几个测试，使我们能更清楚地洞察普遍存在的（但不一定是有意识的）联系。有些测试可以从网上获取（参见上一页的脚注）。这些计算机化的测试具有同步反馈的优点，能提供更精确的信息，以显示在性别、种族、阶级和其他方面中所存在的内隐联系对人的影响。不过，要注意的是，测试所得出的结果可能令你沮丧。

当然，测试所带来的并非全是坏消息。IAT 研究者们也发现，如果在测试前向被试者呈现一些典型例子，比如，在左边的性别/业务测试前提供 Oprah Winfrey 和 Martha Stewart 的例子，那么人们完成这个测试的时间就会发生变化。尽管我们不能直接控制所建立的这些联系，但是很明显，间接行为可能会深刻影响着我们对于正常的看法。

似乎有理由认为，正规教育在揭示和挑战一些常见的联系方面扮演着重要角色。从这个意义上讲，正规教育的重要作用是质询人们对于正常的看法。请注意，拒绝参与这种批判性测试可能会被视为默认参与维持这种业已形成的偏见。我们认为，忽视内隐的联系等同于接受它们。

> 在我们的研究中，职前教师最担心的问题是选择与学生年龄和年级相适合的活动。大部分教师被分派去实习时，所面对的是比他们至少小 10 岁的学生。他们完全没有信心确认和设计适合学生的学习任务。
>
> 当我们试图消除他们的担忧时，遇到了来自人类发展理论的许多概念[①]，包括与情感、社会、道德、身体和概念的发展阶段相关的概念。
>
> 刚开始时，他们似乎过于关注这些概念。于是，我们极力表明，这种"阶段理论"不是绝对的，而实际上只是根据平均数得来的。我们指出，在选择学习主题和任务时，重要的是关注学生的经历、兴趣和背景，而不是过于关心他们"能做什么"或"不能做什么"之类的抽象理解。
>
> 只有过了一段时间后，当他们不再关心这些有关"正常"的理论时，我们才开始观察"正常"观念如何体现在他们诸如此类的讨论中："我怎

---

① 意即当"我们"试图消除这些担忧时，我们遇到了来自这些概念和理论的障碍，因为职前教师太关注和固守这些理论。——译者注

样才能知道四年级学生所要达到的全部标准？""正常的孩子能够做什么？""我要怎样对待中等以下的学生？"

这些话语表明，一些以统计为基础的观念已经成为超出人们意愿的东西。人们计算平均值就好像它们就是标准的(normative)一样。换言之，参与者似乎把平均数理解成了标准(norm)，即理解成了绝对的规定，而不是与情境相依的、不断变化的指标。

词目	常态(名词)
定义	平均(average)
同义词	中间点(center point)，平均数(mean)，中部(median)，中庸(medium)，中间(middle)，中间部分(middle part)，中间位置(middle position)，中点(middle point)，规范(norm)，标准(par)，标准(standard)
反义词	反常(anomaly)，最大值(maximum)，最小值(minimum)，变量(variant)

第三节 正态分布

19世纪中期，在一些社会科学领域(尤其是在社会学和心理学研究)中，出现了使用量的研究方法的显著趋势。一般认为，这种转变体现了人文科学研究者在试图向科学研究者靠拢。但是这种评价有点极端。在量化研究运动的时代，人们普遍认为采用测量方法有助于得出更有说服力的研究结论。因此，对量化的青睐更多地关涉内隐的联系而非外显的愿望。

这个运动主要强调统计方法的广泛应用，尤其是运用与钟形的"正态分布"相关的统计方法。稍稍谈论一点背景知识吧。正态分布呈现了两个重要信息：平均数(即算术平均数，用于标明数据点集合的地方)和标准方差(表明数据点如何分布)。钟形曲线的形状表明了在某些现象中大部分数据点围绕中间值分布的方式，也表明了与"极端"事件相比，"平均"事件围绕着中间值分布的可能性要大得多。简言之，当某个事件趋近平均值的时候，它遇到反常事物的可能性就会急剧下降。许多日常

人的交流依赖于假设、熟悉程度、模式、期望等。比如，上面的回答就是假定第一个人：(1)正在找钥匙，(2)前晚用过钥匙，(3)希望别人帮他找钥匙，(4)或许钥匙忘在外套里了。这些信息中没有一个是外显的。

这些事情提醒我们，在"所讲"的事情中其实很多根本就没有讲。也就是说，意义大部分来自内隐的联系，而不是外显的语言表达。

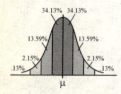

"正态分布曲线"(或者"钟形曲线")表明了许多自然出现的现象是如何变化的。曲线的这种形状突出表明,数据点(即数值)是围绕平均水平(平均值,μ)聚焦的。当现象离开平均值时,特定数值的概率会急剧变小(比如,很大或很小的土豆出现的概率比中等个头的土豆出现的概率要小得多)。

依据正态分布曲线,"正常"是根据接近平均值来界定的。在标准方差 μ 内(下图中的暗灰色区域)的数据点是最正常的。

现象(土豆的大小、人的身高、鞋子的尺寸、汽油的价格)似乎都遵循正态分布。

正态分布的发展最初源于大约200年前天体测量中对于误差的研究。当天文学家们试图把所观察和计算的结果描绘成图表时,发现不能描出如牛顿运动定律所预料的光滑曲线。原因很简单:所有的测量都会出现误差。

当时的数学家们认为,测量中产生的这些误差都是随机的,即测量的结果有时太高,有时太低;大部分数据都非常接近实际数值,少数结果错得离谱。在大量考察了不同的数据集合后,Pierre-Simon de Laplace 和 Simeon-Denis Poisson 领导的法国研究者们意识到,这些误差总是按同样方式分布的。小误差总比大误差多,而且这些不同的误差符合一种可以预见的模式。当这些误差的大小被描绘成图表后,就产生一个特殊的凸形,人们称其为"误差曲线"(error curve),后来又称之为"误差分布曲线"(distribution of errors curve)、"正态分布误差曲线"(normal distribution of error curve),最后才定为"正态分布"(normal distribution)。几乎在同时,德国数学家 Carl Friedrich Gauss 也在独立进行一个曲线研究,他将其命名为"高斯分布"(Gaussian distribution)。

事实上,数学家们已经熟知这种曲线。因为在此之前,研究随机事件的概率理论家们已经注意到,在一组数量足够大的随机事件中会产生可以预见的结果。比如,如果你和99个朋友每人投掷硬币100次,合起来的结果总是会产生类似于正态分布的曲线(投掷的次数越多,所获得的结果越符合这种数学曲线)。

十九世纪早期,当研究者们开始进行社会统计(比如出生率和死亡率)及后来对人的各个方面(如身高和腰围)进行研究的时候,正态分布开始从自然科学引入到社会科学之中。这种研究方法从自然科学中借鉴而来,所依赖的假设就是,变化与误差是相联系的。比如,人们不是把身高差异看作自然出现的多样化现象,而是将其视为偏离了理想的标准。

到了19世纪中期,除了测量身体外,社会科学研究者们开始把正态分布误差曲线应用于人格特质和行为研究。这种运动所依据的假设就是,"平均行为"是"正常行为"。随之产生的社会物理学提出了"正常人"的概念。"正常人"的身体(身高、体重、脚的大小等)、道德、审美、智力等代表一种人人向往的完美状态(这里所要强调的是,这些对于常态的研究,其对象是男性,女性通常被忽视或被当成男人的小样本或微型版本)*。

自19世纪以来,有关"正常"的观念发生了一些变化。通常情况下,人们不再像以前一样把平均当作理想的状态。特别是,某些偏离平均数的状态(如更高、更聪明、更小的腰围等)往往被当作是理想的或者出众的。但同时,向另一个方向的偏离有时却被当作不理想或者被当作是缺陷或缺点。

随着正态分布在社会科学中的广泛应用,教育者也拥有这种观念就不足为怪了。当时,数学中对于正态分布的假设给普通课程、同质分班、统一的教学方法、与年龄相应的教学常规以及标准化的成绩测试等提供了基础。所有这些做法都以"正常儿童"的假设为前提,而所有这些做法又使这些假设深深植根于教育结构之中。

尽管是虚构的(不存在统计意义上的正常儿童),但是,"正常儿童"的观念已经渗透于教育话语中,并在很大程度上成了教育话语的一部分。有点讽刺意味的是,人们很少见到有关正常的直接断语。相反,大量的描述性词语指向正态分布的极端部分,它们最明显地表现了基于统计学的"常态"观念。这些词语假定有一个中心而实际上却不提及它,如反常的、伤残的、滞后的、残疾的、紊乱的、功能障碍的、残废的、亢奋的、不适应的、智障的,等等(从文化上看,这个曲线上积极方面的词汇有:高级的、天赋的和天才的)。每个形容词都假定和断言有一个标准的、预定的、可测量的常态(我们会在第七章重新回到这个主题)。

由于这些描述性词语具有贬义,后来人们采取了更加中性化的表达,如不同能力的、例外的、特殊的等。与这种用词上的转变相呼应,要求在常规课堂中满足学生多样化需求的强制性措施开始产生了(其中两个最突出的措施是**主流教育**和**全纳教育**——参见第十章)。遗憾的是,很少或根本就没有人挑战正常能力、正常发展和正常行为等假设。绝大多数人只是把不同

"曲线上的等级"(grading on the curve)这个概念是 Max Meyer 于 1908 年首先提出的。** 尽管有证据清楚表明,基于常态的等级划分会增加竞争减少合作,但是这种"曲线上的等级"很快流行起来,并且现在依然很受欢迎。在这种以常态为参照的压力下,学生常常把对方视为自己前进的障碍而不是帮手,他们谈论最多的通常是个人权利而不是社会责任。***

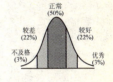

* 参见 Michel Foucault, Abnormal: Lectures at the College de France, 1974 - 1975 (eds. Valerio Marchetti & Antonella Salomoni; trans Graham New York: Picador, 2004).

** Max Meyer, "The grading of students," in Science, vol. 28 (1908): 243 - 250.

*** 参见 Barbara Rogoff, The cultural nature of human development (New York: Oxford University Press, 2003).

个体化 VS 常态化?

每个人都是独一无二的。正规教育应该培养个体的天赋与才能,因而教学应该是个体化的。

我们有关教学方式、教学内容和教学时间等方面的信息都是基于研究一般学生的发展,教学因而应以常态为参照。

共同的基础:争论的双方都倾向于假定个体是完全自主的,因而一个人必须在服务于个人利益与社会需要之间作出选择。

和差异当作可以"容忍"、"处理"和"改善"的品质,而不是值得欣赏、青睐和培养的品质。

这种张力引发了一个似乎无法解决的争论,即教育措施应该着眼于正态分布的中间部分呢,还是着眼于它的两端?一方面,把重心放在"常态"儿童上虽然会更加经济有效,但这种做法的危险之处在于,可能会疏远处于钟形曲线以下的学生并使其感到厌烦。另一方面,把重点置于"特殊"学生虽然会更加人性化,但又造成了资源的紧张。

这两种立场乍一看是完全对立的,而实际上,它们都没有覆盖到概率的整个范围,很大程度上是因为这两种立场都植根于正态分布和正常发展曲线这两种假设。该书中,我们试图先揭示这些假设的内涵,继而突破它们,并提供可供替代的假设。

职前教师似乎过于关心他们是否符合"常态"(即过分希望被他们未来的同事和学生看作"正常"),这一点不足为怪。其原因有三:其一,他们所处的研究和教育文化往往把"常态"视为榜样;其二,人们通常持一种"数学化"的观念,即把"常态"等同于平均状态;其三,在社会习俗中,"常态"通常与正确相关。

也许可以预料的是,参与我们这个研究的是一些无论外表还是身份都与主流不合的志愿者,其中包括属于少数派的宗教徒、男同性恋者、女同性恋者以及一些"身体上有问题"的人。这些对于身份认同的担忧是他们开始实习前亟待解决的问题。于是,出现了被小组成员称之为"实习前的改造"(pre-practicum make-over)的现象。他们调整了服装、遮盖了文身、摘掉了耳环、剪掉了长发。对此,一位实习生解释道,"我喜欢长发……但是为了实习我忍痛割爱,目的是为了跟上潮流"。也就是说,适合被理解成了正常。

赶时髦的欲望中内含着想成为正常人的强大力量。发现这点并不难,你只要穿上过时了好几年的外衣、过短的裤子、图案错配的衣服或者一些被人们认为与性别不符的东西,通过赶时髦来成为正常人的压力就会立刻显现出来。

词目	正常的(normal)
定义	典型的(typical)
同义词	接受的(accepted),习惯的(accustomed),承认的(acknowledged),同意的(agreed),允许的(allowed),批准的(approved),授权的(authorized),弄清楚了的(button-down),正式成员的(card-carrying),选定了的(chosen),通常的(common),平凡的(commonplace),惯例的(conventional),正确的(correct),当前的(current),习俗的(customary),得体的(decorous),认可的(endorsed),制定的(established),日常的(everyday),预期的(expected),流行的(fashionable),正规的(formal),一般的(general),习惯的(habitual),时髦的(in),时兴的(in vogue),温和的(inoffensive),合适的(kosher),合法的(legit),平常的(ordinary),正统的(orthodox),平凡的(plain),受欢迎的(popular),主要的(predominant),首先的(preferred),流行的(prevailing),盛行的(prevalent),正常的(proper),承认的(recognized),常规的(regular),例行的(ritual),常规的(routine),批准的(sanctioned),符合的(square),标准的(standard),原型的(stereotyped),笔直的(straight),合适的(suitable),传统的(traditional),典型的(typical),寻常的(unremarkable),通常的(usual),众所周知的(well-known)
反义词	反常的(abnormal),奇异的(exotic),外来的(foreign),不规则的(irregular),不同步的(out of sync),凋谢的(passé),值得怀疑的(questionable),激进的(radical),奇怪的(strange),不一般的(uncommon),非传统的(unconventional),非惯例的(uncustomary)

第四节 发展主义

所谓"发展主义",指呈现人从出生到死亡过程中应该经历的一系列发展阶段的模式或理论。近百年来,人们提出了许多发展层级,我们将在随后几章的页边空白中呈现其中最主要的几个。

发展主义的理论通常建立在广泛观察的基础之上,其中几个比较突出的理论都考虑到了人的身体特点和文化背景。然而,尽管发展主义理论的许多提出者不遗余力地强调这些阶段是流动的、情境化的、复杂的;但绝大多数人还是把发展理解为从未完成(即童年)到完成(即成年)的线性发展过程。事实上,

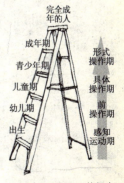

对 Jean Piaget 的智力发展阶段论的线性化理解。

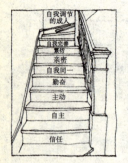

对于 Erik Erikson 的心理发展阶段论的线性化理解。

49　教育者、教育研究者和政策制定者都是这些理论最差劲的解读者,这也许是因为梯子和楼梯的简单图像迎合了学校中业已存在的线性化结构吧。

　　这里最大的问题也许在于,这两套主要的发展理论(着眼于**身体**发展的理论和着眼于**概念**发展的理论)常常混合在一起。我们的基因差异非常小,正因为这样,每个人的身体发展通常都是非常稳定的(假定基本的营养和心理需求得到满足)。为此,我们可以对发展作一些概述。比如,初学走路的孩子的神经元密度通常比成人的要高出两三倍。* 到了童年时期,神经元的密度会稳步下降,但到了青少年早期,神经元的密度又会上升,然后又开始下降。**

　　对于教育者而言,了解这些发展理论很重要。比如,这些理论有助于我们解释为什么儿童会具有快速学习语言的能力(一种大部分人在成年时都会丧失的能力),为什么在青少年期间会产生行为的变化,为什么大部分成人的记忆力会减弱。简言之,在不同年龄阶段显现出来的不同倾向和能力大部分都是由基因引起的,是在种族层面学会的,而不是在文化或个人层面上学会的。

　　但是,发展主义理论的问题也恰好出现在这里。其一,尽管身体发展理论有其可靠性,但免不了会有例外。其二,随着年龄的增长,经验和文化对身体的发展会变得越来越重要,营养、机遇、教育、贫穷甚至环境污染之类的因素都会对人的身体发展产生重要影响。*** 其三,由于大多数人的身体发展会存在相对稳定性,人们常常会假定观念也同样是以可预见的方式发展的。

　　因此,运用简单的、垂直结构的图像在教育文献中已是司空见惯的现象。这些图像支撑着一些存在问题的教育原则,如:

- 不管个人经历和文化背景如何,每个人处理概念的能力都会经历类似的发展过程;
- 发展过程的每一阶段都具有明确的、可辨认的终点;
- 每个发展阶段都是分离的、互不重叠的;
- 各发展阶段依次排列,因此进入后一阶段就意味着超越

*参见 Gopnik et al., The Scientist in the crib.
** 参见 Leslie Sabbagh, "The teen brin, hard at work," in Scientific American Mind, vol. 17, no. 4 (August/September 2006): 20–25.
*** 参见 Rogoff, The cultural nature of human development.

了前一个阶段。

已有的研究清晰地表明,这些假设和其他的假设都不合适。但它们却根深蒂固,而且似乎都与人们对于"正常"一词的误解交织在一起。当"正常发展"被用于这些发展理论时,它指的是根据特定群体计算出来的平均数。也就是说,"正常发展"指的不是事物本来应该存在的方式,而只是所研究的事物实际上存在的方式。事实上,当研究被拓展到包括更多女性或者来自不同文化和社会阶层的代表以及更多的相关任务时,所得到的结果有时会迥然不同。因为不同的社会群体和文化背景的人所运用的理解策略大不相同,所以产生这种结果也就不足为怪了(参见第九章中对于这些理解框架的简要介绍)。

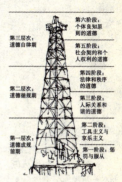

对于 Lawrence Kohlberg 的道德层次和类型的线性化理解。

这里再次强调一下,在关于发展的讨论中,正常不是指"普遍",甚至也不是指"一般",而是指"被研究主体的平均状态"。这几者之间有很大的区别。最主要的模式(这里页边空白中所提到的几个)中最初的大多数研究都是以这些特定的亚群体(如男大学生、受过良好教育的孩子、上层职业人士等)为基础的。

线性假设还存在另一个重大问题(可以回忆一下本章第一个对话框中所阐述的关系)。随着证据的不断积累*,我们已经很清楚人不是依次经过各个发展层次的。楼梯或梯子的比喻是不恰当的。相反,我们最好把一个特定的阶段理解为先前阶段的发展,即前面的阶段仍然适用于个体。比如,皮亚杰(Piaget)的智力发展理论引用频率很高,借助这个理论,人们通常认为,现代西方社会的大多数成年人都在"形式操作"层面上思考,意指他们能够运用相当深奥抽象的推理技能来理解情境。然而,研究结果表明,大多数成年人都发现,在学习新的数学概念时,通过身体操作实物来进行**具体的**感官性学习往往比通过抽象的解释要容易得多。换言之,西方成年人不是**真的**而是**能够**在形式层次上操作。面对不同的经历,他们往往会运用广泛的策略和应对方式。在思维和发展方面不存在线性或层级,而只存在越来越多的可以应对不同情境的方式。

* 参见 J. E. Stone, "Developmentalism: An obscure but pervasive restriction on educational improvement," in Education Policy Analysis Actives, vol. 4, no. 8 (April, 1996). Available through http://epaa.asu.eduepaa/.

这种非线性的发展观得到了来自神经学的证据支持。这些证据表明,当人们似乎在转向更为复杂的思维模式、提问方式、道德行为等时,大脑并未发生多大变化。*我们所观察到的发展阶段的出现似乎不是大量的神经突然间进行的重组,而是一些"涌现"(emergent)现象①,即从大量其他事件的交互中逐渐产生的事件。比如,在生命的头几年,儿童忙于学习应该注意什么。在他们学会了有用的辨别之后,就会把注意力更多集中于各种感知的组织和联结,这种转变的标志通常是语言使用能力迅速增长和精细区分声音的能力明显降低(如上所述,尽管这些发展变化不是由不同年龄段神经密度的变化直接引起,但与其密切相关)。如此理解的话,不同发展阶段的产生可能是出于应付太多信息的需要,即产生于知道得太多,而不是内在机制在某个预定时刻的突然驱动。它可能更多地涉及涌现的需要,而不是自然发展。关键在于,"发展"不是走向一个预定的(成人的)终点,而是灵活而恰当地适应当前情境。也就是说,概念的发展不是关于未来的,而是关于当前的,因为它受个体的已有经历和生物特点的影响。

因此,近来出现的观点,有点不同于梯子的图像(即涉及递归循环和反馈回环的图像)也许更适合于描述发展。一个可能的简单图像是,骑自行车的人在不同的地形间穿梭。根据当时的需要,骑车的人会变档——实际上就是选择最符合情境的方式来应对特定地形。同样,为了应对新的或者困难的情境,我们也会快捷地从一种思维/行为模式转向另一种思维/行为模式。只能用一个档的骑车者会处于非常不利的地位,但是能够在低档(较简单的策略)与高档(更复杂、更难以达到的策略)之间进行自由转换的骑车者能够应付更加多变的环境。

这种图像(能用低高两个档的骑车者)所象征的隐喻得到了来自神经学研究成果的支持。大脑乐于在其最熟悉、最习

一种不太线性化(但仍然有点机械)的、与发展主义理论序列相对应的图像。

在人获得更丰富的经验后,他会形成更广泛的策略(在这个类比中即为"档")来理解这些经验。

这个图像也表明了情境的重要性:它在"选择"适当的"档"方面发挥着重要作用。

* 比如,参见 Mark H. Johnson, Development cognitive neuroscience: An introduction (London: Blackwell, 1997).

---

① "涌现"是复杂思想中的一个常见概念,是自组织系统的基本特征之一。它表明自组织由一些简单的元素出发,在一定的机制和规则的约束下,自发地进行各种活动,相互影响,不断进化,最终形成复杂的系统。这里指发展阶段的出现不是神经突然进行的重组,而是少量神经在交互过程中逐渐产生新的成分,在此基础上继续交互,产生更多的成分……发展因而成为一个新成分逐渐地、不断"涌现"的进化过程。——译者注

惯和最有效的层面上（也就是在无意识和自动的水平上）运作。*大脑对于效率的这种偏好，可用来解释为什么我们有时似乎在经过两个不同的发展层次或阶段：当更具包容性和有效性的策略出现时，大脑不再关注先前的策略而优先关注这种更有效的策略。当然，当所遇到的情境很不熟悉时，以前的策略（即"低档"）又会重新用上来。这就表明，实际上当个人的经历得以拓展时，他同时也在形成"新档"，即更具包容性和弹性的策略。这种递归发展的方式使人回想起分形图形的增长方式（请参见第二章），它似乎是一种更有效地理解发展的方式。

扼要重述一下：我们不应把发展当作一个以线性的、可预设的方式经过一些界线分明的阶段的过程，而最好将其视为解读经验的方式变得越来越复杂的递归发展的过程。如果我们这样理解的话，那么教师最重要的作用就不是提供信息，而是与学习者一起参与学习过程，共同形成理解这些信息的策略。换言之，发展主义理论所呈现的"计算"出来的常态，只能被当作对于可能出现事物的粗略描述。基于数学平均数的常态当然是指标，但他们不是绝对的，也不是放之四海而皆准的。

这种理解与该理论在教育机构中的常用方式大相径庭。正如"发展就绪"（developmental readiness）、"适龄常规"（age-appropriate routines）和"常态参照"（norm referencing）等用语所暗示的一样，人们经常运用发展主义理论来为这样的教育实践提供辩护，即在相同时间内把同样的教学内容以相同的方式教给学生，这些学生除了出生年龄之外没有任何共同的特点。

那么，对于正规课程、教学实践和学校教育结构而言，这种理解意味着什么呢？难道要抛弃正常、标准、常态分布和"正常主义"等观念吗？

即使我们有可能把这些观念置之脑后，这也未必就是什么好事。为了适当地应对这个复杂的世界，人们必须连续不断地利用已有的前见（prejudice）（这个词从字面上理解就是提前判断（pre-judgements））。事实上，我们所拥有的大部分知识都

人们也许倾向于认为，像正常和正确这些词的意义太宽泛、太散乱，以至于很难有力地表明它们对于认知习惯的影响。

但这正是问题之所在。当某观念如此普遍深入以至于其他想法似乎荒唐透顶时，也许正是我们转换思维的契机。语言从来都不是中立或中性的。只要想想当"LOOK RIGHT"（向右看/看起来正确）和"BE NORMAL"（正常/正态）等似乎很善意的祈使语，从交警、政客、服装商人、宗教领袖、统计员或者教师的嘴里说出时所带来的感觉，你就知道了。

* 参见 Pinker, How the mind works.

是由这些前见构成的。

然而,这种知识不能被理解为外在于世界或内在于大脑的事实集合体,而应理解为所建立(但是是共同建立)的行为模式。正如"正常主义"和"发展主义"的相互交织的例子所表明的一样,那些被认为理所当然的东西较之显见的东西更有影响力。

简言之,我们的所知与所为是不可分割的,认知也是行为。

> 在参与该研究的职前教师所实习的学校中,基督教肖像、图标和宗教活动等在最明显的世俗情境中都存在的东西,也许是证明不易觉察的常规结构存在的最常见例子。
>
> 一个参与研究的穆斯林教师,尤其要适应一系列我们这些研究者所觉察不到的文化规范。事实上,她所担忧的东西,我们却当作"事情本来就存在的方式"而置之不理。在实习学校中,面对11月11日(老兵纪念日)满目皆是的海报和活动,她痛苦不堪。当时,她看到了我们根本不曾注意的惯例和东西,包括那些突然之间无所不在的十字架。当她第一次使我们注意到这件事情时,我们发现自己不仅没有留意到这些作为常态的十字架,甚至在这种情况下,我们还非常想把它们当作没有副作用的东西。事实上,我们后来寻思,"这个人是否有点神经过敏"。
>
> 当然,这只是常态惯例的最隐秘的方面。这些常态惯例不仅被当作"事情本来就存在的方式",而且作为"事情应该存在的方式",从而遁于无形。但需要注意的是,是什么使该教师对于在艺术课上画十字架感到如此不快?是什么使她对这两条常态的线段(用数学的术语来讲,也就是被摆成直角的两条线段)如此生厌?

词目	正常(形容词)
定义	自然的(natural)
同义词	自动的(automatic)，盲目的(blind)，日常的(everyday)，乏味的(flavorless)，沉醉的(immersed)，觉察不到的(imperceptible)，不可见的(invisible)，丢失的(lost)，平凡的(mundane)，无声的(mute)，中立的(neutral)，遗忘的(oblivious)，有道理的(reasonable)，无气味的(scentless)，沉默的(silent)，理所当然的(taken-for-granted)，欠考虑的(thoughtless)，明白的(transparent)，无意识的(unconscious)，未曾听说的(unheard)，不留心的(unmindful)，不注意的(unnoticed)，没看见的(unseeing)，未见过的(unseen)，未加思索的(unthinking)，无声的(voiceless)，本来的(way things are)，无言的(wordless)
反义词	反常的(counternormative)，解构的(deconstructed)，当心的(mindful)，深思熟虑的(thoughtful)

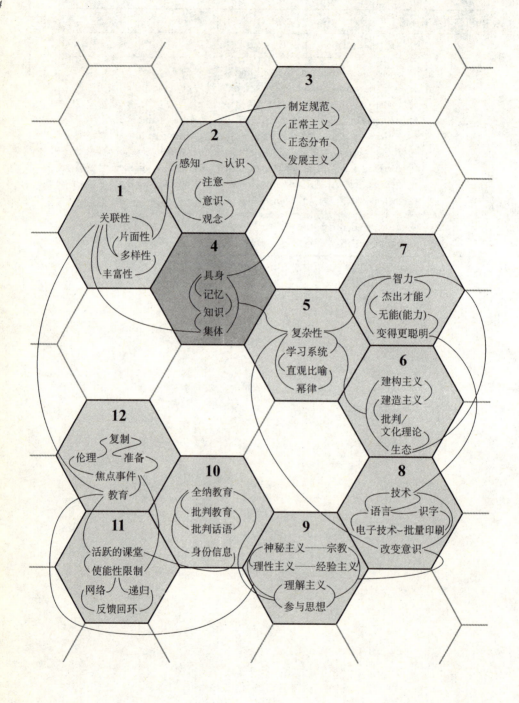

第四章 认知结构
具身性记忆和知识之研究

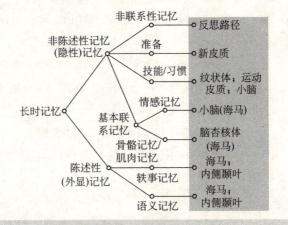

无论如何,对于一个学校来讲,这种环境是很奇怪的。

近20年来,这个学校一直处于当地社区的中心位置,许多在读学生的家长都曾经在这里上过小学。

但是,这一年来,学校发生了翻天覆地的变化。前几年在这里任教的老师只有一位被返聘。家长怨声载道,家校关系持续紧张。校董事会认为,最便捷的解决方法是在学年初聘用新教师。校长有权自主选聘优秀教师,因而聘请的所有"新"教师都具有丰富的教学经验和熟练的教学技能。

然而,这种做法明显存在着问题。直至11月份,开学已近三个月时,教师们仍然是一盘散沙。除了规定的会议外,他们很少找时间相互交流。更明显的是,学校教师与社区成员的交往存在鸿沟。教师们很担心家长会心存疑虑——这种担忧似乎不无道理。家长们不愿意帮助学校摆脱困境;他们很少陪孩子进入学校,也很少与学校老师交流。*

这种情境涉及的问题很多,其中之一是个体以什么方式凝聚成为集体。在本章中,我们将研究这个问题,尤其注重"认知体"(knowing bodies)的性质及其产生过程。

*对于该事件及相关研究的更详细阐述,参见 Brent & Dennis Sumara, "Cognition, complexity, and teacher education," in Harvard Education Review, vol. 67, no. 1(1997): 105-125.

第一节 具 身

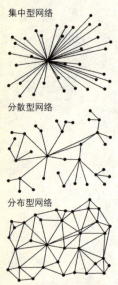

集中型网络

分散型网络

分布型网络

上面是用相同的点（节点）画成的三种网络结构。
集中型网络（顶部图）有利于快速交流，但这种网络的活力只与轴轮相当。分布型网络（底部图）极具活力，但交流容易受阻。分散型网络（中间图）把适度的交流与相对的活力结合起来。*它是复杂个体（如右边嵌套图所示的每个现象/层面）的"指纹"。[①]

*有关网络理论的介绍，参见 Albert Laszlo Barabasi, Linked: How everything is connected to everything else and what it means for business, science ad everyday life（New York: Plume, 2002）and Duncan Watt, Six degrees: The science of the connected age（New York: W. W. Norton, 2003）.

有趣的是，在有关认知和知识的讨论中，"体"（bodies）的观念很普遍：认知体（knowing body），社会主体（social corpus），政体（the body politic），具身认知（embodied knowing），等等。

这些"体"通常被当作鲜活的、不断发展的形式，且具有稳定的模式和一致的身份。同时，"体"的"边界"又是开放的，因而它也具有适应能力。而且，许多"体"似乎相互嵌套在一起。比如，文化由不同的社会群体组成，而社会群体又由不同的个体组成。

事实上，如下图（很不全面）所示，这种描述"体"的方式可以向宏观和微观两个方向拓展。每一层（或每个"体"）本身可视为一个整体，同时，这个整体既可以从属于另一个更大的整体，又可以包含其他更小的整体。换言之，它具有层级独立性。

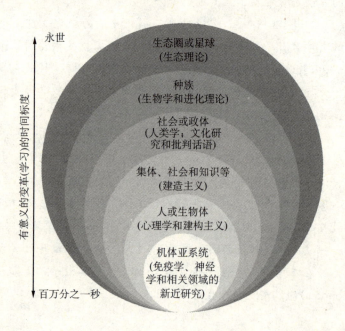

[①] 作者使用"指纹"一词，意在表明两点：其一，这种嵌套图形（如左上图）的形状像"指纹"；其二，正如根据人的"指纹"可确认人的身份一样，"指纹"状的网络结构也是相应复杂体的身份标志。——译者注

事实上,它还存在自我类似性。每一层(或"体")都包含相对自主的主体(agent)的共同活动,而这些共同活动会导致下一层组织的产生。当然,从表面所呈现的物理特征看,嵌套在一起的"体"不大相似。但是,在组织结构和动力机制方面,它们非常类似。

　　从结构上看,这个嵌套式圆圈图中提及的所有系统,均属**分散型网络**。分散型网络是三大主要网络之一(其他两种,请参见前一页页边中的简要图解),它由簇(cluster)构成,同时又包含于更大的簇中。在所有生命系统和生态系统中,都可以发现这种结构。事实上,分散型网络不仅可以用来描述物理系统中的关系,也可以用来理解观念系统中的关系结构。比如,它可以描述存在于概念、隐喻和其他联结之间的关系结构(这些关系结构构成知识集合体),也可以描述个人的思想等。记忆、语言、文化之类的认知体,似乎都属于离心网络。换言之,就结构而言,认知体是分形的,它们不符合欧几里德定律。

　　从系统动力学角度看,每个认知体的持续发展都可以根据进化过程来解释。在每个层面上,认知都可视为复杂的共同进化过程,即不同主体(不管是物种、社团、社会群体、个人、细胞,还是观念)之间以及主体与其环境之间的相互适应和相互影响。换言之,提出认知体概念是想表明,个体认知、集体知识和社会交往三者密不可分。

　　遗憾的是,对于认知体的这种理解,人们(尤其是英语国家的人)往往难以接受。其原因在于,在英语中知识的流行隐喻都与物品有关,而与相互作用的主体之间不断发展的联系无关。知识通常被喻为物体、食物、大厦和液体等(请看右边的补充说明)。

　　对教育而言,以上这种把知识与物品相联系的隐喻作用并不大。显然,在学习者学习时,没有什么物质进入学生的身体,所以不能把学习理解为向体内填充某种东西。因此,教学也不可能是传递、接力、传播或者传达事物。相反,根据我们对于认知体中网络化结构和发展机制的了解,学习是网络中的各部分不断地相互作用和共同适应的过程,即一个结构不断变化的过程。

知识作为客体
"获得"见解
"把握"概念
"秉持"观点
"交换"意见
"抛出"思想

知识作为食物
"消化"观念
"反复咀嚼"
"未加工的"数据
精神"粮食"
学习的"欲望"

知识作为大厦
"基础"知识
"基于"某些观念
牢固的知识"基础"
"建构"知识
"构建"论据

知识作为液体
观念之"流"
"淹没"在细节中
"沉浸"在思想中
"渴望"知识
"吸收"信息

　　"知识是什么?"这是个难以回答的问题。然而,我们往往对这个问题不作任何思考,而只是像上面一样使用"知识"这个词。在以上各例中,知识都被当成了某种实物——尽管大部分人在反思时都会承认这些隐喻存在问题。

　　但是,大量课堂实践都建立在这种"知识是物"的假设之上,教学也由此变成了传递、接力或者传播活动。本章将探讨可供替代的假设。*

---

* 有关抽象思维的隐喻基础的研究,我们推荐两本书:George Lakoff & Mark Johnson: Metphors we live by(Chicago: University of Chicago Press, 1980)和 *Philosophy in the flesh: The embodied mind and challenge ot western thought* (New York: Basic Books, 1999)。

> 校长意识到教职员工没有形成有凝聚力的共同体。于是,她着手设计一个可供大家共同参与的计划。她的推理过程很简单:尽管教职工具有类似的专业背景,但是他们缺乏共享的历史和集体记忆,因而无法形成具有凝聚力的共同体。因此,她欣然接受我们的建议——组织一个读书会。读书会的主题是 Lois Lowry 给年轻人写的一篇小说《给予者》(The Giver)。* 非常巧合的是,这本书的核心主题正好是集体记忆。确切地讲,该书讲述了当民众都无法了解其所在社会的历史时,会发生什么情况。
>
> 三次读书会上讨论的内容都是围绕这个故事展开的。前两次讨论主要集中在故事情节上。因为 Lowry 在故事中设置许多悬而未决的情节,容易激起争端,所以大家大多把注意力集中在呈现个人见解和提出问题上。
>
> 但是,在第三次读书会上,讨论的焦点发生了重大转移。当会议进行到一半时,有人指出,本校的教职工与《给予者》中的共同体有共同之处。两者似乎都患有某种功能不良症,即天生缺乏共同记忆。虽然随后的讨论表面上与这本书有关,但实际上讨论得更多的是共性的重要性,即如何将群体的身份认同、愿景和计划以某种方式扎根于其共同的历史中。
>
> 很有意义的是,通过一起读《给予者》这本书,我们共同搭建起了一个重要而有力的培养集体认同的平台。

---

* Lois Lowry, The giver (New York: Bantam Doubleday, 1993). 该书是三部曲中的第一部,其后两部分别为: Gathering blue 和 Messenger。

** 比如,参见 Paul Cobb, "Mltiple perspectives," in Transforming children's mathematics education: International perspectives (eds Les P. Steffe & T. Wood; Barcombe, Uk: Falmer Press, 1990): 200-215.

第二节 记 忆

几千年以来,个人理解(individual understanding)一直是教育研究的中心话题。存在这种情况情有可原。

20世纪80年代晚期,人们开始把不同个体的主观意义、解释和理解"视为一样"(taken-as-shared)①,这种观点使教育研究又出现了一次饶有趣味的曲解。** 根据这种观点,每个人进行意义建构,都是以其独特的个体经验为基础的。因此,人

---

① "taken-as-shared" 一词首次由 Vanderbilt 大学的 Paul Cobb 用来修饰主观意义、解释和理解等。基本观点是:(1)个人的理解源于个人独特的经验,因而每个人的理解都是不同的。(2)尽管个人理解在事实上不同,但每个人都倾向于认为其他人会同自己一样思维,即人们有一种把个人理解"视为一样"的倾向。(3)这种倾向是人与人能够进行交流的基本条件。本书作者对这些基本假设提出了批评,认为它带来了教育研究中的曲解。鉴于他将"taken-as-shared"中的 shared 明确解释为"一样",这里将这个短语译为"视为一样"。——译者注

们的理解(比如对于加法的理解)虽然可以共存(compatible),但绝不相同。不过,尽管我们的理解存在不可避免的差异,但仍然可以共事,其原因在于,人们常常会天真地假定其他人会跟他一样进行思维。因此,一般而言,我们看不到个人在理解上存在的差异,而继续保持这种错觉,即认为人的主观理解是一样的。也就是说,我们"把主观理解视为一样"。

这个推理乍一看似乎挺有说服力。神经学、心理学、社会学和人类学研究也都支持这种观点。该观点内含两种假设:第一种假设是,所有认知都发生在个体内部;第二种假设与"share"一词的用法有关。

在"taken-as-shared"这个短语中,shared这个词特指"一样"(identical),这实际上与大家广为接受的用法相去甚远。相反,根据字典上的定义,share主要指分开、分派、分布和共同作贡献。从这个词的一般用法,可以发现这些意义,如:分担车费、分餐、分摊花销、分配股市资产、分担责任等等。既然理解受情境约束,即受共同经历的影响并在集体语言中形成,那么,我们就可以认为,所有意义完全都是分享的。

要真正理解这一点,我们必须跨越某种复杂的组织并从它的不同层面来进行思考,这种跨现象思维可以称之为**跳级**。在以大脑为基础的活动层面上,分享的说法似乎站不住脚——既然大脑与外界是隔离和封闭的,它怎么可能与别人分享呢?然而,如果我们跳到社会活动层面来,就更容易断言,在创造一个分享的世界时,每个人都在贡献自己的力量。分享的世界,并不要求每个人具有一样的内在动力机制。

实际上这种思想涉及一个更大的问题,即教育所讨论的核心问题。绝大多数人认为,**个体是认知的基本粒子**。大部分课堂组织、课程结构、考试制度和教学实践(甚至那些自称以培养集体性为中心的教育),其目标都设定在个体的能力发展上。因此,人们最终都不会把理解和见解当作能够分享的现象,而是将其视为受大脑约束的个人癖好。

理解有一个引人注目的方面——记忆。虽然记忆绝不比理解的其他方面更容易研究,但至少这个方面的研究相对深入一些。因此,从讨论记忆入手,能更容易地弄清有关认知者和

本章标题中的第二个词"结构"(structure),可以采用不同的方法来界定,视其所应用的情境而定。

比如,当论及建造东西时,"结构"使人想起地基、平台、钢架、层级、规划等等。

相比之下,当生物学家在"生态系统结构"等短语中使用该词时,"结构"指一个不断进化的关系网络,既相对稳定,又容易突变。

上述第二种理解更接近结构的原初意义。它与"散布"(strew)和"理解"(construe)相关,用以解释某些形式(如生物形式和认知形式)如何以不可预设但又非完全随意的方式出现。

认知等问题的复杂性。为了引导读者阅读,我们把后面几段将要涉及的几种主要的记忆类型在下图中联结了起来。该图只呈现了这些将被论及的记忆类型的少数亚类。之所以选择这些亚类,是因为它们与教育研究直接相关(事实上,仔细观察就会发现,在这个有关概念的网络图中,任何一个节点都可以"爆炸"成更详细的网络,就像前面讲过的分形图一样。比如,本章首页所呈现的网络图,详细列示了长时记忆这个节点。由图可知:有些节点既是长时记忆的亚成分,同时也与大脑区域相联系——研究者们目前正在研究这些联系)。*

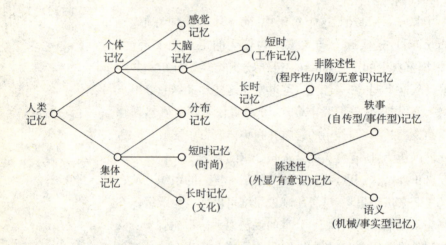

考察记忆最容易的方法,也许莫过于从不同类型的个体记忆(individual memory)入手,从一种易于阐明的记忆讲起。因此,我们在下一页页边提供了一个感觉记忆的练习。感觉记忆持续时间很短,通常在细胞与细胞之间运作。简言之,当几簇细胞被同时激活时,就会搭起一个共同活动的平台,并且维持一段很短的时间。实际上,这些主体之间持续进行的共同活动模型,就是系统的记忆。(也就是说,记忆不是稳定不变的,而是充满活力的互动模式)。在下页右边所举的例子中,眼睛的感觉细胞会保持对于叶子的记忆。除此之外,还有一些类似的例子,如:巨响过后耳朵里会有嗡嗡声、被利器所刺后会有余痛等等。讲得更清楚点,尽管这些感觉记忆也许很强烈,甚至可以进入意识层面,但是它们不是在大脑中形成的,而是在细

*第 55 页和 60 页的图以 Joseph LeDoux 提供的信息为基础,参见 Joseph LeDoux, Synaptic self: How our brains become who we are (New York: Viking, 2002) and gleaned from wikipedia, org.

胞层面上运作,其活动范围主要是特定的感觉接受细胞集中的高度局部化的区域。

感觉记忆的这个例子,在讨论大脑记忆(brain-based memories)时同样适用。与感觉记忆一样,大脑记忆也存在于主体与主体的交互中。只不过在这种情况下,主体是神经元和神经元簇(neuronal clusters)。借助对大脑活动进行实拍(real-time portrait)的技术,我们发现,特定的记忆并不像以前所认为的那样是高度局部化的,而是常常涉及大脑中几个不同区域的活动。也就是说,人的记忆可以被当作分散型网络,存在于大脑这个更大的分散型网络之中。*

短时记忆(short-term memories)与感觉记忆有点相似。两者通常都非常短暂(一般只有15秒或者几分钟),一旦消退,就不会对随后的神经活动产生影响。短时记忆,有时也称为"工作记忆"。借助这种记忆,我们得以在交谈时记住新朋友的电话号码和名字。短时记忆相当于在某个特定时刻我们"头脑"中所能想到的东西,其容量在不同的人之间具有惊人的一致性。不管是名副其实的后进生还是诺贝尔奖得主,大部分人的短时记忆都只能容纳6或7个单位。

相反,长时记忆是神经元和大脑区域中较稳定的活动模式。它们与大脑结构的实际变化相联系,能够抵制记忆衰退。正如特定的记忆分布在神经元簇之间一样,特定的神经元簇也是由一些与许多不同记忆相关的联结组成,这就意味着我们很少能够控制所形成的这些联结。记忆以复杂且不可预见的方式相互渗透、相互包容和相互影响,这可能既是优点也是缺点。一方面,它意味着记忆是不稳定的和不可靠的;另一方面,它也意味着记忆向许多有趣而新颖的联结敞开了大门。

长时记忆可能既是非陈述性的也是陈述性的。非陈述性记忆(nondeclarative memory)也叫"程序性记忆"和"隐性记忆",它与实用知识(how-to knowledge)有关。非陈述性记忆包括技能和程序,它们无需经过有意识的思考就能运用,如走路、盲打(字)、阅读、弹琴等等。一般来说,这些技能要通过很长时间和大量的练习才能习得,因而非常持久。但是,这些技能难以言表(比如,你可以试着解释一下人是怎样骑车的)。当

"感觉记忆"是人们在讨论认知时不常提及的范畴。如果你紧盯着这片叶子中间的那个点,20秒钟后把视线转向一个开阔的白色空间,你就能检查出这种视觉记忆的存在。

因为视网膜细胞(retinal cells)集团仍然处于激活状态,所以你会看到一个明显的延后图像(after-image),这表明感知和记忆所涉及的是细胞之间的关系和活动模式。

不管我们是否有意识地注意到了某种感觉的存在,对任何足够强的刺激,感觉器官都有记忆。几秒钟后,当受刺激细胞停止活动时,这些记忆通常也会随之消退。

* 参见 Jeff Hakins, *On intelligence: How a new understanding of the brain will lead to the creation of truly intelligent machines* (New York: Times Books, 2004).

然，我们的确能解释这些技能，但你可以想象向一个从未接触过阅读的人解释如何阅读是多么困难。

作为一种长时记忆，陈述性记忆（declarative memory）备受正规教育的青睐，其原因在于，这种记忆能够被有意识地提取，而且也容易表达，即陈述。已经确定的陈述性记忆有两种：轶事记忆（episodic memory）和语义记忆（semantic memory）。**轶事记忆**，也称"自传型记忆"（autobiographical memory）或"事件型记忆"（event-based memory）。它与人的经历有关，包括时间、地点、人物和感情等（正如后文将讨论的一样，这些情感因素会大大影响记忆的质量和清晰度）。由于存在这些丰富的联系，轶事记忆通常易于提取，而且相对稳定。语义记忆，也称"机械记忆"（rote memory）或者"事实型记忆"（fact-based memory）。它更像一本字典，用于记忆离散的信息，而不是具有丰富情境的事件。也就是说，这些信息的记忆很孤立，不太容易与其他记忆相联系。它们生动而精确，但是，与轶事记忆相反，它们内含的联系不多，因而提取起来非常困难，也容易遗忘，并且常常相互干扰，尤其是当涉及意义不大而又步骤繁多的活动程序时。提高语义记忆效果的常用方法是"借道"（ride atop）轶事记忆，比如，运用记忆工具、把有待记忆的项目与房间相联系、将叙事与事实材料编织成章节，等等。

由于这两种记忆（轶事记忆和语义记忆）在正规教育中非常突出，所以有必要再次强调它们之间的区别。轶事记忆是广大关系网络和不断展开的叙事的一部分。这些关系的存在常常导致一种比语义记忆更细微和更容易提取的记忆。比如，你可以把通过机械记忆记住的东西（也许是一个计算步骤或者使用机器的方法）与一件难忘的课堂事件作一比较。后者可能包含更加丰富的细节，即使事情发生的时间非常短暂而且只发生过一次。事实上，通过轶事记忆，人们在一堂课中所能习得的东西远不止六或七个记忆单位（如第二章中所论及，这是有名的意识极限）。但是，只有当细节被置于由经验和理解组成的矩阵中时，它们才最容易习得。

人们讨论记忆时经常止于此，其实还有许多其他类型的记忆值得一提。首先应该注意的是，并不是我们所知道的每件事

大声地说出某事（如重复刚刚见到的一个人的名字）能大大地激活记忆，即使你只说一次。

为什么？

部分原因在于，大脑"反射"（mirror）了其他身体部位的活动。参与发声的身体部位相互作用，就反射在神经元的交互活动和大脑区域中（这些神经元和大脑区域是记忆的始发站）。

都来自亲身经历。人们会使用分布记忆(distributed memory)来减轻心理系统的压力。较明显的例子有记笔记和使用其他文字符号等。不大明显的例子包括对对象进行的分类和组织等，如把未付的账记入账单、把笔放入盒子等。这些策略应用之广，也许超出你的想象。正如第二章所述，我们所需记忆的、有关这个世界的大部分知识最终还是留存在这个世界上。①

其次，更为微妙的是，知识分布在工具、语言、习俗、家庭与城市结构(in the structure of homes and cities)，以及知识的相互作用中。换言之，存在一种集体记忆(collective memory)，我们全都属于这种记忆的一部分。与上述各种记忆一样，集体记忆产生于主体持续的共同活动中。在这种情况下，我们可以说每个人都是集体记忆的一个神经元。也就是说，同一个过程似乎既在个体记忆也在集体记忆层面上运作。事实上，在社会和文化层面上，也存在类似于短时记忆和长时记忆的现象。比如，**时尚**(fads)就非常像短时记忆，它们虽然在短期内能够吸引人的眼球，但很快就会消退，而且通常很少或不会产生持久的影响。相反，**习俗**(customs)却是稳定的共同活动模式，像模具一样浇注(molded)在集体结构中。

如前所述，对于记忆的这种讨论既可以向宏观也可以向微观方向拓展。细胞有记忆，植物、物种和生态系统等也是如此。再强调一次，记忆是不同主体间共同活动的模式（这些主体集合起来构成复杂的集体），这种模式比较稳定，但也是可以改变的。这样一来，所有复杂现象都有记忆，都以一定的方式融入到历史中。

再回到"视为一样"这个问题。对于记忆现象的这种理解，有助于凸显错误的假设，即个体是认知的基本粒子。如果我们跳出这个假设，考察共同活动的其他层面，就会发现事实上意义、理解和解释都是可以共享的，这并不是说它们在人与人之间是完全相同的，而是说它们分布在集体及其记忆系统中。

听到或想到某个词也会影响大脑的活动，但通常不那么明显，这就意味着用言语表达的机会对于学习很重要。从神经学上讲，大声地说出某件事情（朗诵、解释和重复等），这种学习策略通常比静听和默读有效得多。

该现象也有一个弱点，即不正确地说出某事（如获得了一个错误的名字或数字）可能会在神经元间建立起一个既无用又难以更改的声音模式。所以，出言切记谨慎！

---

① 之所以说"大部分知识最终还是留存在世界上"，是因为人们经常采用分布记忆，把一些要记忆的知识储存在笔记本和账单等外在的东西里，而不是真正储存在自己的头脑中。——译者注

未来派小说《给予者》涉及一些颇有争议的主题,包括优生学、安乐死和萌芽期的性特征等。这本书是否适合小学生呢?这个问题提出后,读书会中讨论的焦点发生了转向,即从阅读这本书转向了教孩子们如何阅读这本书。伴随这种转向,读书小组的自我认同也发生了更大改变。大家不再从个体角度,而是从集体角度来谈论所关心的事情和发表评论,即从"我说"(I-statements)变成了"我们说"(we-statements)。参与者认为,这本书不能教,因为"它谈论的是性","它太暴力","太受争议","会招致家长们的竭力反对"。

换言之,教师群体突然围绕一个想象的群体①凝聚起来。具体而言,这个想象的群体属于学校服务的社区,是教师尚未认识的家长。对于在读书会中形成的"我们"来讲,社区的家庭还不属于"我们"(not-us)。

当然,读书会所取得的成效也引发了校长的另一个担忧。虽然研究组已经取得了理想的效果(教师们都明显地开始把自己和他人当作一个团队),但这种认同是相对的,教师群体之外还存在一个更为麻烦的鸿沟,即学校和社区之间的鸿沟。

有人提出激进的建议:如果我们邀请家长加入读书会,结果会怎样?也许这本小说在帮助教师和家长形成集体感方面会产生相同的效果。

这个建议引发了激烈的争论。并非人人都认为这是个好主意,尤其是在刚刚与社区建立起关系的时候。如果这本小说引起的争议过大怎么办?这肯定会使社区更加疏远学校教师。尽管存在一些反对意见,大家最终还是同意扩大邀请范围。几周以后,十几位家长和学校教师济济一堂,共同讨论读书问题。刚开始时,讨论会的气氛比较紧张,大家明显有些不自在。然而,当注意力转向小说时,这种紧张气氛很快就被热烈的交谈所代替。经过一个小时的读书会,教师和家长都不再焦虑,"想象的身份"也不复存在了。

读书会结束的时候,令人惊讶的事情发生了。全体家长都要求在小学5、6年级教授这本小说。这种要求显然是集体的心声:"我们的孩子需要读这本书。""我们应该教他们读这本书。"

---

① "想象的群体"与后文中"想象的身份",指教师与家长在没有交往之前互不了解,只能想象对方可能是什么样子。共同参与读书会后,这种仅存在于想象中的身份因为双方的相互了解而瓦解。——译者注

第三节 知　识

如果系统记忆（system memory）被理解为亚主体（sub-agents）间稳定的、可辨别的、可变化的共同活动模式的话，那么，什么是知识呢？

与本书中所阐述的许多主题一样，数千年来知识的性质一直是哲学争论的中心话题，尚无任何迹象表明会出现一致意见。显然，任何想给知识下一个简洁定义的企图都注定要失败。因此，这里所采用的策略，不是努力阐明知识是什么，而是探讨知识看起来像什么。

知识与记忆是两个互补的概念。简单地讲，记忆是指复杂个体内部的动力机制，而知识则是指情境中个体（unity-in-context）的动力机制（dynamics）。或者，根据原书第56页中嵌套系统的图示，记忆是某个既定圆圈（系统）内的动力机制（dynamics），而知识指这个圆圈（系统）如何适合更大的圆圈（系统）。也就是说，知识与情境适应有关。主体知道他在一个既定的情境中能否保持其适应性或生存力。

阐明这一点，另一个办法是讨论"错误"的内在含义。如果某种理解和身体动作阻断了主体正在进行的活动进程，它就只能被当成"错误"。我们每个人都怀着某些观念，并从事某种对于我们来讲合乎情理的事情。但是，在某些场景下，它们并不一定合适。不过，只有当这些理解表现出不适应时才可称之为"错误"。其原因在于，只有当某件事情威胁到了认知者的生存能力或者认知者的理解方式时，我们才可确认它为"错误"。

有个例子也许有助于我们理解这一点。请思考以下这段师生互动。互动是在一场数学课上录制下来的，录音开始时，老师发现Sen正在侧身张望。

"Sen，你在干什么？"教师问。
"想问题。"他回答。
"你应该做什么呢？"
"学习。"Sen叹了一口气，转回身子，并拿起铅笔。

主观还是客观？

知识是一种内部现象，它产生在个体理解其特殊经历的过程中。因此，真理总是主观的。

就真理这个问题而言，它是外在于我们的重要东西。如果某个断言要成为知识，它就必须是**客观的**。

共同的基础：两种观点都认为，存在稳定的、不可变更的实体；个体是自我封闭的；认知者会自给自足。因此，内部（精神的、主观的）与外部（身体的、客观的）是相互绝缘和隔离的。

在现代西方世界中，精神（spirituality）经常被认为是脱离肉体、超出身体、否定尘世和重"信仰"轻"证据"的。

正因为如此，"严肃"（serious）的教育研究者很少讨论这个问题。然而，随着从嵌套性和集体性角度解释认知变得越来越普遍，这个问题开始受到了更广泛的关注，部分原因在于，这种观点把我们置于更大的整体之中。存在一个更大的"躯体"（corpus）（在这些理论中指一个更高级的个体），我们每个人都是其中的一部分。现在，不管你是从上帝、超力量（a higher power）、"一"（One-ness），还是诸如此类的其他方面来思考精神，都有了一个合法的基础，即以一种身心合一的方式来处理精神问题。

* 该研究的相关概述可参阅 James Surowiecki, The wisdom of crowds: why the many are stronger than the few and how collective wisdom shapes business, economies, societies, and nations(New York: Doubleday, 2004).

** 由美国太空总署（NASA）公布的这张地球照片下载于 Visible Earth (http://www.digital globe.com/).

乍看之下，这种对话似乎很混乱。"想问题"当然是一种符合数学课堂的活动。难道教师没有错吗？

这个问题有两种回答方式，视所考察的活动所在的层次而定。在"Sen—教师"系统中，活动过程没有中断。因此，从这个层次上讲没有"错误"。

然而，在"Sen—教师—听课者"这个层次的系统中则出现了中断，原因在于这里的"想问题"有一个与系统不相容的意义。可能 Sen 所指的（和教师所听到的）是"白日梦"。但是，在这个更大的系统中，不存在这种意义。

再次强调一下，特定的行为和理解只有置于一定的情境才会出错。同样，只有把主体稳定的、可辨别的活动模式放在适当情景中考虑时，它才能被看做"知识"。知识不是某种锁在头脑内部或置于外界容器的客体，而是一种行为的可能性。也就是说，知识既内含于人体（一定得有行动者），也外在于情境（一定得有行动的情境）。身体会认知，也正是通过这种认知，身体得以成为更大认知体的一部分。因此，知识所涉及的是关系。

根据这种说法可以直接得出一个推论，即在某种环境中，人群可以被当作认知体或智力主体。事实上，许多令人信服的研究都表明，这种认为群体有智力的观点是有道理的。* 比如，社会就是一个鲜活的例子，它表明集体的智力何以能够远远超过集体中最聪明的个体。同样的现象也出现在更小的社会群体中。以下是人们在对有智力的群体进行研究后得出的一些看法：

- 高效而有创造性的群体通常是分散的。地方性问题尤其应该由距该问题最近的人来决策，他们对问题的理解可能最透彻。同时，不论最后的决策如何，他们都是受影响最深的人。相反，严格的等级组织内含集中化的决策结构，这不仅会影响决策的适切性，而且可能降低决策的速度。

- 对于智力型的共同活动（intelligent co-activity）来讲，追求共识并不明智。共识需要妥协，而妥协的结果是生成大家都能接受的解决办法。其意图不在于促进创新，而只是为了避免冲突。只要观点不过于偏激以致于使群体分裂,最好的办法通常是保留不一致意见,以促使人们畅所欲言。

● 相对于严格规定各成员角色的群体而言,在具有自主性的群体中,各成员拥有更多的机会从事专门化的工作或者执著于某一方面,改变主意的自由度也常常更大,即具有更大适应性。

理解了这些,再回过头来看看本章对话框中的叙事,读书会卓有成效的原因就非常清楚了。读书会是一个分散型结构,每个参与者都可以表达自己的理解和担忧。当我们把这些观点总结起来,和他人的观点形成对比时,共识与分歧便始见分晓。最后,大家做了两个明智的决定。首先,全体教师一致决定拓展读书会,使家长参与其中。其次,"教师—家长"共同体决定让孩子们也阅读这本颇有争议的书。

该件事情揭示了所谓的"双赢逻辑"。在一个结构合理的、有智力的集体中,获得的成就既使个体受益,也对群体有利。这不一定是非此即彼的问题,正如正规教育应该服务于学生还是社会利益这样一个持久而突出的争论所表明的一样。复杂思想认为,这是个错误的二元论。注意,知识产生于复杂的共同活动的所有层次上。因此,获得个体利益和处理集体事务可以同时进行(在后面几章中,我们会更详细地阐述这一点)。

许多人认为,身心合一是一种新的状态,但有人则认为,这更是一种回归。因为从字面上来看,精神(spirit)本意是呼吸,而呼吸是与世界的其他部分进行持久的联系和交换。人存在于关系网络之中,这种观念是许多本土(indigenous)认识论中不可或缺的一个部分。其中有些本土认识论的组织原则是英语世界中所谓的泛神论(pantheism)。也就是说,他们相信,所有生命体和非生命体的精神是融合的,这种融合遍布于整个客观世界,贯穿于许多人的整个生命过程。

许多这样的思想倾向都有一个核心要素,即人类在这个关系网络中应该有一种伦理责任感。随着更多生态性理解的涌现,近来有些人开始把这些精神视为地球生存的关键。

> 我们把《给予者》安排在5、6年级的英语语言艺术课上使用。因为老师们感觉这本小说有点复杂,对于有些学生来说难度过大,所以在整个一周中,他们在班上朗读这本书。每读完一章,老师都会请学生谈论所注意到的东西。比如,在读完第一章后,老师要求孩子们指出所注意到的段落。这个任务引发了一个有趣的讨论(讨论围绕着大家对文本所作出的联想和解读而展开),同时这个任务也证明个人的阅读总是特殊的。
>
> 在第一章结束后的讨论中,其中一个班有位学生推测,故事中的社区一定被罩在一个很大的塑料穹庐中,以保护出行、限制社区交往和保持气候稳定。尽管这个观点根本

没有出现在小说中,但是由于它进入了小组讨论,结果成了大家共同理解文本的一部分。在随后几周的读书和理解中,大家多次提及这个穹庐。它已经成了常识的一部分,如此常见以至于当老师说这个穹庐事实上在这个故事中并不存在时,全班同学都表示强烈反对。

有些理解虽然未经证实,但却被大家共同接受和维护,这样的例子还有很多。比如,关于"释放"(release)一词的理解,"释放"是一个委婉语,在这本书中被用来指处死某人。由于不想接受这种可能性,他们提出一个包括药物镇静、秘密运送和团队内部转移等在内的详细计划并达成了一致意见。

学生共同坚持这些观点,这预示着一些新的强烈的身份认同正在形成。在阅读了《给予者》之后很长时间,老师发现学生们还在使用这本书中的用语,如用"纷扰"(stirrings)指自然出现的性欲、用"庆祝共性"(celebration of sameness)批评学校中存在的种族歧视。

第四节 集 体

确定"集体认知"或"集体智力"的存在是一个问题,而解释他们如何存在又是另一个问题,尤其是在个人头脑中发生的任何事情看起来都是独立发生的时候。每个人的大脑皮质结构都不可能与别人的大脑皮质相连接。

不过,或许这些大脑皮质有可能相连接呢。

有证据表明,就大脑和身体活动而言,人与人之间的活动通常是同步进行的。比如:普通的日常对话其实是由对话双方的意识相互连结而构成的复杂事件,但对话者却很少意识到这一点。从身体层面上看,通过慢速播放录像可以发现,这种互动是对一些精确的同步动作进行的复杂编排。参与者的说话方式会与其微妙的身体运动保持同步,而这些身体运动对周边事件十分敏感。这种编排如此紧凑,以至于这种对话活动可以完全当作是对话双方注意系统的耦合。因为对话双方确实是相互协调的,所以这种耦合也会反映在大脑活动的层面。*简言之,尽管两个人没有身体上的联结,但他们的确可以成为一

---

* 参见 Donald, A mind so rare.

个认知系统,并使某些能力大大增强。对话不但可以使观念维持的时间延长,还可以引入更加多样化的理解,甚至可以吸收更加广泛的经验。因此,两人智慧大大地胜过一个人的智慧。

直到最近,人们才开始考察这种现象发生的原因。目前的解释主要集中在一个所谓神经科学史中最重要的发现,即反射神经元(mirror neurons)上。这种神经元分布在大脑的许多部位,包括掌管语言、移情和疼痛等的中心。这些神经元不仅在我们实施动作时会激活,而且在我们观察其他人的行为时也会激活(事实上,当我们看到、听到或者想到某个动作的时候,这些神经元都可能会活动起来。当它们活动时,你就像是自己将要实施这个行为一样)。换言之,只要看到别人在做什么事情,我们都会在大脑中模仿。我们会默默地模仿有意观察到的每个动作,如跳跃运动(jump jacks)①和哭泣等等。这有助于我们理解,为什么别人打哈欠时,我们也会打哈欠?为什么当电影制片人和其他人通过精巧的故事、影像和声音来引出他们想要的反应时,我们会轻易地接受他们的情感操纵?像打哈欠一样,情绪和笑声也可以传染。

从人出生之际起,反射神经元就已经开始工作了。我们发现,新生婴儿会模仿伸舌头之类的简单动作。*这种直接复制动作的能力表明,反射神经元在人们学习走路、说话和游戏等更复杂的活动中发挥着重要作用。事实上,无论是学习做鬼脸还是掌握熟练的身体技能,每次学习都离不开反射神经元的参与。同时,反射神经元也明显地具有一种可习得的、能把注意力集中在他人正在关注的事件上的能力。因为沉浸在海量的感觉信息中,所以这是一种非常重要的能力。又因为我们能够以这种方式把互动双方的注意力结合起来,所以就能借助彼此的感知能力来拓展自己的能力。

反射神经元在理解他人意图方面扮演着重要角色,因而在建立和维持社会关系方面也理所当然地发挥着重要作用。在理解他人表达中的情感内容时,反射神经元的确能够使我们分享别人经验中的情感意义。尤其是,反射神经元在神经科学家

为什么哈欠会传染?

答案与反射神经元有关。反射神经元也有助于解释笑声、欺侮、"集体思考"(group think)和"暴民心理"(mob mentality)等具有传染性的现象。简言之,我们每个人都有一些神经簇,当一个行动引起了我们注意时,这些神经簇就会发动起来(参见下一页)。

这种隐性的精神模仿(经常也是隐性的身体模仿)现象已经被娱乐界用来操纵人的情感反应。这就解释了他们为什么会播放录制的笑声和泪流满面的镜头。你可以通过向别人展示一种极端的情感表现(如兴高采烈、惊恐万分和不屑一顾等)来检测一下。

---

① 北美儿童经常做的一种游戏,有点类似中国体操中的跳跃运动。——译者注

* 参见 Gopnik et al., The scientist in the crib.

这个人感受到了什么？你是怎么知道的？

在过去十年间，对于人以怎样的方式识别他人情感这一点，我们已经有了相当的了解。这种识别与反射神经元有关。

人们已经观察到，在灵长类动物、大部分哺乳动物和一些鸟类身上，都有反射神经元。反射神经元是一些在你实施某个行为和看到一个行为被实施时都会活动起来的神经细胞。事实上，你不一定要看到一个行为被实施；如果别人告诉你一个行为，或者你自己读到或想象到了一个行为，这些反射神经元也会发动起来。因此就有了反射神经元这个名字：反射神经元"反射"(mirror)行为，包括面部表情。

*有关反射神经元研究及其含义的更多信息请参见 Beth Azar,"How mimicry begat culture," in Monitor on Psychology, vol. 5., no. 9 (October 2005): 54-57 Michael Arbib,"From monkey-like action recognition to human language: An evolutionary framework for neurolinguistics," in Behavioral and Bain Sciences, Vol. 28(2005): 105-167.

**参见 Judith Rich Harris, The urtue assumption: Why children turn out the way they do (New York: The Free Press, 1998). 该书引发了争议，因为它对这个根深蒂固的思想提出了挑战，即人格大部分在学龄前就已经定型。也就是说，人们普遍认为主要的社会影响来自父母。

和心理学家们所谓的"心智解读"(mind-reading)中起着重要作用。也就是说，这是一种不仅能预测某人说话的内容还能预测其内心感觉的能力。有证据表明，许多这样的细节其实都写在我们脸上（反之，反射神经元系统失灵可以来解释某些功能紊乱，如语言学习困难和孤独症等）。换言之，在人类的语言、社交和文化中内含深刻的生物成分。*

简言之，反射神经元的研究凸显了模仿和演练在学习过程中的重要性。然而，如果把神经元支持的这些活动当作学习的唯一成分，则是天真的和还原主义的想法。在人们的互动层面上还有许多其他机制，如渴望合群等。事实上，人们有非常强烈的被社会认同的需要。对人们在音乐、娱乐活动、意识形态和世界观等方面的偏好，影响最大的既不是遗传，也不是父母，而是同辈群体。这种观点的理论依据是，儿童的主要任务不是成为成功的成人，而是成为优秀的孩子。也就是说，孩子应该合群，即成为群体的一部分，而不是游离在群体之外。你的父母所言极是：朋友至关重要。你将变成什么样的人在很大程度上取决于经常与你一起玩的朋友是什么人。**

反射神经元的影响比"同辈压力"(peer pressure)更复杂、更微妙。同辈压力通常指有意识的选择，而反射神经元更多的是根据共同喜恶采用大家所共享的内隐关系，尤其是，一个共同的敌人可能会极有力地促进社会团结。然而，从事物的反面来看，这些深层运作的内隐关系可能会导致众所周知的"暴民心理"(mob mentality)，这也是集体智力的消极面。当多样化的观点遭到压制，对话留于肤浅，行为指向一个共同的焦点时，人们肯定会做出愚蠢的事情。在棒球比赛中、在教堂里、在政治集会中，我们大部分人都不同程度地经历过被挟裹在人群的情感浪潮中的感觉。集体行为能轻而易举地征服人的主观意识，这着实令人惊讶。

如前所述，大家在阅读《给予者》这本书时，上述观点生动地体现在课堂情景中。特别是，这里既有共享集体智力的时刻，也有产生集体错觉的时候。就后者而言，很有说服力的是，尽管某些事件和篇章的理解缺乏证据，但大家都顺从于这种共同的理解。在这些理解中，重要的不是适应文本，而是保持人际关系协调一致。

至于分享集体智力,在读书会中围绕《给予者》进行的最后一个活动就是讨论文化对我们的影响。在这些5、6年级学生所讨论的问题中,有一个是关于文学作品的性质的。小说会因为已经阅读过而发生变化吗?

"当然是的",这是大家共同的回答。故事不是静态的实物,而只可能存在于讲故事者所构成的关系结构中。因此,尽管本书的物理成分看起来没变,但它在集体中的位置却会有所不同,它自身及其周围的情境都已经被重构了。

一群十一二岁的孩子能形成复杂的见解,这表明他们已经深刻意识到,人具有很强的社会性。尽管社会性也许深深植根于我们的生物性中,但它在认知空间中会产生一些更为复杂的东西。

这就意味着,当我们看到一个人扮鬼脸表示厌恶时,就会从精神上(经常也是从身体上)复演或者模仿这种表情,并因而理解这个人可能具有的感受。因此,通过帮助我们进行"心智解读"(mind-read),反射神经元使社会共同活动成为可能[事实上,反射神经元紊乱(malfunctioning)也许是导致自闭症(autism)的一个主要原因]。这种"心智解读"有其生物根源(新生婴儿就有模仿面部表情的能力),并能通过经验得到发展(青少年远没有成年人会解读情感)。

既然反射神经元使我们得以相互模仿,那么,它们在生成意义方面就可能发挥至关重要的作用。

过去十年来,对于学校里发生在教师之间、家长身上和学生课堂上的事情,我们写过和呈交过各种各样的报告。大部分研究者和教育者听过或读过后,似乎都能马上作出评价,认为这种事情是独一无二、不可重复的。

然而,有时也会有人要求获得更多的细节,以便能够"复制"这个研究。在我们看来,这种要求似乎很奇怪。学校里所发生的这些事情是不可能模仿的,尤其是这些事情似乎跨越了相互交织的各个系统(比如教师;教师—家长;教师—家长—学生)的各个不同层次,而且处于独一无二的环境中(比如,由外调的教师组成的团队,比较稳定的共同体)。

因此,这种事情是不可复制的。但是,有种态度是可以复制的,即有意识地参与他人活动并共同处理大家所关心的事情。注意给他人留出表达意见的空间、设计一些活动帮助人们围绕共同兴趣进行真正的互动、允许个体关注甚至沉迷于所感兴趣的事情,要想进行深刻、难忘的集体教育,这些成分都是不可或缺的。

> 从这个意义上来看值得强调的是,尽管在复述有关《给予者》的阅读活动时,我们将其当作集体现象,但促使该事件产生并推动其发展的却是个人利益。比如,校长主要将其当作一种建立起更强共同体关系的手段;许多父母将其看作一个更完整地参与孩子学校教育的机会;大部分教师则视之为提升教学观念的平台。推动这个事件的力量是由这些动机混合而成的复杂产物,单是这个原因就可以表明这件事情是永远不可重复的。任何想做类似事情的愿望都无法替代这种内在的动力机制。任何一个新兴集体的"性格"与许多个体的性格完全一样,都具有独特性和奇特性。这就是复杂体的本性。*

---

* 对这一研究的进一步了解,参见 Dennis Sumara, Brent Davis, & Delores van der Wey, "The pleasure of thinking" in *Language Arts*, vol. 76, no. 2 (1998): 135-143.

第二编 学 习

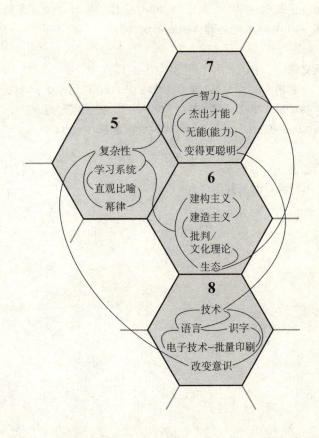

词源

"学习"(learning)一词似乎与古老的德语"liznojan"(意即"寻路而行或者循路而行")和古英语"læst"(意即"脚掌")相关,"学习"因而根源于"循路而行"或"辟路而行"的比喻。

同义词

取得(acquire),理解(apprehend),见习(apprentice),确定(ascertain),同化(assimilate),达到(attain),受教(be taught),受训(be trained),获得能力(become able),变熟练(become versed),听懂(catch on),理解(comprehend),填鸭(cram),探测(detect),决定(determine),挖掘(dig up),消化(digest),辨认(discern),发现(discover),吸收(drink in),查明(find out),跟随(follow),取得(gain),聚集(gather),获得(get),着手(get down),进入(get into),精通(get the hang of),掌握(grasp,)碾磨(grind),听说(hear),吸收(imbibe),提高心智水

平(improve mind)，合并(incorporate)，摄取(ingest)，倾听(latch onto)，掌握(master)，记忆(memorize)，阅读(read)，接收(receive)，回顾(review)，看见(see)，吸收(soak up)，专攻(specialize in)，研究(study)，无意中发现(stumble on)，吸取(take in)，训练(train in)，发掘(uncover)，理解(understand)，揭露(unearth)，艰难地处理(wade through)

反义词

混淆(Confuse)，漠视(disregard)，忘记(forget)，忽视(ignore)，误解(misapprehend)，错过(miss)，未领会要点(miss the point)，误解(misunderstand)，没有得到(not get)，忽视(overlook)

同源词

持续(last)，知识(lore)

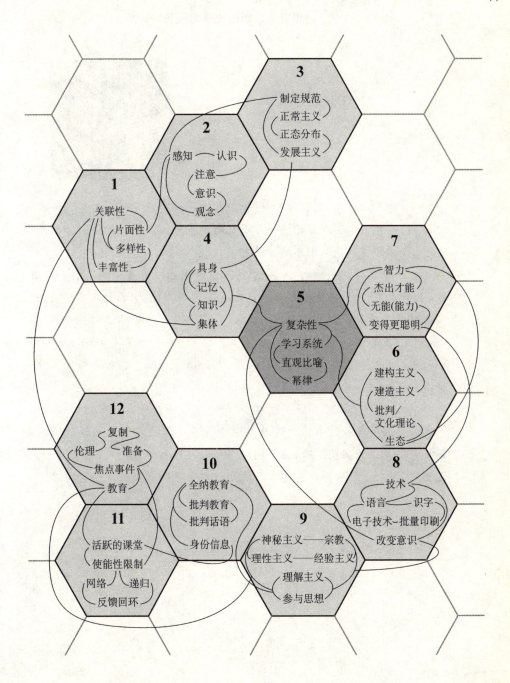

第五章　学习框架
运用复杂思想研究学习系统

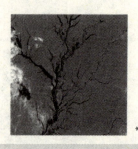

在教三年级的学生学习分数时,我像其他大部分单元一样安排了几个活动,以利用学生在数学计算方面已有的经验。我布置的第一个任务是叠纸,具体讲就是采用不同方法对折。

之所以选择这个活动,是因为我深信学生已经具备了丰富、广泛的经验,如裁剪、分割、组合、分配等。也就是说,他们至少已经掌握了有关分数式的基本知识。根据以往的经验可以知道,大部分学生对分数之间的各种关系已略有所知(比如,四个四分之一构成一个整体,一半比三分之一多)。但是,这些知识没有普遍性,而是通常局限于各种各样的具体情境中(比如,乐符、基于家庭规模的份额,等等)。

因此,我的基本意图是提供机会,使学生能够表现出已有的知识,并形成一个共同发展的平台。这就要求设计所有学生都能参与的共同活动。叠纸是一种共同体验,因而能提供人人均可参与讨论的话题。在此过程中,学生已经具备和尚需学习的知识都会显现出来。

﹡由美国太空总署拍摄的亚马逊盆地照片,下载于 Visible Earth (http://www.Digitalglobe.com/)

第一节 复杂性

过去几十年以来,教育思想发生了重要转变,即抛弃机械隐喻,青睐更为有机的(organic)观念。在学习方面,这种现象尤为突出。在20世纪的大部分时间里,人们主要根据因果关系来设计学习,而这种设计又反过来助长了机械的教学方式和课程安排。但是,20世纪70、80年代以来,随着学习观更加关注整体性、偶然性和解释性,这种理解框架开始发生变化。

这个变化实际上呼应了一个范围广泛的、趋向所谓"复杂思想"(或称"复杂理论"、"复杂科学")的跨学科运动。鉴于它们与学习、能力和技术等主题关系密切,我们将在本编四个章节中阐述复杂性的一些核心原则和主要含义。*

复杂思想的兴起,源于它反对一种存在了几个世纪的假设。根据这种假设,任何事物都可以理解为机械互动。它相信宇宙是一座大"时钟",因而每件事都能以拆解"时钟"的方式来理解。自17世纪以来,这种概莫能外的信念开始占据主导地位。它致力于探索宇宙规律、基本粒子和普遍真理,从而为分析科学(analytic science)的出现奠定了基础。

复杂理论家们承认,物理系统(如撞球碰撞)、化学反应以及时钟和冰箱之类的机器,的确由各部分共同构成,具有可预测性。只要充分理解了各部分的运动,就能预测整体行为。

事实表明,这种侧重分析的态度促进了工业时代的科技创新。然而,尽管如此,在理解和预测大规模的经济、生态系统和大脑等现象方面,这种方式却几乎没有用武之地。这种分析方法崩溃的原因尚不可知,但一旦阐明,就必然会促使所有学科发生剧变。简言之,某些系统并非由固定不变的成分(如粒子、齿轮、开关、微芯片等)组成,而本身是动态系统的集合。比如,社会产生于民众,但不能简化为民众;民众由身体器官组成,但不只是这套器官的互动;器官构成于细胞,但其功能会超越这些细胞的集合。依此类推。

这些系统很复杂。它们总是在动态变化中与其他系统交织在一起,因此不能还原成部分。与复合(即机械的)系统相比,复杂体更具自发性、不可预见性、不可还原性、情境性和动

复合(complicated)、**整体**(holist)和**复杂**(complex)这三个术语在这里被用来指三种不同的思想倾向。

所谓**复合理论**,指把现象简化为基本成分、根本原因和基本规律的理论。按照这种观点,如果详细了解了时钟的各个部分,也就获得了有关时钟的全面理解。

从**整体观**看时钟会把时钟当作一个具有整体功能的事物,即看作一个超过了部分之和的整体。这种观点体现了对于各部分相互依赖性的重视。

复杂理论既接受复合观也接受整体观,但同时也认为,理解时钟要注意,时钟融入在社会环境和自然环境之中。这就促使人们思考时钟对于社会生活的影响、它产生的历史条件、建造过程中所需要的材料、使用时对自然环境产生的影响,等等。

* 有关复杂思想的历史梳理及主要原则,可参阅 Steven Johnson, Emergence: The connected lives of ants, brains cities, and software (New York Scribner, 2001).

态丰富性。简言之,具有适应性。因为复杂系统会自己产生变化,所以理解它们时,牛顿力学和统计回归等工具用处不大。

当然,有些系统很难界定为复合或复杂。特别是技术(尤其是机器人)的最新发展已经模糊了两者的界线。* 不过,在讨论以什么方式对待每种系统前,对复杂现象(比如,认知、学习和教学)和复合现象(如大部分机械系统)进行区分,大有裨益。它们的主要区别总结如下表,本书其他地方还会有详细阐述(注意:这些区别并非绝对,而是会随着技术的发展变得更加模糊)。

正如任何养狗的人都知道,一群狗与狗的**集合**(collection)是两个不同的概念,即整体不同于部分之和。

准确地讲,几只狗在一起会形成一个**集体**(collective)[更常见的说法是"群"(pack)]。集体具有一致性,有一套完全不同于任何单只狗的行为特征。除此之外,差别还很多。

这种情况也适合于包括人类在内的许多哺乳动物。遗憾的是,在考察人类活动时,许多重要理论都源于一种假设,即个体是整个活动的基础或基本粒子——这种假设无视人们聚集在一起时所产生的变化。

事实上,在讨论教育时,**个体**和**学习者**通常被当作了同义词。本书不苟同于这一观点,而是把每个学习者都理解为一个具有复杂性和适应性的整体。

复合的(机械的)	复杂的(学习的)
物理学(牛顿)	生物学(达尔文)
机器隐喻	生态系统隐喻
线状	环状
输入/输出流(input/output flows)	反馈回环(feedback loops)
注重效率	追求丰富性
目标导向	关注生长
可还原(reducible)	不可压缩(incompressible)

显然,复杂系统没有统一、公认的定义,原因在于人们会根据自己最感兴趣的现象来下定义,不同的定义通常与这些现象结合在一起。比如,生物学家倾向于从生物系统方面讨论复杂性,物理学家倾向于从非线性动力系统方面讨论复杂性,而经济学家则倾向于从微观和宏观经济方面来讨论复杂性。

因此,本书采用这个定义应该不会太令人惊讶:所谓**复杂系统,是会学习的系统**。

> 整个第一节课,我们都在对折纸张。我在每一组的桌子中央放了几叠纸片,要求学生运用不同方法对半折叠,想到多少就折叠多少。不出所料,每个组所采用的前两种折叠法都是纵向和横向折叠。几分钟后,出现了其他方法,学生们开始通过重叠对角的方法沿对角线对折。

---

* 参见 Philip Ball, Critical mass: How one thing leads to another (New York: Straus an Giroux, 2004).

但是，接下来整个基调发生了变化。学生们尝试着使用其他折叠法，但这些方法引起了争论。几个学生提出了质疑：折叠出来的部分真的是一半吗？

"对半的部分非得一样大吗？"一个同学问道。这个问题开启了讨论之门。围绕数学中"一半"的定义和生活中常见的通俗理解，大家进行了简短的讨论。尽管大家都熟悉"较大的一半"和"较小的一半"等说法，但似乎不难承认，这些变式在数学中是不允许的。在运用分数时，只有相等的部分才算一半。

这种理解引起了大家的担心："纵向对折与横向对折一张纸，两者所得到的一半一样大吗？"

我决定让大家投票。令我惊讶的是，整个班级几乎均分为三种意见，分别为横向对折最大；纵向对折最大；两种对折一样大。我意识到探讨数学证明过程的时机已经成熟，于是问道："假定你的一个朋友认为，方形的一半（即横向对折所得到的一半）比长条形的一半（即纵向对折所得到的一半）要大。你怎样向他/她证明这两个部分一样大？"

讨论了几分钟后 Kim 那一组说："你可以把这两个部分再对半剪切一次①。这两个部分都由两个四分之一的纸张所构成。"也就是说，纵向剪切的一半与横向剪切的一半都可能覆盖同样两个四分之一的面积。大家都认为，这个证明可以说服那个有错误想法的朋友。

第二节 学习系统

复杂系统是会学习的系统，即学习者。

那么，什么是学习者呢？

我们将在本编及下编中以不同的方式回答这个问题，基本流程为：首先举例，其次考察学习系统的性质，再讨论学习的动力机制，接下来探讨几个有关复杂学习系统的比喻。随后，再举例子……

在20世纪70年代后期或80年代前期的某个时候，斑马蚌（一种微型的、但却能大量繁殖的贝壳）进入了北美五大湖区。这种蚌究竟是怎么进去

---

① 即得到原纸张的四分之一。——译者注

当人们观察飞鸟聚结、蚂蚁觅食或者大脑活动等行为模式时,经常会认为存在中心控制者。

然而,在多数情况下不存在这样的控制者。相反,我们所看到的模式是自组织的(self-organized)。在这些群体中没有领导,在大脑中也没有写入任何计划。取而代之的是,集体活动(如每个参与者对距离最近的几个伙伴做出回应)出现在大量的局部交互中。

这一认识导致有关复杂学习系统的研究发生了巨大变化。

的,不得而知。但可能是有一艘船从欧洲运货到了大湖区,在清理压舱桶时把夹带在里面的斑马蚌倒入了湖中。由于没有天敌,这些蚌大量繁殖,很快就遍布了整个湖区。随着这些蚌的增多,人们提出了许多不祥的预测,即认为这些蚌可能带来不可逆转的环境灾难。有人断定,这些蚌肯定会打破这个脆弱的、易受破坏的生态平衡。

事实上,尽管产生了一些较严重的后果,但这些可怕的预测均未成真。众所周知的后果是,需要花几百万美元才能把这些蚌从水底排水井盖和栓塞处清除掉。还有一个鲜为人知的后果,即这些蚌实际上有助于净化五大湖区的湖水,它们在通过自己的系统排水时可以过滤掉大量的悬浮物。

那为什么没有发生生态灾难呢?

这个生态系统没有崩溃,只是因为五大湖区的生命网络绝不是存在于一种易受破坏的生态平衡中。与大部分生态系统一样,它不是静态的、最优化系统,而是具有动态丰富性的系统。也就是说,它是一个动态的、多样的、充满活力的、不断进化和不断学习的系统。现在,斑马蚌已经被融入了(从字面上讲即被"包容"进了)整个系统。换言之,这个湖区生态系统中的关系网络、特定的品质和反应模式都因为斑马蚌的进入而发生了变化。该系统已经进行了学习,其学习方式与人类、免疫系统、社会、种族以及其他复杂体相类似。

事实上,五大湖区的生态系统现在可能比斑马蚌进入前更有活力。事实表明,大部分情况下物种入侵都有利于形成双赢的局面,即新来的物种获得了安居之所,而原有系统的生态种类会变得更加多样化。*

正如第六、七章将要阐述的一样,种类的多样化对于理解人的学习和能力至关重要。

* 引入新物种通常会产生积极作用,相关讨论请参阅 Alan Burdick, "The truth about invasive species: How to stop worring and learn to love ecological intruders," in Discover, vol. 26, no. 5 (May 2005): 34–41.

> 由于同学们至少已经初步认同了一半是从整体对折而来,我感觉可以考察更复杂的折叠了。为了给下一节课埋下伏笔,我提出了一个问题,"如果折叠两次形成四个图形,我们会得到什么呢?继续折叠下去会怎样呢?"

> 我原以为每个人都会回答，"你会得到八分之一"，从而给我安排的下一课（折叠组合）作好铺垫。但实际情况并非如此，尽管少数同学赞成横向折叠三次结果为八分之一，但大多数愿意表达观点的同学认为，结果应该是六分之一。
>
> 我对他们的回答感到惊讶，但并没有因此而灰心。毕竟，孩子们的想法遵循了一定的递增模式和关系：折叠一次产生两个，折叠两次产生四个。似乎有理由认为，折叠三次产生六个，四次产生八个，以此类推。
>
> 但是，我们很快就通过实验检测了这个假设。结果表明，有一种不同的增长模式在起作用。并非对折每多一次总数就会增加两个，而是对折每增加一次整个数目就会翻一倍。
>
> 与其他人一样，Kim 对这个结果感到非常惊讶，但在放学时她似乎得出了满意的答案。她在日志中记载这堂课时，加上了对该事件的评论，上面写道，"每部分都可折叠"。也就是说，每对折一次，总数会翻一倍。在评语旁边，她还画了一列图表，用来表示一系列折叠的纸张。

第三节 确认复杂性

给复杂现象下一个放之四海而皆准的定义很困难，因此要确认某事是否复杂，最常见的办法是寻找复杂现象的特点。

比如，五大湖区的生态系统、经济、大脑等都有一些共同的重要品质。首先，尽管它们在匆匆地适应其他系统时会不断地与其交换物质和信息，但它们似乎都有稳定的边界和身份。也许我们可以说，复杂体是动态变化的事物或活动中的稳定模式，这些稳定性使它表现出稳定的身份和固定的边界。

复杂体无须借助监督、视察、指导和组织来保持自身的统一。正如五大湖区"学会"容纳斑马蚌这个例子所揭示的一样，复杂体能自我组织和自我维护。从这个意义上讲，所谓学习，就是不断地重构其内部关系以维持自身的丰富性和一致性[①]。

就这个方面而言，到底学习什么（比如内部关系到底是如何重构的）取

---

① 即既维持系统内部构成成分的丰富性，同时又使这些内部成分和谐共处。——译者注

如果我们花数年时间一片一片地更新一艘船,结果慢慢地,原有的每一片都被替换掉了,那么,这艘船还是原来那艘船吗?如果不是,我们从什么意义上讲它不是同一艘船?

对于人类来讲(人的身体总处于不断更新的状态中),情况又如何呢?比如,胰腺和胃腺实际上每24个小时就更换了一次。每分钟内有100000个皮肤细胞被更新(家里的灰尘中几乎包含着一个从我们身上掉落下来的自己)。

这里的要点是什么?那就是,复杂学习看起来是固定不变的,但他们事实上只是动态的事物或活动中的稳定模式。

81 决于系统本身,而不取决于引起学习的外在事件。这一点具有深刻的教育含义,所以值得反复强调。用稍稍不同的话讲,决定学习内容的是学习系统,而不是促使学习发生的事件或经历。复合(机械)系统通过外力来引起特定方式的反应,恰恰相反,复杂(学习)系统适应新的情境时所采用的方式源于系统的生物—经验结构(biological-and-experiential structure),即它置身其中的历史。比如,如果你用肘去碰砖头,可以通过调整力度来很好地控制将要产生的结果。然而,假如你用肘去碰一个人,她或他的结构会决定其反应(在下一章中,我们将更详尽地阐述这一观点,尤其是阐述与学校教育相关的方面)。

这些自我组织、自我维护和自我决定的特性表明,复杂事物是远离平衡态的。事实上,这种认识对一些存在于生物和学习系统中的流行理论提出了挑战(这些理论假定动态系统寻求平衡状态)。

事实上,复合(机械)系统的确寻求平衡,但复杂(学习)系统并非如此。对于复杂系统而言,平衡态意味着死亡,而远离平衡态(far-from-equilibrium)的运作则促使它们去探索可能空间,如修补新的行为模式、调整内部关系等。这些探索有助于它们产生新的结构和新的工作方式。

再回到本编的第一个观点:"远离平衡态"并非"不稳定"(unstable)。复杂体是动态的事物或活动之中的稳定模式,但这并不意味着它们是平衡的或者不变的。正如五大湖区的例子所表明,要维持动态存在的稳定性,复杂体必须能够灵活应对新的环境。假如当斑马蚌被引入五大湖区时,湖区系统处于平衡状态(就像许多人所认为的一样),那么结果肯定是灾难性的。值得庆幸的是,该系统运行于"远离平衡态"中,就像你目前的状态一样,也正如本章中所讲述的三年级数学课一样。

82 考虑到有可能进一步阐述目前这个概念,我把讨论往前推进了一步。如果我们再对折一次会得到多少份?如果再折五次呢?十次呢?

当布置学生完成这些任务时,出乎意料的事情又出现了。我原以为每个人都会继续采用刚刚强调过的翻倍模式。

但令人惊讶的是,只有少数几个学生采用这种方法。其他同学都开始折了又折,数了又数,并相互分工合作,以计算出折叠四次、五次和十次所得的总数。

不到几分钟,他们就遇到了挫折。纸片已经开始小得无法再折叠,而且折叠后所得到的纸片不计其数。我想助他们一臂之力,于是在黑板上画了一个表。我最初只打算提供一个收集答案的手段,但在画的过程中,我意识到这个记录工具也是促进生成的方法。也就是说,这个表有助于学习者注意和拓展在这个过程中起作用的模式。

纸片增长的速度出乎许多同学的意料,甚至当我们简要地讨论了这种翻倍模式背后的逻辑(并验算)后,少数学生仍然表示怀疑。由于这些纸无法进行六或七次对折,几个持怀疑态度的同学(包括 Kim)拿出了纸和笔,开始通过画线来代替实际的折叠。尽管划分得不太完美,但他们很快就整出来了一张画满线条的纸,上面标出了 1024 "种"相等的部分。与此同时,有些同学试着用更大的纸来拓展这个模式,少数同学则采用了他们自己发现的其他数学模式。

看到同学们想法纷呈,我很高兴,于是提出了几个可能推进该探究的问题:如果我们不是两次对折而是三次,会产生什么结果?需要对折多少次才能产生出百万分之一?

第一个问题的反响不大,第二个问题却激发了同学们的兴趣。因此,在这堂课的后半部分时间里,大家一直在折叠、剪切、画画和涂暗,所有活动都指向一个目的,即从一张报纸里弄出一个百万分之一的纸片(结果表明这个百万分之一是 1 毫米×1 毫米),或者从黑板里划出一个百万分之一的小块。

第四节 复杂性比喻

复杂思想显然是围绕着一套特定的形象隐喻组织起来的,这一点已经显而易见了。在后面几页中,我们将展示精心挑选的几种图像,以代替时下流行而棘手的欧几里德图形,其目的在于通过这些图像揭示和中止一些根深蒂固的观念及内隐联系。

这些根深蒂固的观念包括直线、壁垒森严的独立区域、正态分布(如第一部中所述)等。我们所提出的替代观念来自分形几何。在呈现这些替代观念时，我们会进一步批判时下流行的观念，尤其是当它们涉及认知、学习和教学观时。

定向进步与全面成长。 咱们做个简单练习：根据个人成长经历想想你为什么会在此时此地阅读这本书。

如果你思考的时间足够长，可能会意识到生活中所发生的任何一件事都与你来到此时此地有关。每件事情都引导你来到此时此地，包括你的生物倾向、家庭和朋友、学校和老师、社会和文化等。假定一定要画一个路径的话，所画出的路径可能会从你出生之地一直延伸到这里。

对于这个路径的一种解释就是，你命中注定要来到这里，这要么是遵循了物理定律，要么是由于存在某个命运的掌管者。

还有一种解释，即所展开的路径实际上只是许多可能性之一，它产生于复杂的由相互联系的事件组成的网络之中——有些是有意的、有些是偶然发生的、有些是已知的、有些是未知的。把出生与目前所在的位置联系起来的直线性图像似乎有点过于简单。

本书反复阐述了这样的主题，即人们通常根据直线运动来描述生存与学习（或者，根据定向运动、上升、增进、积累、习得或进步来拓展这个关系网络），而这种倾向内含隐患。

相比之下，复杂思想用非线性来描述学习。比如，有人认为，生存是在所呈现的可能性中不断进行的选择。相关的图像更像树的形状——新的可能性像树枝一样分支出来，进而产生新的可能性，而你的人生也在这种可能性不断产生的过程中向前延伸（请看旁边的补充说明）。回顾过去，你会很容易地找出是哪些选择和决定将你带至此时此地。但是，如果你将从决定到结果的过程视为一个直线前进的过程，那就可能错了。相反，决定的作用更多地在于引导你进入和穿过一个不断变化的可能性空间。①

在描述学习的动力机制方面，本书反复阐明一个主题：环形比直线更有用，或者说，要拓展这个特定的关系网络，最好将学习的特点理解为递归（recursion）、往复（iteration）、反馈回

进化有时被视为一个稳定向上的通向完美状态的进程。

最近出现了一个以**充足性**（adequacy）而非**最优性**（optimality）为基础的新观点。根据这种观点，进化是一个创造过程。它既从动态的、不断展开的可能性空间中获取能量，同时也推动着这种可能性空间的发展。其纲领性图像（guiding image）不是朝向既定目标的攀登，而是奔向多种可行性的漂流或河流。

以可能性为中心来理解的进化（相对于根据目标驱动来理解的进化）贯穿于整个有关复杂性的研究之中。

---

① 运用比喻是本书的一个主要特点。这里用不断变化的可能性空间来表明，决定只是让你面临丰富多样的可能性选择，而不是提供一条直达预定结果的通道，最终走向何种结局尚不确定。——译者注

环(feedback loops)、折回(folding back)、发展(elaboration)和生长(growth)。

结果,学习确实是"玩"(playful)。事实上,本书中所呈现的每个原则都可以理解为这个断言的变式:"玩"(play)是任何学习事件的要素。

"玩"是以上观点的基础,其意义非常广泛。照流行说法,"玩"通常与工作相反,因而人们经常将其与分心、无目的和无秩序联系起来。但是,仔细考察"玩"这个词的使用方式,就会发现这种理解既狭隘又容易引起误解。根据我们对于"舞台剧"(stage play)、"文字游戏"(word play)、"儿童游戏"(child's play)和"玩概念"(play of idea)等用法的理解,"玩"的反义不是工作,而是"僵化"和"静止"。从这个意义上讲,"玩"是所有生物的一个重要特性。反之,缺乏"玩"可能表明事物无生机(或者死亡和处于平衡态)。

头脑中有了这种概念,我们就不会惊讶,为什么人们在工作满意度方面会经常提到"玩",并把它当作其中的重要成分。当工作允许或者需要创造、革新、问题解决和其他必须灵活应对的场合时,人们似乎更满意、更投入。相反,当工作受制于固定而狭隘的责任(即不是"玩"的责任)时,人们就会认为它很讨厌、没有前途。根据这个对比来反思一些教师及其在教学中所拥有(或缺乏)的欢乐,也许很有意思。

这样看来,"玩"意味着"运动的可能性"。根据这种理解,儿童对于世界的亲身探索中包含着"玩",你一路走来的那条路中也有"玩"的成分。同样,观念中可能也有"玩"的要素,即观念会引起不同的解读;它们可能被组合或混合成为崭新的、具有创造性的观念。与之类似,本章中所描述的课堂也蕴含着"玩"。尽管我们对于这堂课的解释也许给人一种线性前进的感觉,但它实际上更多的是从其所面临的可能性中进行选择,即通过探索当下的可能性来拓展进一步发展的空间。

"阶段空间"(phase space)这个术语被研究复杂性的思想家们用来描述复杂学习系统中各种各样的可能性。阶段空间是分形的,通常被画成树形,常常类似于一滴水滑下山体表面时可能经过的路径的范围(请回想一下,"学习"这个词的词根指"辟路而行"或者"循路而行")。

当然,阶段空间是动态的。当实现了特定的转折或者作出了特定的选择时,新的可能性视界就出现了。

尽管没有明确指出,但到目前为止本单元一直把重点放在分数的乘法和除法上。为了继续讨论与分数比较和合并相关的问题,我在后一周中运用了"分数工具包"(Fraction

Kits)，包里装有颜色和大小各异的纸片，整张纸用红色、半张用橘色、四分之一用黄色、八分之一用绿色、十六分之一用蓝色。

当 Kim 打开信封时，有点失望。"这里面没有紫色的"，她抗议道。

我实事求是地回答："只需要五种不同大小的纸片，因此我只用了五种颜色。当我用到紫色的纸时，我已经弄好了。"

"你可以再加一种嘛"，kim 提议。

"我想那样太容易混淆了"，我回答。在充分考察现有这五种纸片之间的关系之前，我不想拓展"工具包"。

Kim 勉强同意了（或者至少我认为是这样）。我顺利地进入了导入活动，并开始确认这些纸片之间存在的关系（主要是将某些部分与其他部分进行相互转换）。突然 Kim 走上前来问我，她是否可以自己制作一张紫色的三十二分之一的纸片。我同意了，并答应如果她在当天放学时提醒我的话，我可以给她一张紫色的纸。她果真没有忘记。

简单还是复合？

如果能够确定无疑地测量出各部分的运动，我们就能够运用**牛顿物理**计算出每件已经发生和将要发生的事情。

当一个现象包含许多部分时，必须以平均毛额（gross averages）为基础来计算。即，要理解复合现象，我们要采用**统计分析**。

共同的基础：牛顿机械学和统计学都建立在一个共同的假设上，即宇宙和宇宙中的每件事物都像一座时钟，因而最终都是可以预测和控制的。

* 参见 William H. Calvin, How brains think: Evolving intelligence, then and now (new York: Basic Books, 1996).

欧几里德图形与分形。还可以采用另一种方法阐述第一编所介绍的观点（有关学习的描述），即阐明欧几里德图像（如直线、箭头和有限区域等）在揭示学习的动力机制方面作用不大。相反，理解学习现象似乎需要运用更微妙的、层级独立的图像，如分形。

如第二章所述，分数图像产生于递归发展，即反馈回环。在反馈回环中，前一阶段的输出会变成后一阶段的输入。这些过程处于不断发展中，但每个阶段均保留着前一阶段的"记忆"。

不同的分形图适合于描述学习现象的不同方面。特别是，如第一编所述，以不断分支为基础的树状分形图可用于描述可能性空间的特点。更加网络化的结构可用于描述生产知识的系统（包括大脑、社会群体、网民群体等）* 和业已产生的知识系统（如语言、数学和社会等）的特点。网络化结构形成于节点与节点相互结合而生成更大节点的过程中（如第四章所述）。

这些图像共享一个嵌套的结构（参看原书第 56 页图），它反映了学习系统之间嵌套的方式。比如,在大脑组织方面,神经元聚合成微型神经柱,微型神经柱组合成大型神经柱,大型神经柱组成皮质区,皮质区组成大脑半球。这些组织的每个层次都具有自身特定的一致性,同时它又是另一个更大学习主体的亚系统,而这个更大的学习主体又是学习主体集合的亚系统。相互嵌套、重叠和交织的亚系统包括社会集体、学科领域、立法系统、经济、文化、物种和生物圈等。在某种意义上和不同程度上,任何一个课堂,比如本章所呈现的课堂,都包含这些系统中的每一个系统。

在接下来的课堂中,我们继续探索分数工具包中各纸片之间的关系,主要讨论的问题包括要求学生找到组成某个分数的不同方法(比如,你有哪些方法可以覆盖一张纸的四分之一?)、比较数量大小(如,3/4 和 13/16 哪个更大?)和合并不同纸片(如,把 2/4、1/16 和 1/8 合并起来你会得到多少?)。对于每种情况,我都会首先提出一些问题作为例子,接着简要讨论可能的答案,然后在此基础上,请学生自己提出问题。

大部分同学都选择用重组和替换纸片的方法来完成这项任务,方法是对一整张纸所包含的各个纸片进行随机的组合(右图是其中的几个示例)。在我的提示下,他们也会使用加法和乘法来描述和记录所发现的结果。

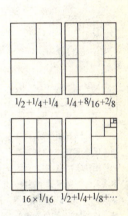

1/2+1/4+1/4   1/4+8/16+2/8

16×1/16   1/2+1/4+1/8+…

有些学生根本不用工具包,而只是列加法式(比如,1/2 + 1/2 = 1,或者 3/4 + 2/8 = 1)。Kim 提供了一种既不使用工具包也不使用图表的方法:"你可以把二分之一加到四分之一上,再加到八分之一上,再加到十六分之一上,再加到三十二分之一上,再加到六十四分之一上⋯⋯嗯,只要你永远这样做下去,你就会得到一个整体。"

一个叫 Alex 的学生发明了一种记录这些组合的方法,它不仅速度快,而且可以用来得出这些纸片的每种组合形式。他创造了能系统地列出所有可能性的表格(其中的一小部分展示在右边)。

1	½	¼	⅛	1/16
1				
	2			
	1	2		
	1	1	2	
	1	1	1	2
	1	1		4
	1		4	
	1		3	2
	1		2	4

正态分布与幂律分布。如第三章所述,正态分布是教育研究中较常见的数学图。人们用它那熟悉的钟形曲线来揭示许多现象中数据点的分布方式,即数据点围绕中心均值聚集,而在均值的两边则以可预见的方式急剧减少。比如,在某个地区成年妇女的平均高度也许是 1.7 米。大部分成年妇女可能都处于那个高度附近几厘米的范围内,少数人可能会偏离平均值远一点,而偏离很大的人非常少。但没有人会是 0.3 米或 21 米高。

由于这些例子具有合理性,所以各个领域的许多研究者通常都会假定,所有变化的现象都必定遵循正态分布。只是到了最近,随着复杂机制研究的发展,人们才发现这种假设并不可靠。比如,让我们想想这些问题:"'正常的'地震有多强?""全世界的人均财富是多少?"

这些问题实际上很少有或者完全没有意义。就地震而言,事实证明,小型地震总是不断发生,其频率很高、总量很大。假如把它们与大地震放在一起取平均值的话,所得出的"正常的地震"或"代表性的地震"就会小得必须借助仪器才能探测到。从资本净值来看,世界上的财富分布极不对称,因而一个简单的平均值所提供的信息绝对毫无用处。

与市场波动、冲突和战争、月球凹地、时尚、生态灾难、心律、森林火灾、雪崩、城市规模、网络中心、流行疾病、选举结果一样,地震和财富以及包括学习在内的所有其他复杂现象,根本都不是正态分布的。相反,它们所遵循的是幂律分布。

幂律分布非常适合于描述复杂学习系统的结构和动力机制。从结构上看,正如原书第 56 页的嵌套图所示,当事物从较大的学习系统(如生物圈)转向较小的学习系统(如物种、个体、身体器官或细胞等)时,其数量会成指数增长。每一层组织都会包含一个新的乘法器,参照页边图你可以发现,不计其数的细胞(在曲线的左边)以各种方式聚集在一起,结果形成了数量很小的大型学习系统。

在复杂现象的动力机制方面,幂律分布很明显,因为小事件发生的可能性非常大(这些事情实际上总在不断发生),而真正大型事件发生的概率却要小得多。对于复杂(即学习)事件

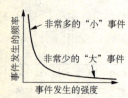

幂律分布图表明,对于某些现象而言,小事情发生的可能性非常高,而真正大事情发生的概率要小得多。这样的事情包括雪崩、停电、小规模战斗和世界观的变化等,所有这些都是复杂事件。

而言,不存在"正常的"或"典型的"事件、片断、成员或适例。也不存在"正常规模"的城市、有代表性的历史事件、典型的灾难、一般的观点和典型的学习事件等。*

这个观点应该不足为奇。也许有点出人意料的是,近两个世纪以来研究者们一直秉持这种假设,即钟形的正态分布可以应用于任何可测量的现象,包括前面几段所提及的所有现象。在教育研究中,情况尤其如此。

然而,如果说教育家们一直没有意识到幂律分布,也是不公平的。比如,人们很久以前就知道没有"正常"问题,Benjamin Bloom 在他的"问题层级"(hierarchy of question types)(请看旁边的补充说明)中就提出了这一观点。** Bloom 用金字塔来解释该观点,这实际上已经接近了幂律分布。也就是说,较低层次的知识性问题通常非常多,而较高层次的评价性问题通常很少。

就问题层级本身而言,它可能是重要的直觉。遗憾的是,人们通常以机械的而非有机的方式接过了这个理论。几十年以来,教育者一直都被鼓励从不同层级的问题中预选一些,以构成从主题通向学科领域的有效路径。换言之,人们把一个欧几里德图像(问题金字塔)与另一个欧几里德图像(线性课堂)联系起来了。

如果我们用复杂思维来重新解读问题层级,也许可以把问题的幂律分布与非线性的分支结构联系起来。在这种结构中,如果情景足够丰富并且情景设计允许不同观点相互作用的话,不同层次的问题都有望出现。

这一观点可以通过本章所呈现的教学事件来说明。在这些教学中,大多数问题和任务都相对简单,但是它们足以产生更高层次的问题和观点。因此,从所提出问题的范围及其非线性特征来看,它们实际上可以当作必要但不充分的证据,表明课堂共同体是一个复杂的知识产生体(knowledge-productive unity)。

"布鲁姆问题类型分类法"(Bloom's taxonomy of question types)首次出版于 20 世纪 50 年代。借助此法,人们可以根据问题难度和出现频率对其进行归类:最简单、常见的问题处于最底层;最少见、复杂的问题处于最顶部。

金字塔形状意在表明一个人必须逐渐进入更高层次的问题。以这种层级为基础,出现了一些教学设计,它们从许多重复的练习入手,最后进入一、两个更高要求的问题。

这种机械的理解不合宜,但也并非完全不适合。真正的探讨似乎应该遵循提问过程中的动力机制。

*有关幂律分布的介绍,可参阅 Mak Buchanan, Ubiquity: The science of history … or why the wourld is simpler than we think (London: Phoenix, 2000).

**比如,参见 Benjamin S. Bloom, Taxonomy of educational objectives, Handbook I: The cognitive domain (New York: David McKay, 1956).

> 这些事件启发我思考,"假如班上的其他同学也运用这个图表策略,结果会怎样呢?"

在引起学生们注意之后,我以自己的方式呈现了 Alex 的想法。我非常谨慎,只把这个图表当作一种记录的工具提出来。但更希望学生们使用这个图表来证明他们对于这些分数关系的理解,而不希望他们只把它当作记录工具来使用。

大家很乐意地接受了 Alex 的想法。有一组学生发起了挑战,说是要弄出一个比 Alex 更长的表出来,于是友好的竞争很快就出现了。Alex 对于这种挑战不高兴了,他很快说服了大家,他列出的表格已经是完整的列表了。但当第二组的同学 Lynn 提出还有可能使用减法的时候,大家就不再相信他了(孩子们还没有学过负数,事实上在正规课程里这是要到好几年以后才会学到的问题)。几种新的可能性出现了,于是 Lynn 补充道,"嘿,我们还可以利用纸片!"——比如,你要注意,把 3 个四分之一的纸片和半个二分之一的纸片合并起来,可以覆盖整张纸。不久,有一组同学想出了把负分数与分数的分数相合并的方法,从而产生了更加多样的组合(更不用说熟练掌握概念了)。

尽管我安排这些活动,本意只是给学生提供一些基本的加法练习,但在整个 50 分钟的课堂中,这些 8、9 岁的孩子一直在做分数的加、减、乘、除。这就提醒我,学生们的学习总是会超出教师的教学意图。

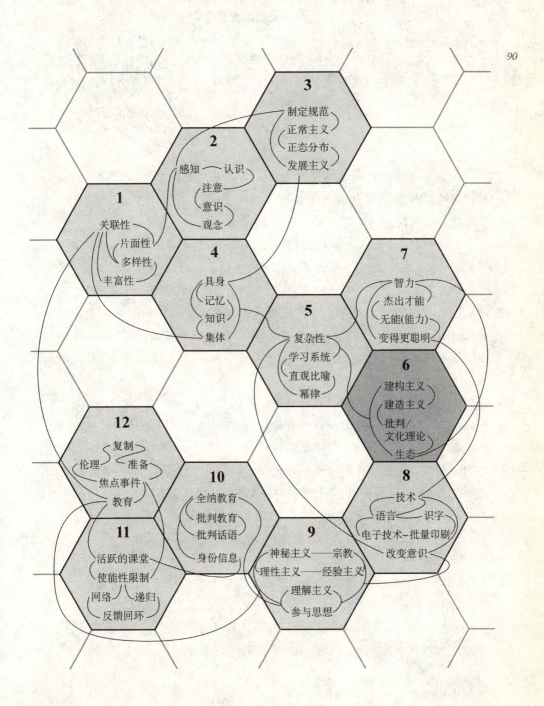

第六章　学习定位
学习观的历史及现状

*

在执教的第一年，学校曾安排我上一门专业之外的课程：八年级的科学。翻阅课程指南后，我发现自己对这个主题的了解，几乎没有超出10年前在8年级的所学所知。

但我并不担心。因为有课程手册，上面已经将所要学习的概念分解成了一节一节的课。还有教师指南，上面提供了补充信息和测试样例。教学不就是按顺序讲解事实，布置一些相关作业，然后进行定期测验吗？再简单不过了。

毕竟，我曾经学过的有关学习理论的课程可以帮助安排所有活动。我知道，清楚表达"学习行为目标"至关重要，包括陈述预期结果、设计教学活动和列出行为标准（这些标准能让我知道学生是否掌握了应该学会的知识）。就这么简单、机械。

即便如此，问题还是很快就出现了。该课程的第一单元是天文学，其中第一个主题是太阳系，学习太阳系的首要目标，是根据星球的运动规律解释白天和黑夜。我的备课完美无缺，讲课无可挑剔。学生很配合也很专心，又是提问题，又是做笔记。但当我想检查他们是否已经达到了学习目标时，奇怪的事情发生了。这始于我的提问："'太阳在早晨升起'，这种说法有问题吗？"

"没问题。那是太阳应该升起的时候。"一个学生回答。

另一个学生不同意，"并不总是这样，太阳有时会在晚上升起。"

"有些地方，太阳根本就不升起来。"还有一个学生说。

讨论继续进行。我所提问题的潜在假设是太阳围绕着静止的地球转动。但学生们根本没有反对这个假设，甚至没有意识到其中存在问题。尽管就在几分钟前我还做了滴水不漏的讲解，但每个学生依然认为，把破晓理解为太阳升起，比理解为地球把我们旋转出了阴影更加容易。

* 一百多年以前，Santiago Ramon Y Cajal 采用这个图像来表达大脑皮质中的神经元。Cajal 被誉为"神经科学之父"，他打破了科学界的一致认识，认为大脑不是一个连续不断的网络，而是由上百亿个相互连接的树形神经元构成。

第一节　对应性理论

如第五章所述,到最近为止,有关人类学习的研究大多围绕两个重要而颇有争议的假设展开。第一,学习过程遵循机械的因果机制,它可以预见且容易操作。第二,个体和学习者这两个词可视为同义语,能够相互替换。人们理所当然地认为,所有学习都发生在个体头脑内。

实际上,以这两个假设为基础,出现了两种似乎截然不同的学习理论,即行为主义(behaviorism)和心灵主义(mentalisms)。前者着眼于可测量的身体行为,后者着眼于不可见的心理表征。

从表面上看,两种观点似乎相反。然而,正如后面将要阐述的,它们存在非常类似之处。特别是,这两个派别都假定,对学习进行测量是为了保证主观(内在)模型与客观(外在)实在相吻合或对应。因此,行为主义和心灵主义都可以称为对应性理论。

行为主义。在20世纪的大部分时间里,教育领域最有影响的学习理论是行为主义心理学。它的纲领性假设是:为了科学起见,研究者和教师应该着眼于可观察和可测量的事物。就学习而言,该假设意味着要注意外在行为。言外之意是要抵制诱惑,避免臆断发生在人脑内部的事情。在这个理解框架中,重要的是人的所为(这是可以观察的),而不是人的所思(这是无法观察的)。

更透彻地讲,行为主义并不否认大脑中所发生事情的重要性。它只是认为,心灵是主观的、特殊的和难以接近的。相反,身体行为是客观的和可测量的。更重要的是,人们可以观察到具体的干预(如奖赏和惩罚)对于行为的影响,这就意味着人们可以进行严格控制的实验。当然,这种实验要有意义,就必须假定行为受规则制约,而且这些规则可以由人决定。

因此,行为主义研究的目标是严格控制奖赏和对奖赏的承诺以及惩罚和威胁等,以训练主体形成某些理想的联系。换言之,它假定在内在联系和外在事件(请看旁边的补充说明)之间存在逻辑的、可控制的对应关系。不足为奇的是,行为主义在

经典条件反射

1:自然联系

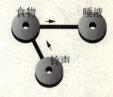
2:条件反射过程

3:条件反射性联系

行为主义指那些对可辨认的刺激和可观察的特定行为之间的联系感兴趣的理论。

这里例证形成这些联系的两个机制。上边是一个"经典条件反射"的案例。与非中性的刺激(食物)一样,一个中性刺激(钟)引起了非自主反应。下页所例示的是一个"操作性条件反射"。一个奖赏(给狗食物)被用来增加刺激("说话"的命令)引起一个特定的自主反应(吠叫)的概率。

操作条件反射

1：理想的联系

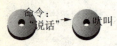

2：条件反射过程

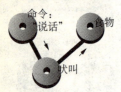

3：条件反射性联系

这些学习机制可以用来创设较长的、复杂的行为链。对于那些着眼于掌握孤立的、被线性排列起来的技能的教学实践而言，这种学习理论可以为其提供理论基础。

就正规教育而言，行为主义学习理论的主要问题不在于不精确，而在于不充分。

* 这种观点中最著名和引用最多的部分可参见 John B. Watso, Behaviorism (New York: Transaction, 1924/1988)第 104 页。

提供有关训练的建议时，通常从三个方面入手：一是反馈机制；二是排列有序和逐渐增强的条件刺激；三是界定清晰的目标。简言之，训练要完全控制学习情境。众所周知，早期行为主义理论家们宣称，只要给予这样的控制，任何正常的学习者都可以通过训练承担起任何角色。* 这种宣称颇有影响力，因为它揭示这样的假设，即学习者可以相互替换。言下之意即经验是唯一起作用的东西。

早期行为主义研究取得了重大成功。比如，有证据表明人类和非人类都能通过训练获得超过正常能力的技艺：老鼠可以走出迷宫、小鸟会区分图像、猫会怕老鼠、猩猩能够使用符号、狒狒能够通过抽象分类排列物体、人可以克服无理性的恐惧，几乎每一种生物都能通过训练来建立起与无关事物的正常联系（像铃声和午餐）。在这个过程中，行为主义很好地证明了一些重要且经久不衰的学习原则，包括情境至关重要、有意识的认识并不是学习的必要条件等等。

尽管有了这些成功和洞见，但仅仅是行为主义还不足以构成学校教育的基础。以下是它的一些缺点：

• 学校教育的情境类型繁多而又变动不居，因而不允许严格的控制和监控，尽管这是有效的培训体制所需要的。

• 大部分行为主义者没有区分非陈述性和陈述性记忆系统（请看第四章，特别是原书第 55 和 66 页的图像），因而意识不到大脑不同部位及其迥异的动力机制在发挥作用。

• 最近人们认识到想象与实际行为一样有力（请回顾第四章中有关反射神经元的讨论），这表明，只关注外部行为是不够的。

• 人总是喜欢新颖的活动和解释（比如，把一些要素以不曾有过的方式组合起来），这就使通过训练形成特定联系的愿望受挫。

• 行为主义者通常忽视人的生物倾向，其研究假设是，这些基本倾向能够通过条件作用来克服（有证据表明，条件作用在短期内可行，但在较长时期内，当自然倾向再次出现时，则经常会失效）。

• 行为主义理论框架存在的前提——经验与学习的关系

是线性的和可预见的,但有证据表明,两者的关系更具非线性和偶然性。

列举以上几项弊端,并不是要表明行为主义是错误的。如前所述,行为主义的原则已经非常成功地应用于与人类有关的许多情境,包括消除过度恐惧、拘谨和其他影响社会参与的障碍等。如果目标行为可以分离,而且培训体制(regime)能够得到严格控制的话,那么运用行为主义原则可能会获得理想结果。然而,这种分离和控制与当代学校教育情境格格不入。

尽管人们对行为主义进行了鞭辟入里的批判,但它的许多原理在学校教育实践中仍有应用。尤为突出地表现在两个方面:课堂设计和课堂管理。比如,有些教学实践会围绕"学习结果"和"行为指标"(或类似的说法)来组织规定的课程,这实际上源于20世纪70年代曾盛极一时的早期"行为目标"浪潮。尽管这些教学的外显机制不同,但其内在理念却极为相似,比如,都机械地假定有教必有学。

课堂管理也同样以该观念为基础。人们通常利用奖惩制度来控制学生,以此进行课堂管理。的确,"行为调节"(behavioral modification)通常看起来是公正、公平和中立的(指在意识形态上)。然而,其内隐的偏见在"**管理**"、"**命令**"和"**控制**"等用语中却已表露无遗。当人们相信教师能够(而且必须)**控制**教室里所发生的一切时,其实有一种想当然的因果逻辑贯穿其间。

这些传统做法与当代对集体的研究结论形成了鲜明的对比。在这些研究中,人们不再接受师生之间存在的隐性分离,反对把教师视为控制者和把学生视为被控制的物,同时主张摒弃线性的因果观念。相反,相互尊重和分享责任受到重视。"好的教学"不再把管理行为和管理学习等任务分离开来,而是组织具有参与性、激励性和挑战性的经验。简言之,组织有利于提升个体和群体自我调节能力的经验。

心灵主义。行为主义主导了20世纪的教育界,在历史上这是反常的现象。在行为主义主导时代的前后,大部分有关学习的研究,一直都在试图理解心智(mind)如何运作。其中最突出的观点认为,所谓学习,就是组织外部世界在心灵中形成

事实上,行为主义有关学习的解释体现了一些重要的、有效的原则:目标明确、策略性重复、保持连续性、限制信息量、要认识到关系的形成是内隐的。如此看来,在应用行为主义理论方面,广告商通常比教育者做得更好。特别是,他们能使顾客在产品与成功、常态、声望、活力、自由、性感等之间建立起隐性联系。

但是,广告的目的也凸显了行为主义的一些局限。教学不是为了促进盲目消费或程序化行为,而是培养收集、理解和权衡信息的能力。

的内部表征(或心灵模型)。简言之,它假定大脑内含地图、图像或者其他各种与客观世界相对应的摹真。

许多理论都以这种假设(即学习是建造心灵模型)为起点,但理论的核心隐喻通常互不相同。比如,在历史上,组织内部表征的过程,曾被视为像雕刻、绘画、写作、发报、拍照或摄影等一样表现外部实在的过程,不同的隐喻反映了当时相对时髦的技术。最近,计算机成了心灵主义最常见的比喻。在这种理解框架中,所形成的表征不是内在的图像或文本,而是在神经网络中形成的数字编码。这种特定的学习观已经成了当前学校教育研究的常识性背景,体现在一些常见短语中,如**内化**或**输入信息**、**贮存**和**加工知识**、**扩充数据库**和**输出观点**等。

心灵主义包括一系列理论,它们建立在这样一个前提上,即学习是给外部现实建立一个内部模型或者表象。

从历史上看,这些理论运用了流行的技术来作描述性的类比。比如,20世纪早期,电影制作就被用上了:眼睛被看成照相机,记忆被看成所记录的图像,想象和思考被看成投影,等等(请注意,这些解释要有意义,观察者内部就必须还有一个观察者——并且可以假定,在观察者的内部的观察者里还存在观察者。这个问题通常被指**层叠矮人**,意指"无穷无尽的矮子系列")。

尽管各种心灵主义流派的核心比喻可能各不相同,但他们都有共同的假设,表现于**吸收知识**和**获得理解**等话语中。就大多数人而言,这些话语听起来并没有问题。但很明显,在学习的时候,实际上没有什么东西从外界进入人体。没有东西被摄入、获得、习得或取得。

尽管这种视认知为摄入知识的观念完全站不住脚,但它仍然很流行。比如,围绕学习/学习者的"类型"、"方式"或"模式"(modality)来研究学习,这是目前最流行的学习理论之一。在这些理论中,像"**视觉型与听觉型学习者**"或"**具体思维型与抽象思维型学习者**"这些概念基于共同的假设,即学习是把外面的知识过滤到内部,以建构心理模型。由此可知,学习方式的理论根本就不是学习理论,而是心灵主义假设的延伸。其原因在于,尽管这些理论所言基本属实,即不同的学习者使用感官的方式的确有所不同,其思维方式也不一样,但这些研究通常不是讨论学习的复杂性,而只是提出一些简单的教学规范(这当然是它具有吸引力的地方)。

更近的时候,电子技术出现了,结果出现了有关认知的一套不同的(但同样存在问题的)隐喻。

对心灵主义的主要批评不是集中于它所假定的学习机制或模型上,而是聚焦于其"内在表征"这个核心观念上。如果你窥视人的大脑,不会发现任何有关外部世界的模型。正如学习不是摄入某物一样,理解也不是把原料组装成合理的知识大厦。很明显,实际的情形比这要复杂得多。

共同的基础。有关学习的研究应该关注什么?对于这点,

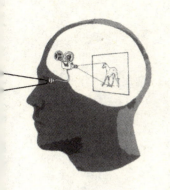

行为主义与心灵主义存在严重分歧,因而这两种理论似乎是势不两立的。

然而,从其根本前提来看,两者非常类似。尤其是这两种理论都以一系列的二分法为基础,如内在/外在、自我/他人、个体/集体、认知者/知识等。最重要的是,这两种理论都建立在"心与身可分离"的古老假设上,这在古希腊和其他作品中就已经有了详尽的阐述。因此,两者在关注外部行为与内部表征方面存在的分歧,更多的是重心问题,而不是思想倾向的问题。从终极意义上讲,两者所关注的都是心灵构造与物理世界之间的对应关系。因此,尽管它们经常表现为相互对立,但我们最好将之视为硬币的两面。一个简单的事实是,这两套思想似乎都相安无事地同时存在于大多数课本、课程指南和课堂中。事实上,后来出现的所谓的新行为主义(neobehaviorism)思想流派就既关注刺激—反应(行为主义领域),也关注这些刺激—反应在头脑中形成的联系(心灵主义领域)。

就课堂实践来看,这两种理论都倾向于把学校教育当作一个线性过程,着眼于使不确定性最小化,以控制内部表象。好的教学因而经常被理解为结构严谨的课程安排和教学程序。它是一项涉及多种能力的高度技术化的工作,如分解影响因素、监控环境、控制起因和评估心灵构造与物质实在之间的对应关系等。

从对应性理论理解教学(和学会教学),与其内在的学习理论一样,只是一种复合的观念,而不是复杂的观念。它们也重视教学中的困难,但倾向于根据经典力学来理解这些困难。这样一来,教师所关心的主要是秩序、计划、预期结果、行为管理和评估等。

坦率地讲,这种预定结果的愿望是行不通的。像行为主义和心灵主义这些对应性理论似乎合乎情理和具有说服力,但事实上,它们忽视了人类认知的复杂性,同时也使教学的复杂性过分简单化。

"有什么建议吗?"在办公室中我向同事诉说了这堂失败的课后问道。

自此之后,我明白,在教师群体中请教问题,实际上所获得的建议会比预料的要多。

另一个科学老师说:"对于这个年龄的小孩子来说,讲解不起作用。你也许得用手电筒和排球等做一些简单的演示。同样,你也可以用这些工具来演示月亮圆缺的不同阶段。"

"你多半还是在讲解,"另一个老师表示反对,"你应该把问题交给学生。看他们在一起思考时能想出什么样的理论和演示。"

副校长打断他,说:"那么首先教概念的意义何在?显然,学生有这样或那样的想法,对其生活影响不大。教学讲究的是科学方法。如何科学地处理这类问题?重要的不是他们是否知道太阳不围绕地球转,而在于他们应该知道从哪里获取和证明这些知识。"

"如果问我的话,我觉得你还是没讲到要领,"另一个老师表示反对,"真正的问题,在于西方科学如何反对其他思维方式。"

讨论继续进行,直到午饭时大家转移了话题为止。我反而更加迷茫了。当天晚上,当我拿着课程指南坐下来思考第二天应该做什么时,发现这些建议毫无用处。我回顾了有关演示的建议和地球围绕太阳转的讨论,感觉同事们的话都正确。这些建议明显涉及经验的、社会的、文化的和其他各种因素——教8年级科学并非我想象的那么简单。

第二节 一致性理论

过去四十多年来,在教育文献中已有许多理论代替对应性理论占据了显要地位。这些有关人类学习的观点可统称为"一致性理论"(coherence theories)。它们都有一个共同的起点,即反对把身与心、自我与他人、个体与集体、认知者与知识、人类与非人类分割开来。

一致性理论种类繁多,其关注点视理论研究者的特定兴趣而定,主要包括个人理解、社会集体、文化知识和环境整合等。尽管各理论兴趣不一,但却内含一些深刻的共同点,主要包括:

● 他们都强调其特别感兴趣的"活力",方法是运用身体或生态系统作隐喻,比如,"知识体"、"学生体"、"政治体"①等。

● 他们通常把系统的动力机制表述为适应和进化(即植根于生物学的观念),而不是原因—结果(即来自物理学的观念)。

● 他们在解释主体或观念何以出现和存在时,着眼点不在于吻合(对应),而在于适合(一致性),所认定的生存标准不是最优/效率,而是充足/丰富(即如果某事运转正常,也许就能持久)。

从更一般的意义上讲,这些理论所关注的重点在于,系统中的"主体"以何种方式保持一致才能保证更大系统的生存。它既可以是一套观念(如在个体理解中),也可以是习俗和法律(对于社会系统而言),还可以是一些物种(就生态系统而言)。与早期学习理论的主要分歧在于,一致性理论假定一致性最为重要。如果系统要生存,它的各个部分就必须能相容。至于这些部分能否与系统外的领域相匹配,能否反映、代表、模拟或者与它们对应,倒无关紧要。

这一点似乎还没有阐述清楚。我们接下来将以地球运动这堂课为例,继续简要介绍一些较重要的一致性理论。

建构主义(constructivisms)。建构主义通常关注个体怎样理解世界。当前教育中大部分建构主义研究都源于法国生物心理学家 Jean Piaget 的工作,这多少有点讽刺意味。Piaget 在其著作中从来没有说过自己是建构主义者(尽管他在一次公开辩论中的确提到过一次)。

建构主义可能不容易理解,其原因在于,运用"建构"(construction)一词,所表示的核心隐喻通常跟建筑、建立和组装有关。换言之,"建构"(construct)这个词本身似乎不是指向一致性理论,而是指向对应性学习理论的(在对应性学习理论

心智还是身体?

| 重要的是反映现实的内部模型要与外部现象相匹配,因此,我们必须注意心灵。 | 只有外部的身体活动才能够观察和测量。因此,我们必须严格地对待行为。 |

共同的基础:人们通常假定心灵与身体是分离的,因而把学习者当作相互孤立和绝缘的。学习被视为一个内化既定的外部实在的过程。

---

① 这种把人体与政府联系起来的隐喻首见于柏拉图的《理想国》,在 Jean-Jacques Rousseau 的《政治经济话语》中得到了拓展,他说,"政治体(body politic),单独讲可视为一个类似于人的、有组织的生命体。主权相当于头;法律和风俗习惯相当于大脑;工业和农业相当于嘴巴和肚子;国民收入相当于血液;公民相当于躯体(这个躯体使机器得以存在、运转和工作)。"参见 Safire's New Political Dictionary" by William Safire (Random House, New York, 1993). ——译者注

中，人们假定存在一个与外部实体相对应的内部模型)。

事实上这是一个翻译上的问题。Piaget 使用的是法语词"construire"，而该词也能译为"解释"(to construe)。对于大多数说英语的人来讲，这种翻译更契合 Piaget 的想法，因此我们在这里使用这个词。

也许可以说，Piaget 一直致力于以"涌现"(emergent)的生物形式为隐喻来解释个人学习。他建议把理解的发展过程比喻为生物系统的生长，因而其理论的核心是偶然性、充足性、适应性和适切性(fitness)。简言之，Piaget 认为，所谓学习，是人们在新经验的促动下不断更新对于世界的理解的过程。学习者不断地理解再理解，努力维持具有一致性的理解系统。

在这里出现了远离对应性理论的重要转变。Piaget 认为，真正重要的是个人理解的一致性，而不是内在构造与外在现实的对应。这种转变有助于理解为什么有人虽然具有类似的经验，但对于外在现实的理解却截然不同，曾经有过的经验和理解会影响人们理解新事物的方式。

换言之，对于建构主义者而言，生物体不是用来学习的结构，而本身就是处于学习中的结构。个体学习不是一种基于大脑的现象，而是不断表现其历史的过程。正因为如此，我们不能把人的行为视为展示内化了的理解，而应该认为人的行为本身就是理解。

这种观点包含许多实践意义。其一，建构主义不把孩子当作"未完成"(incomplete)的人。相反，他们认为，所有认知者对于当前的环境都具有足够的或丰富的理解。因此，教育的目的不是引领学习者从"未完成"走向"完成"，而是给他们提供经验，以挑战和拓展他们现有的理解。

其二，"错误"的含义必须重新考虑。在对应性理论中，"错误"被理解为内在表征与外在世界的错配。因此，根据这种思想，当学生出现"错误"时，教师就需要纠正它。建构主义者反对这种观点，他们认为，所有行为都植根于一个具有一致性的解释系统中。因此，在社会层面上被认为错误的东西，在个体层面上则不是错误。这就改变了教师的责任。教师的责任不是去"修正"(fixing)学生的"错误"，而是努力去弄清使其理解

建构主义理论所关注的是个体的意义建构。

除了前一页所提及的主要图像和隐喻(即生命体、适应性机制和适切性)外，这些理论还借助了"理解"(construal)这个概念。

详细点讲，当人类面对一系列经验、事物或者可能性理解时，通常会采用一致性方式来解释。这种解释不同于人们在星空中辨认星座时所采用的方法(从客观上讲，没有这种明显的形式)。它会保持稳定，直到不可兼容的经验迫使他们重新作出某种解释时为止。

合乎情理的关系网络。教师要承认学生的行为是具有一致性世界观(a coherent worldview)的一部分,由此出发才会努力把学生置于一套新的经验之中,以支持他们形成更合理的理解。①

当然,要求一个教师跟踪 30 个学生的理解似乎有点不切实际。正因为如此,尽管建构主义提出了一些有关人类学习的诱人观点,但它的确不应被当作一种教学理论。事实上,建构主义根本不是一种教育理论,它提出的建议更多的是教师不能做什么,而不是教师**能够**做什么。具体讲,它认为教师无法"促使"学生学到他想要他们学习的东西(这一点似乎颠覆了正规教育的目标②),教学充其量只不过是理解的循环(a cycle of contruals):教师努力地解读学生的理解,以组织一套新的经验来促进新一轮的理解。

在教授黑夜与白天这对概念时,建构主义者会认为什么最重要呢?

建构主义的前提是个人知识以经验为基础。从这个假设出发,运用该理论的教师也许会首先讨论,为什么有人持地心说(以地球为中心)而不是日心说(以太阳为中心)。

在这个案例中,主要原因很明显:我们似乎站在固体的、静止的地面上,结果就好像是太阳在空中运行,而不是地球在转动。因此,如果你直接给出日心模型(不管怎样准

这一点很重要。建构主义最初的理论研究都发生在法国,并且都围绕"construire"展开。而该词既可以译为"建构"(construct)也可以译为"解释"(construe),两者的意义截然不同。

细读原始文献会发现*,该词本意更倾向于"解释",具有灵活性和偶然性的意味。它与故意和预设等意义相对,而这些意义通常与英语单词"construct"(建构)相伴随。"解释"这个词的意义更接近于它的拉丁语词根"struere",意即"展开"("struere"也是"strew"、"destroy"和"Industry"的词根)。

* 比如,参见 Jean Piaget La construction reel chez lenfant (Paris: Delachaux & Niestle 1952/1990).

---

① 如前所述,人的行为本身就是理解,而这种理解是有层次的、由一个一个的系统组成的嵌套结构,因而可以说人的行为是具有一致性的世界观的一部分。如果观念与某个系统相适应,它就是正确的,因而在较小系统中正确的理解在较大的系统中不一定正确,即与小系统相适应的观念在涉及更大的系统时可能不再适应。教师的任务就是要弄清这些关系网络,让学生的理解不断地在走向更大系统的过程中,与之相适应,即保持一致性。——译者注

② 正规教育通常根据明确的教学目标来促进学生掌握它们。教师的作用是设法让学生学到需要学会的东西,但是,如前所述,建构主义反对因果假设,即认为教师的行为不一定能引起学生的学,有教不一定有学,因而建构主义告诉教育的一点就是,它不能通过教来达成学,而没有告诉教学如何通过教来达成学。因此,作者认为,从理论上讲,它不是教育理论,从实践上来看,它实际上颠覆了正规教育通过教来达成学的目标。——译者注

确无误地描述),都不可能改变人们已经牢牢建立起来的思维习惯。如果把重心放在设计一系列的活动上,以此来凸显地球、太阳和其他天体之间的关系,可能更加妥当。

比如,我们可以用一个球和一个手电筒来探索地球转动和太阳升起之间的关系。这些活动可以系列主题的形式依次阐述,如"季节"(适当地倾斜球体)、"月亮的圆缺"(放一个小球进来当月球)等。这种设计旨在把学习者置于一套前后一致的经验中,这些经验不仅有助于我们形成希望获得的某种理解,也可以拓展这些理解或使之与其他的理解相联系。

上述每种情况都要求学生描述所观察到的东西,并提供可能的解释。这些解释既使理解成为可能,也使教师得以获悉学生的解释,为适当地设计随后的教学创造条件。

建造主义(Construcionisms)。建造主义理论也称为"社会建构主义"(social constructivisms),它更关心人际互动机制和集体活动,而不是个人的解释。这些理论主要关注建构主义通常视之为情境或环境而不予研究的现象,包括语言、社会地位、文化背景和学科知识等。

与建构主义理论的主要区别在于,建造主义拓展了对于"认知单位"(cognitive unity)的理解。建造主义不把个体当作学习的核心,而把它当作具有不同层级的学习系统的核心。对于建造主义而言,人的认知是扩散的(diffuse)、分布的(distribute)和集体的。按照这种理解,"心智"不是个体所有,而是人类共同兴趣的产物,它产生于既属于社会的也属于身体的双重环境之中。

一般而言,建造主义理论所关心的是在形成共同理解的过程中小组(比如几对学生或课堂小组)内部的一致性。与建构主义理论相比,建造主义理论更少关注个体的意义建构,而主要集中于对话模式、关系机制、社会习惯和其他的集体现象。在这种理解框架下,认知总是集体的:它嵌套在语言这种社会现象中,通过语言来激活,并受语言限制;它交织在历史和传统的积淀之中,受系统的边界制约(系统有明确的范围,同时也具有开放性),可以视为共同的兴趣、共享的假设和常识。

建造主义思想有一个主要分支——"情境学习"(situated learning)。这个理论主要来源于前苏联社会心理学家 Lev Vygotsky 的工作,研究的重点在于弄清在实践中个体以何种方式融入某个共同体。该理论的核心隐喻是"学徒制"(apprenticeship),根据这个隐喻,学习被视为学习者共同参与集体和再生产集体的过程。就学校教育而言,该理论的创始人很清楚,情境学习理论完全是描述性和解释性的,即它只适合于回答儿童如何学习成为学生和延续作为学生的这种社会角色。*但是,许多教育者都忽视了这个限定(即学生的学习只是要学会融入学生群体),比如,有些教育者在学校教育中设计科学或语言艺术时,不是把儿童当成学会成为学生的人,而是将其当作学习成为科学家或专业作家的学徒。

建造主义思想的其他分支更加关注"知识体"(bodies of knowledge)的涌现,而不是关注产生这些知识体的共同体(比如,关注"数学"学科,而不是"数学家"组成的共同体)。其研究重心不在于社会过程,而在于有效的标准和解释的范围等观念问题。该理论通常也涉及语言、物品、工具和信仰系统(believe system)如何塑造人们在各个领域中的观点、态度和见解。当然,它也关注知识领域如何影响语言、物品、工具和信仰系统。如果把有关"知识体"涌现过程的研究应用于课堂,则有助于我们弄清某些说法是怎样成为事实或真理的。比如,对于一些有争议的话题(如负数、异族通婚或日心说等),我们既可以将其当作已经建立起来的知识范畴,也可以将其视为考察知识如何建构的机会。

> 在一堂关于黑夜与白天的科学课中,建造主义会重视什么呢?
>
> 他的重点可能在于考虑如何运用黑夜与白天这个主题来提出"什么是科学"这个问题。比如,通过考察由地心说向日心说的转变,他可以提出科学理论如何发展、呈现、辩护、接受和反对等问题。别忘了,当日心说第一次被提出来时,不仅非科学机构嘲笑它,科学机构也嘲笑它。如果把这段历史与其他曾经颇受争议的理论的发展史相比较,也许会很有意思,比如,大陆漂移、进化、盖亚假设和复杂理论等,

除了前一页所提及的主要图像和隐喻(即生命体、适应性机制和适切性)外,建造主义理论还通常运用"共同劳动"(shared labor)这个概念,以凸显复杂认知在人际网络中的分布方式。

"共同劳动"这个隐喻由 Lev S. Vygotsky 提出。**他的研究主要出现在20世纪上半期的前苏联,而此时共同劳动的观念在意识形态上比较显著。

---

* 比如,参见 Jean Lave 和 Etienne Wenger 的 Situated learning: Legitimate peripheral participation (Cambridge UK: Cambridge University, 1991)。他们评论道,"他们的理论本身不是教育理论,更不是教育策略或者教学技能,而是分析学习的视角和理解学习的方法。"(第40页)

** 比如,参见 Lev S. Vygosky, Thought and language, revised edition (ed. Alex Kozulin; Cambridge, MA: The MIT Press 1986).

所有这些理论都曾经遭受过极大的怀疑,但随后它们全都变成了主流科学的一部分。

从更广的意义上讲,有的教师也许会问,"科学是做什么的?"也就是说,科学探究与其他思维和研究模式有何不同?科学中的想象、讨论、辩论和实验起什么作用?课堂活动怎样反映科学家的工作,正规教育结构又如何影响这种反映?科学如何利用和促进不同工具的发展?

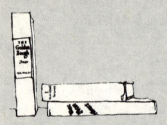

当然,并不是所有这些主题都要一次性解决。事实上,它们也不应该一次性解决。重要的是,既然理解这些主题有助于区分科学和非科学的理论,那么它们就应该成为科学课的一部分。如果教师不强调这些被讨论和争论的主题,就可能存在一种危险,即把科学简化为一堆只需掌握的事实而不承认它具有特殊的探究倾向。

文化批判理论(cultural and critical theories of learning)。过去几十年以来,教育研究出现了一个重大变化,即"拓展讨论范围"(broadening of the conversation)。

在20世纪的大部分时间里,大量的教育研究都集中在个体学习和社会情境上,起导向作用的理论主要来自心理学和社会学。这不足为怪,因为直到五十年前为止,大部分大学教授和教育系的教师都是从心理学和社会学中转过来的。然而,在20世纪60年代和70年代间,随着具有人类学和哲学背景的研究者大量进入该领域,人们开始更多地关注文化背景和学校教育的社会意义等问题。

也许可以说,教育研究中的讨论范围得到了拓展,开始涉及了"政治体"之类的问题。尽管所讨论的这一部分很少与建构主义和建造主义相关,但是它同样运用了"体"的隐喻,也同样根据进化机制来描述事情。然而,与建构主义和建造主义的区别在于,文化批判理论通常研究道德与伦理问题。比如,该理论致力于弄清学校教育以何种方式促进了社会分层、性别角色和其他以分化为特征的文化习惯,或者说,这种理论更希望弄清应该如何打破这些分层。换言之,文化批判理论主要关注根深蒂固的理解习惯和内隐联系(这些东西支撑着性别、种族、阶级、性、能力、无能和机会等的社会建构)。同时,文化批判理论也关注,数学和科学等领域是以何种方式获得了在当代学术界中的优势地位的。可以说,文化批判论在试图转变教育研究的主题,即从个体如何塑造文化世界转向文化世界如何塑造个体。

根据这种理解,文化批判理论的教育含义在很大程度上可以用巴西评论家 Paulo Freire 的话"conscientizacao"来概括,即我们必须弄清是哪些条件在制约着可能世界和可接受的身份。* 在这个研究中,人们认识到,我们不应把个体、社会群体和文化分割开来,而应该将它们视为同一现象的三个相互嵌套和自我类似(self-similar)的层次。同样,如果我们要影响事情的结果,就必须同时处理个体、社会和文化这三个方面。换言之,从教育上讲,对特定文化现象进行批判还是不够的。按 Freire 的观点,人必须要与他人和社会集体一起合作来思考和寻找可供替代的方法(请参阅第十章对这个主题的进一步讨论)。

深入钻研学习理论(尤其是一致性理论)就会发现,这些理论不能划分成界线分明、互不相连的领域。

相反,这些分支理论是相互缠绕和相互转化的。从有机体的图像来看,相互缠绕和结合的紫藤比常见的树更适合用于隐喻这种关系。

* Paulo Freire, Pedagogy of the oppressed (New York: Seaview 1971), p.54.

文化批判理论会怎样看待有关黑夜与白天的理论呢?

从历史上看,从地心模式向日心模式的转换,标志着西方化理解发生了巨大转变。它出现在科学主义的黎明时期,并伴随着资本主义、工业化、都市化和欧洲帝国主义的发展。

因此,对于影响和产生于这些历史动荡之中的社会文化运动,文化批判理论也许会感兴趣。比如,有人可能会考察男性主导和欧洲中心的科学,对于全球政治和文化灭绝产生的影响。

或者,有人也许会注意日心模式的出现,对于在宗教和科学之间存在的愈来愈深的裂痕的影响。为什么宗教机构不能容忍哥白尼和伽利略的理论?危险在哪里?由宗教信仰构成的世界与由科学怀疑构成的世界有何区别?或者说,它们之间有什么共同点?

更明确地讲,现代科学成就是如何织入流行的世界观的?这些世界观是怎样产生的?或者说,它们是如何支持文化帝国主义、性别歧视和其他的社会不公正现象的?

简言之,在科学和科学教育中,什么东西是想当然的呢?为什么我们要意识到这些假设呢?

生态理论(ecological theory)。虽然"生态"(ecology)一词通常用来指环境问题,但实际上它的意义很广泛。该词源于希腊的家庭用语"oikos",最初用来表示关系研究。

从生态视角来研究课堂动力机制、共同体所处的情境,以及其他凸显关系的主题,在教育文献中已司空见惯。这些研究通常会与上面所提及的某个理论相一致,尤其是"体"的隐喻、进化机制和一致性理论也是该研究的突出重点。也就是说,从某种意义上讲,建构主义、建造主义和文化批判理论均可视为生态理论。

然而,与这些理论不同的是,生态思想还延伸进了"超人类世界"*,从而把物种间的联系和全球的动力机制也纳入了考虑范围。正是这些新的焦点引起了教育者浓厚的兴趣。尤其是,过去50年来的生态学研究已经表明,人类所面临的许多(也许是大部分)问题和危机,都根源于人们在理解人和"超人类世界"的关系方面出了问题。更恳切地讲,生态理论倾向于把人当作许多物种之一,而这许多物种又处于更大的关系网络之中。也就是说,人是更大"体"的一部分,而这个"体"的认知过程是诸多物种和其生存环境不断地共同进化的过程。

请看这些例子:由于能源使用和农业耕作的方法不当,全球正在变暖;一些全球性传染病(包括能快速传播的耐药型传染病)使人越来越恐慌;至少部分由环境污染引起的疾病和残疾(包括孤独症、哮喘和多动症)正在增长,等等,这里只略举一二。所有这些现象都源于人们对于地球的习惯性看法,即只把地球看作有待探索的环境,而不将其当作包括人类在内的关系网络。

鉴于这些问题及其他问题正在明显增多,我们似乎有理由认为,正规教育必须开始从生态学角度来思考问题。因此,生态理论提出了范围更广的认知观,即认知不是可确定的过程或现象,而是主体共同创造新的可能性时所进行的联合参与或相互影响。可见,生理理论的这个核心主题也属于一致性理论。综合本章及前几章的主题可知,所谓学习,就是系统所进行的既保持其内部一致性也保持其外部一致性的、持续不断的适应活动。也就是说,主体的学习既是关于记忆的(指亚主体在内

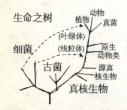

一致性学习理论都假定存在动态进化机制。如果把学习系统的历史和范围绘制成图的话,它可能会像一棵正在成长的树(上面展示了这个图像的一部分),或者一个阶段空间(参阅原书第84页)。越完整的图像越接近于分形图,类似于原书第25—26页的香芹图像。

* 该短语借自 David Abram, The spell of the sensuous: Perception and language in a more-than-hman world (New York: Pantheon, 1996).

部进行的共同活动),也是关于**认知的**(指该主体与其他主体在更大系统中的交互方式)。

从这个意义上讲,细菌、物种和雨林都是思维系统。就系统之间相互影响而言,人类参与这些系统的思维就像这些系统参与人类的思维一样。也就是说,我们的思维和行为习惯缠绕和包含在许多其他系统不断进化的结构之中。我们既是认知的单位和认知单位的集合,同时也是更大认知单位中的主体。

结果就是,我们进入了更大的记忆系统之中,这个系统比我们在第四章中所描述的系统更大。比如,人类的记忆大部分编码在 DNA 内,它反映了人类在很长一段时期内的学习。在日常生活中,我们无需学习怎样呼吸和消化;这些事情我们生而知之,因为我们已经在物种的层次上学会了它(即它们已经进化了)。从更广的意义上讲,我们也可以认为人类是地球记忆的一部分。

值得再次强调的是,生态理论提出了与其他一致性理论相同的逻辑、隐喻和图像。如果把这些生态理论应用于一些人们感兴趣的一些问题上,则有助于解释为什么我们的知识似乎与外在世界存在对应关系。我们的知识之所以契合外部世界,原因跟我们的肺与地球的大气相配合一样:它们曾经是一起进化的,并且还在一起进化。

共同的基础。一致性理论提出了一个重要观点,即我们不能把一致性理论错当成了对应性理论。正如我们将在本书第三部分更详细地阐述的一样,教学实践以有关认知和学习的特定假设为基础。因此,颇具诱惑但却没有说服力的假设(比如,相信在我们头脑中存在一个反映外部世界的内部模型),可能会导致无效的、不切实际的教学方法和教学观点。

第三部分将更详细地讨论一致性理论的实践意义。同时,在涉及如何促进系统变化方面,各理论都会谈到一个主题。那就是,不管这些理论所关注的是有意识的理解、无意识的习惯、社会准则、文化传统、世界观、物种,还是其他的复杂事件,它们都认为,只要主体维持某个现象所需要的精力超过了改变它所需要的精力,该现象就会继续存在。而且,因为这种变化会引起更大关系网络的重组,不管看起来观点或其他的现象是多么

108

蚂蚁的活动提供了一个很好的有关学习过程的类比。

在蚂蚁觅食时,其行进路线似乎是漫无目的和飘忽不定的。当一只蚂蚁找到食物时,它会循着自己的化学气味走捷径返回蚂蚁窝。其他的蚂蚁会加入进来,于是,走的路就慢慢地几乎变成了直线。

不管是在个体层面还是集体层面,人类学习都类似于这个过程,它起始于似乎漫无目的的共同探索,然后逐渐抛弃不必要的"动作"从而创造出有效的路线。

蚂蚁觅食的类比也回答了一个问题,即"学习者是谁/做什么的"?

有关食物的知识并不存在于蚂蚁个体身上,而是存在于具有情景性和分布性的活动中。也就是说,学习者具有集体性。

不合理和不适宜,做出这种改变都需要付出艰辛的努力。

从教育上看,上述观点的直接含义,就是为了打破根深蒂固的模式和提供可行的习惯来代替现存的模式,用来促进学生学习的事件必须累积到某个"关键点"。那么,有效地促进变化或学习所涉及的问题就是不平衡,而不是明确的论点、证据的分量或意志力等问题。作为心理的、社会的、认知的和文化变革的主体,教师总是在寻找经验、策略或事件来打破这种平衡。

生态理论者在处理黑夜与白天这个学习主题时会强调什么呢?

有人也许首先会提出这样的问题,"当地球失去其创物中心的地位,而降级为围绕着普通星系边缘上的一颗普通恒星转动的小行星时,人类对于自己在宇宙中的地位的看法会发生怎样的变化呢?"

在历史上,当日心说大放光芒时,人类与非人类(non-human)的关系正在发生巨大的重构。特别是,人们的世界观发生了改变。而这种世界观的变化使人们开始重新定位人在宇宙中所扮演的角色,人更少地被当作是不断创造的参与者,而更多地被视为在一个假想的稳定实在旁边的超然看客。人们不再将行星和星团拟人化和神化,而是将其简化成了惰性块状物和由气体组成的球体。它们的动力机制取决于简单的物理规则,没什么神秘性可言。这不只是客观知识的变化,而且是观星人与宇宙之间关系的巨大变革。

这种变化既不简单也不单纯(innocent)。这一点正在变得越来越清楚,因为越来越多的证据表明,超然的科学态度中潜伏着灾难性的后果。重述一下,围绕地球转动这个看似平凡的话题,产生了一个生态中心的主题,即简单的"客观真理"的态度会带来严重后果。如果你仔细观察,就会发现我们与自身存在的环境是多么深刻地交织在一起。

你在这

第三节　复杂理论

前面几节的观点可概括为,由于许多领域强调探究,在这些观念的推动下,对应性理论(即行为主义和心灵主义)在过去的几十年间遭到了广泛的批评。比如,从神经学上看,没有证据表明存在对应性理论所假设的内部联系、表象或者模型。从心理学上讲,这些理论既不能解释想象和创造何以产生,也无法解释个体之间为何存在如此大的差异,尤其是当他们都处于相同的培训体制下时。从社会学角度看,他们甚至没有着手解释集体现象,包括语言等能力和自我主义等倾向。

相反,一致性理论(如建构主义、建造主义、文化批判理论和生态理论)提出了有关这类现象的见解。一致性理论反对把心与身、自我与他人、个体与集体、认知者与知识相分离的假设,这是导致这个理论家族得以形成的主要因素。这种理论认为,我们是否把它们"看作"分离的现象,视我们在哪个层面上观察而定。比如,如果某人对个人成就感兴趣,很明显他的关注点就必然是个体表现,因而社会情境和文化背景等事情就会被最小化或被忽视。反之,如果某人对于文化的动力机制感兴趣,他就会把个体假定为集体的一部分。

对于多层动力机制的关注(在研究教育目的和实效时,所有这些层面都是相关的),标志着教育思想和实践发生了巨大转变。它已经进入了复杂思想的视界。在教育情境中,复杂思想意味着同时考虑许多一致性理论。

重申一下第五章中的观点,复杂思想是一种总括性观念,而不是具体的理论。因此,本章所讲的所有"一致性理论"都可视为复杂思想的特例。然而,复杂思想所要补充的是,我们应该坚持同时考虑这些理论及其关注点。也就是说,教育是一种"超现象"(transphenomenon),因而需要一种"跨学科"(transdisciplinary)的态度。换言之,教育既影响同时也受影响于许多相互交迭、交织和嵌套的学习系统。另外,复杂性对知识产生系统感兴趣,它提醒人们注意复杂的一致性中其他不可预料的层次出现的可能性。

有的教育研究会把一个班级的学生当成具有集体性的学

有必要强调的是,复杂思想不是一个元理论(metatheory),即一个超越和凌驾于所有其他理论之上的解释系统。

相反,复杂思想是一个"互联理论"(inter-theory),这是一个当其他的理论进入相互对话时出现的概念。*它不仅指向某个动态现象的相互重叠的、有趣的和嵌套的方面(见上图),而且强调了不同的话语和学科具有深刻的互补性(见下页图)。

* 关于这一点的更广泛的讨论,参见 Brent Davis & Dennis Sumara, Complexity and education: Inquiries into learning, teaching and research (Mahwah, NJ: Lawrence Erlbaum, 2006).

习者,而不是把它们当作由学习者组成的集体,也不把人的各亚系统本身当作具有一致性的学习者。事实上,复杂思想提醒人们注意在不断发展的一致性中不常被这些教育研究所涉及的层面。比如,最近有研究表明,通过与其他的(身体的或者非身体的)系统进行复杂的交互,免疫系统能够选择、记忆、遗忘、辨认、犯错和纠错,即进行认知和学习。在一个更大的整体中,免疫系统既不是完全自主也不是纯粹机械的成分,它与人的联系方式和个人与集体的联系方式一样。当我们转向与教育相关的事情时,更有启发性的是,人的免疫系统的状况不可避免地与其注意力的范围、有意识的认识和记忆能力紧密相关,在与其他系统交互并保持其社会关系的能力方面,尤其如此。

简而言之,复杂思想提醒教育者从跨现象角度来思考问题,它要求一种跨学科的研究态度。

这种说法也同样适用于复杂机制的许多其他层次,下至亚细胞,上至星球。有意义的是,这里的关键不是要求所有的教育者都必须有意识地认识或者适应这些学习系统,而是要求他们更加清楚使复杂的学习系统与机械系统得以区分的那些特性。几个世纪以来,教育理论与实践忽视或者漠视了这种区别,而把学生和其他学习者当成了可管理和可控制的实体。正是由于这个原因,教育者也许比其他任何人都应该关注理论以及那些理论是如何把他们定位为教师的。

> 与第一年一样,当我开始第二年的教学时,首先依然是讨论地球围绕太阳转这个主题,以及把握这一点怎样有助于理解日夜更替、季节变换和其他许多天文现象。
>
> 为了避免像前一年一样犯"满堂灌"的错误,我决定请这些8年级的孩子自己解释日夜更替现象,以此开始这个主题的讨论。
>
> 不出所料,第一个答案所依据的假设就是太阳围绕地球转。也有少数同学提出了地球转动的理论。
>
> "你们准备怎样证明它?"我分别问这两种观点的倡导者。接下来,同学们开始讨论——这是我没有完全准备的地方。特别是,结果表明,要演示地球像陀螺一样转动还真

不容易，而我在前一年还把这一点当作了常识。现在，这个探索与其他探索一起，把我们带入了 Foucault 的钟摆实验和 Occam 的剃刀讨论。在这个过程中，我们讨论的问题包括科学真理的性质、"证据"的构成、新观点的影响、想当然的危险和变革的节奏等。

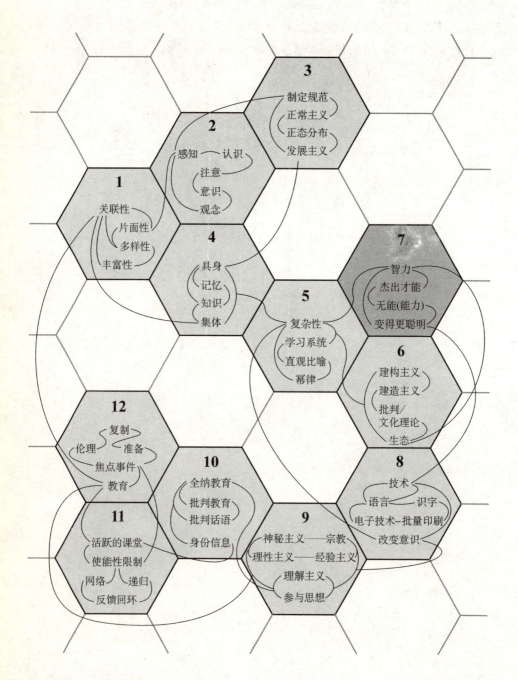

第七章　学习心理
智力、创造性、多样性和集体性

在2001年夏季我第一次见到Krista。她当时14岁,是一个性格外向、笑声爽朗、才思敏捷的女孩。有个同事知道我对数学学习研究感兴趣,就向我介绍了她。

如果说Krista上数学课只是有点困难,可能过于保守。Krista刚上9年级,但根据一系列标准化的评估细则来看,她的学习能力似乎还处于2年级水平。另外,在老师们看来,她有"行为问题"(behavior problem),尤其是在测验和考试时,她可能会"勃然大怒"。这已经不是新问题了,大家以前就注意到了这一点。自小学起,学校就给她提供特别帮助。老师为她延长考试的答题时间,父母给她聘请了各个学科的家庭教师,她自己也挑选了一些朋友,以帮助自己更容易地理解这门艰难的学科。

在几乎没有任何其他信息的情况下,我开始对Krista的理解能力做一个非正式评估。我首先问了一些9年级水平的问题,包括代数和不同的数字系统等,但她似乎不知道我在问什么。我很快就降低了年级档次,问她越来越基本的问题。不久,我的问题就成了,"6加7等于多少?"

Krista踌躇了一下,低下了头,盯着自己略微有点抽动的手指。我看着她,意识到她在努力掩饰自己是怎样计算这个问题的。几秒钟后,她抬头看了我一眼,以不确定的语气回答道:"是12吗?"

第一节 智　力

先天还是后天?

个人的特质和能力都是天生的;发展和思维能力都是受遗传控制的。也就是说,所有这些都是先天的。

能力和特质都是习得的,环境和经验具有塑造我们身份的功能。也就是说,所有这些都是后天的。

共同的基础:先天一后天的持久争论根源于一种信仰,即我们天生就有预定的潜能,但环境必须提供足够的条件来实现这些潜能(后天支持先天)。

* 这一观点由 Jean Piaget 在其著作 The origins of intelligence I children (New York: W. W. Norton, 1936/1963)中作了进一步发展。

教育者经常会遇到上述这种情况,并被要求提供某种有效的干预。然而,与这个导入故事所提及的一样,教师在处理这些问题时,所拥有的信息通常非常少。其中的问题在哪里? 应该采取怎样的行动? 能够提供有效的诊断吗? 这些均为本章所要回答的问题,而从更广的意义上讲,它们所涉及的主题其实是智力和能力/无能。

"智力"是一个颇受教育者争议的话题,其原因主要在于,人们在这个词的确切含义上没有达成广泛共识。

只有一点是大家普遍赞成的,即智力是主体不知该怎么办时所需要的东西。* 由此可知,智力是一种在情境中识别出真正重要东西的能力。这种看法可以追溯到这个词的原始意义,"智力"一词源自拉丁语"iter-legere",意为在两者之间作出选择。除这点共识之外,对于完整的智力定义到底应该(或不应该)包括哪些要素,论者们各执一词。这些要素主要有记忆、适应、机智、判断、逻辑推理、分析推理、问题解决和理解等能力。

事实上,这个要素清单还在不断扩充,因为有关智力要素的观点引发了越来越多的争论。比如,(1)有论者认为,多才多艺和同时运用几种观念的能力最重要;另有论者提出了几乎完全相反的观点,认为注意力集中于一点的能力是智力行为的标志。(2)有人认为智力是理解过去的能力,有人则认为智力是找到适合当前情境的行为的能力,还有人认为智力是预见未来的能力。(3)有人认为智力包括创造力、智慧和道德;有人则认为智力之类的"能力"不应该与美德之类的"伦理"相混淆。(4)有些人认为智力必须以广阔的知识背景为基础;有人则反驳,认为智力更多的是"加工能力",而不是"储存知识"的能力。(5)有人拓展了计算机的隐喻,认为硬件(即身体素质)是智力的基础,而有人则认为智力只是个软件(即我们的所知)问题。显然,不论智力是什么,其意义都无法通过单一的定义来穷尽。

Krista 的情况有助于我们理解上述问题。根据她在大多数课堂及日常生活中的表现,我们可以肯定她是有智力的(尽管在某些领域也许学习成绩不佳)。但是,从她的数学成绩来看,说她有"智力"可能有点勉强。受类似于 Krista 这样的案例启发,有理论家提出了不同类型的智力,如语言智力、逻辑智力、社交智力、音乐智力等*;也有人提出了不同类型的学习方式(或形式),如以视觉为主的学习、以听觉为主的学习等**;还有人提出了不同类型的思维方式,如随机思维、有序思维、抽象思维、具体思维等。遗憾的是,很难统整有关这个主题的各种文献。而且,尽管这些观点的确很普遍,但支持它们的证据并不多见。

比如,有些理论认为存在多元智力,其依据通常是主张各种能力与大脑不同区域相联系的神经学研究。然而,有证据表明,类人猿、猩猩和其他灵长类动物的大脑也有与人脑一样的模块。*** 因此,企图把各种能力与人脑各个区域相联系的观点,不足以成为具有说服力的理论。另外,这些理论还以这个流行的看法为依据:在某些领域有伤残的人在其他领域可能会出类拔萃。从情感上讲,人们也许愿意相信这种公平的原则。但是,除少数有关特定区域的脑损伤案例之外(在下一节中有讨论),这种现象在人身上发生的概率很小。从一般意义上讲,在某个领域测试中得分低的人在其他领域里表现也不佳,在某个特定区域中得分高的人在整个领域中都有上佳表现。

有点讽刺意味的是,考察社会领域比考察单个个体更有助于理解这些有关个人智力的理论。很明显,智力不是抽象的智力,而是"关于某事"的智力。认知能力总是与某种文化活动相联系的,比如,学数学、弹钢琴、猎野猪等。否则,我们就注意不到这些能力。或者,当我们注意到这种能力时,可能会将其视为病态,而不是智力。在 20 世纪 90 年代,有几种新的"智力",如敏锐感知生态的能力、与精神相联系的能力等,被添加到了智力要素的行列,这就证明,有些特殊能力曾被我们当成了病态倾向。仅在几年前,在生态和精神领域中表现出特殊能力的人曾一直被视为狂热或者妄想(事实上,美国精神病学协会在 1994 年以前一直把"强烈的宗教信仰"列为"精神错乱")。

从积极的方面看,对于不同智力与学习方式的研究,有利于教育者改变授课方式、设计有助于学生更加主动参与的活动

一百年以前,人们全都认为,在体育比赛前进行训练等于作弊。其原因在于,他们把训练当作一种不公平的提高成绩的方式,认为训练掩盖了人的"自然"(该词源于拉丁语"naturalis",意为"天生"能力。

对于人的天生能力,智力研究所持态度通常与以上态度类似。但是,如本章所述,越来越多的证据表明,这种观点几乎站不住脚。

* 提出"多元智力"的最著名学者是 Howard Gardner. 比如,参见他的著作,Frames of mind: The theory of multiple intelligences (New York Basic, 1993).

** 讨论学习/思维/认知/心智类型的作家和研究者数不胜数。参阅 wikipedia 网上有关这一主题的条目可获得简要概述(http://en.wikipedia.org/wiki/elarning_styles).

*** 参见 Donald, Amind so rare.

上面所画的四件物品（即锤子、锯子、斧头和木头），哪一个与其他物品不属一类？

实际上，答案视你所采用的推理方式而定。

如果这是一个正式的IQ测试（它测试的是逻辑推理），你可能会回答"木头"，因为所有其他物品都可以归入"工具"这个抽象范畴。

然而，如果你采用叙事体（即根据日常经验）去思考，你可能会断定，如果有必要的话，锯子和斧头可以互相替代。因此，你可能要么选择锯子，要么选择斧头。尽管这种思维方式在日常生活中很重要，但在正式测试中可能使人处于不利地位，即它会导致那些具有特定社会经济、文化和教育背景的人得低分。

等。同样，根据多元智力的思想，人们已经在呼吁开设多样化的课程和提供发展学生专长的机会。这是制度环境的一个重要转变，人们通常认为，其主要特点是采用一般化方法和生成性目标。

然而，持多元智力的观点也有消极方面。比如，在Krista的案例中，证明她是一个随机型（VS顺序型）思考者，或者说她缺乏逻辑数理智力，对于教学有何助益呢？最好的情况是，(1)这只是一些描述，不包含给教育者的建议；(2)它可能指出症状，但不告诉原因，也不提供进行干预的建议。最坏的情况是，这些鉴定可以证明忽视她教育的某些特定方面是有道理的。毕竟，如果她真的缺乏数理智力，那我们为什么还要把这门学科日复一日地强加给她呢？

> 我必须承认，在第一次见面结束时，就对Krista的数学学习不抱任何希望了。事实上，由于读过一些有关神经损伤性无能的书，我几乎确信，她的大脑一定有某个位置受到了破坏。
>
> 带着这种怀疑，我同意给她上一期家教课。我自私的意图与帮助她学习数学关系甚微。相反，我更感兴趣的是，她在学习数学方面的困难对其他能力会造成什么影响。比如，我想知道Krista是否存在一般的逻辑推理困难（在阅读某些按顺序讲述的故事时，这种困难会影响到她的理解），或者，我也想知道，当所学的社会课和科学课中出现了统计和其他量的数据时，它在处理数字方面的困难会给她带来什么问题。
>
> 令我吃惊的是，结果表明这些怀疑完全不切合实际。Krista在其他课上做得很好，有些课还远远超过了平均水平。

第二节　杰出才能

与"智力"一样，"天才"（Giftedness）也是一个难以解释的词。但是，人们对于在教育情景中如何运用"天才"这个概念，却似乎有更广泛的认同。比如，大家都认为，在许多学区的某些学业方面中，有2％到5％的学生偏离正态而被称为天才。

有多少个人类活动领域，就会有多少种天才类别，因此，天才的认证与社会的文化倾向有关。比如，在现代西方社会，很容易发现天才的计算机编程员、机械师、翻译者和驯狗师（我们还可以很容易地列出更多天才种类），这些天才大多不会出现在其他地方或时代。在学校教育活动方面，西方世界中绝大多数年轻天才的杰出能力都表现在记忆力、计算能力和美术方面，即在重视行为表现（performance）超过理解（interpretation）的领域中。相反，在其他社会和时代，天才脱颖而出更多的是因为他们具有非凡的社交技能、智慧、同情心、移情能力、讲故事的能力和独特的见解等。在这些领域中，最重要的品质是理解，而不是行为表现。

天才来自哪里？最常见的假设是，天才完全是天生的。这种看法在流行的书籍和电影中都有反映，即处于劣势的主角凭着我们假定为天生的杰出才能，设法克服了可怕的障碍。实际上，这种看法包含在"gifted"这个词中，意为某种可以移交、不劳而获和完全靠馈赠获得的东西。

事实上，不管是什么样的非凡天才，没有确凿证据表明，它们能在不经过数年潜心学习和集中训练的情况下会完全激发出来。简单地讲，没有可靠的证据表明天生的才能是真的。相反，多数证据表明，杰出能力根本不是"礼物"（gift）；他们不是"被给予的"（given），而是"赚取的"（earned）。专家不是天生的，而是培养出来的。在各个领域（如写作、下棋、音乐、运动等）中，具有顶尖表现的人通常有三个共同的品质：

- 他们起步很早；
- 他们（通常）从事高强度的闭关训练，大多包括至少10年每周超过20个小时的反复训练，和对他人工作的直接模仿和/或集中考察；
- 他们进行"艰辛的学习"（effortful study），包括迎接刚好超过其能力的挑战。*

最后一点尤为重要。它有助于解释为什么虽然许多人也

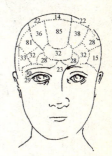

人类的不同能力通常与大脑内各个高度局部化（highly localized）的部位相联系。基于这个发现，有些研究者认为，人类拥有许多不同的智力类型。

较近的研究发现，不管大脑在从事何种特定工作，它的所有部分都在活动。因此，尽管大脑各个特定区域明显是专门化的，但同样明显的是，大脑不是模块化的（modularize）。对于大脑活动的这种更复杂的理解，有助于解释为什么艺术和体育等活动能够促进其他领域能力的发展。

简言之，视智力为分离的观念似乎过度简化了复杂的现象。

---

* 参见 Ross, "The expert mind."

在继续训练，但只有少数人能出类拔萃，比如，为什么在一个人人都开车的国家，车技出众者却如此少。这里的关键在于，训练必须考验目前的能力极限。所谓"艰苦的学习"，是一种你从事它不是因为它很容易而是因为它有难度的工作（或娱乐）。

当代出现众多的象棋天才有力地证明了上述观点。有人认为，这些天才之所以大量涌现，是因为孩子们可以获得象棋程序，而这些程序使他们能够学习更多棋局，并与高手进行更多的实践训练（即"艰苦的学习"）。同样，有关职业运动员的研究表明，他们的成功更多地与训练而不是与天才有关。* 简言之，有证据表明，杰出才能更多的是全身心地投入和坚持不懈地努力（甚至痴迷）的结果，而不是天生的能力。这并不是说遗传就不重要，遗传当然也重要，它就像童年经历、出生年月**、社会机遇、早熟等一样重要。这里的意思是说，杰出才能与勤奋学习紧密相关。在此引用一个流行的笑话：

问：你是"怎样"（how）来到卡内基音乐厅（Carnegie Hall）的？

答：训练、训练、训练。①

训练的作用之一在于，它使个体具有同时处理大块信息的能力。比如，象棋大师所注意的是整个棋盘，而不是每个棋子。音乐会的钢琴师所注意的是整个乐谱而不是单个音符。相应地，这种"组块信息"（chunk）的能力使象棋大师或音乐大师能考虑更多的可能性，而非专家却不能在头脑中保留这么多的可能性。此外，"组块信息"还有助于形成精确而快速地记忆特定领域信息（如游戏、乐谱、数学证明等）的能力。然而，一旦走出了他们擅长的这些特定领域，在一般的记忆力测试中，天才的表现并不优于常人。

事实上，杰出才能与反复训练密切相关，以至于许多天才

---

* 参见 Janet L. Starkes & K. Anders Ericsson（editors）Expert performance sports: Advances in research on sport expertise (Champaign; IL: Human Kinetics, 2003)。

** 同上。例如，与其他职业运动员相比，生日处于参赛截止年龄后头几个月的运动员具有不一样的表现。他们的年龄稍大一点，就平均而言，个子比其他队友会大一点，经验也更丰富一点，因而在比赛中就占有优势。这个微小的优势可能使其获得更多训练时间和更大成功。于是，正向反馈回环就建立起来了，它将起点上的一步领先扩大成了竞争中的重大优势。

① 这是有关纽约卡内基音乐厅的一个笑话，作者对其进行了改编。原笑话是，一个问路人对一个纽约人讲，"劳驾，请问怎样才能到达卡内基音乐厅？""训练、训练、再训练，"纽约人回答。该笑话的可笑之处在于，纽约人在"怎样"（how）一词上改变了问路人的原意，即他不回答走什么路可到达音乐厅，而是告诉他通过怎样的努力才能步入音乐厅。这种曲解表面是一个笑话，实际上也在表明，要想获得步入这个著名音乐厅的资格，可能要耗费一个乐手一辈子时间来训练（作者在此运用这个笑话，其意图也在于表明，天才出自勤奋训练）。有意思的是，该音乐厅的"导路图"网页上也运用这个笑话，"尽管某些人要花一辈子时间才能到达卡内基音乐厅（如一个谚语所言），但对于其他人来讲，只要遵循以下简单指示就行了。"——译者注

有痴迷、强迫、妄想、双相型障碍，和/或躁狂抑郁的临床表现。相对于"非天才"（non-genius）人群而言，这种现象在被确定为"天才"的人群中出现的概率要高出约10倍。与痴迷相关的倾向可能会导致某些杰出才能的出现（当然，也可能阻碍杰出才能的形成）。

所不同的是，少数天才的出现与大脑特定部位的损伤相关。在一些案例中，局部脑损伤可能导致某些领域的能力消失和其他领域的能力增强。其他领域的能力得以增强似乎与大脑中资源的突然释放有关。当一个区域不再需要这些资源时，邻近的区域就可能将其拿过去使用。* 但是，这些特定的能力需要持之以恒的练习，真正与大脑相关的天才实际上非常少见。讨论至此，我们的注意力又转回到了 Krista 这个案例上。难道 Krista 也属于这种类型吗？

结果表明她不是这种类型。她努力回答"6 + 7"的过程中已经清楚表明了这一点。在大部分案例中，当数学能力由于神经损伤而削弱时，人不仅在知识"如何"进行特定运算方面有很大困难，而且通常不能理解在"什么时候"和"为什么"做这些运算。当我要 Krista 做加法时，她清楚地知道要做什么，也知道这种情境需要运用加法，她只是做得不够好而已。

把人类智力与狗、猫、豚或猴的智力作比较有意义吗？

在某些层面上讲，这些比较的确有意义：其他的种族似乎也具有"适应"、"抽象"、"推理"、"计划"和"交流"等能力。而且，种族间的比较表明，"智能型"动物（intelligent animals）会通过游戏来获取更多经验和增加对环境作出反应的可能性选择。

然而，在种族间进行表层比较（基于大脑大小、可训练性等）会忽略一些精要的地方，即人类智力在很大程度上源于大脑通过语言与一个认知系统相联系的方式。非人类的心智不是人类心智的更迟钝（或者更差劲）的版本，而是两种性质不同的心智。

> 我对 Krista 这种明显的无能背后更广泛的含义感兴趣，围绕这一点，我询问了一些有关她过去的信息。结果表明，她在3年级时被正式诊断为数学学习无能。此后，这个诊断每年重新确认一次（按学区要求，学生只有诊断为无能后，方能进入特需班）。
>
> 我们安排了每周90分钟的会面。此外，每天还有15到20分钟的练习，由其父母监督完成。在最初四个月，我们主要集中学习加减法，所运用的工具包括计算器、十进位积木（Base-10 block）、网格纸、算盘和其他一些在教育文献中常见的工具**。她的家庭作业几乎都以闪存卡（flash cards）的形式来安排，父母会跟她一起计算30以内的加减法，这种活动每周累积时间达几个小时。

*除了其他一些颇有说服力的解释外，Oliver Sacks 也对该现象作了许多阐述。比如，读者可参阅其著作"Seeing voices"和"An anthropologist on Mars"。

**对于该主题及工具的介绍，请参见 John A. Van de Walle, Elementary and middle school mathematics: Teaching developmentally, 6th edition (Boston: Ally & Bacon, 2006).

> 几个月后,对于加减法(包括多位数的纸笔计算),她已经有了信心。这种进步实际上是非常令人惊讶的,因此我跟Krista讲,我很佩服她学习加法学得这么快。
>
> 她多少有点愤然地回答,"我本来一直就知道怎么做加法,我只是不大擅长而已。"
>
> 就是在那个时候,我才意识到Krista实际上没有学习紊乱症(learning disorder),至少不是由神经损伤引起的那种极端紊乱。因为她能够理解运算过程,知道它是什么、如何做、什么时候做,所以这不是一个认知障碍的问题。
>
> 那么,这是个什么问题呢?

第三节 能力(无能)

根据人们目前所确认的学习困难(learning challenges),Krista现有的数学能力表明她是"学习无能"(learning disability, LD)。"学习无能"症状有两个重要特点:其一,相对于其他领域而言,学习者在某个领域存在严重的行为缺陷;第二,学习者在大部分领域中至少具有一般水平的智力。因此,学习无能的两个症状也许可视为"多元智力"(multiple intelligences)这个硬币的两个面,前者指与特定领域相关的缺陷,后者指与特定领域相关的优势。在促进学区和其他机构向学生提供学习资源(要么是为了减少学生的学习困难,要么是为了提高他们的能力)方面,这两者都具有积极意义。

对于学习无能的首次诊断是在20世纪60年代,而直至最近,人们才承认"学习无能"这种现象。在已确认的学习无能中,常见的有诵读困难,书写困难和计算困难等。但是,在任何领域中存在行为缺陷的人都可称之为学习困难者。诵读困难最普遍,通常占人口的4%,该困难与非典型性(atypical)脑部活动相关。然而,诵读困难者可以变成有能力的、甚至杰出的阅读者,只是与学校所提供的一般策略和实践不同,他们需要获得一些专门化策略和不同种类的实践。这就表明,至少有一些学习无能所涉及的是"差别",而不是"无能"。有史以来,人们建立学校时所依赖的假设一直认为,所有大脑都是以同样的方式构造的。但是,对一些学习困难者进行的神经学研究表明,事实上人们的学习方式存在巨大的差异。*

与多元智力一样,学习无能是描述性的而不是解释性的。他们很少探索事物的根本原因,而只是描述某些深层问题的"症状"。而人们对于学习无能诊断的主要批评也在于此,即给问题命名与解决这个问题是完全不同的两码事。比如,很明显,知道 Krista 有计算困难(事实上,她在从 3 到 9 年级的每一年中,所得到的诊断结果均如此),不会给她的老师、特殊教育者、家庭教师和父母提供任何有助于解决问题的信息。另外,还有一个批评,即绝大部分学习无能诊断所涉及的孩子都来自中层阶级或上层阶级家庭,而且经常是白人,鉴于被诊断为学习无能通常使学习者有权获得特教资源,我们可以认为,这种学习无能的现象已被当作一种手段,使不同群体之间业已存在的教育机会差距进一步扩大。**

此外,人们对教育机构内存在的诸多分类策略和诊断,也提出了类似的批评。在本章中,我们不想对学习无能中已有的名称和分类进行综述,而是试图聚焦于其中一种非常突出的学习紊乱——多动症上,并以此为例,对界定差别、确定命名和设计干预等进行研究。

许多人认为,多动症和一系列相关的学习紊乱[包括注意力障碍(Attention Deficit Disorder,ADD)、注意力障碍多动症(Attention Deficit Hyperactive Disorder,ADHD)等],差不多均可视为一种流行病。在美国,瑞他林(Ritalin)作为专治多动症的处方药,其产量在 20 世纪初期增加了 500%,而且仍在增长。至 2000 年为止,北美有 3% 到 5% 学龄儿童和超过 10% 的小学男童服用瑞他林或其他药物来控制自己的行为,有些学区中这个比例甚至高达 20%。***

实际上,以上数据还没有描画出多动症的全貌,因为药物治疗并非对付多动症的唯一方法。除药物外,饮食制度(如限制食糖、蛋白质或某些油腻食物)和行为规范计划(即严格的奖惩安排)等也有广泛运用。同时,还有一些不大常见的策略,如神经反馈(neuor-feedback)、心理分析、小组学习和父母直接介入教学等。所运用的策略不同,收效也一样。

由于有了上述这些分门别类的应对措施,人们也许会认

尽管公认的功能失调(dysfunctions)数量庞大、种类繁多,以至于无法调查,但借助美国精神病学协会出版的《精神紊乱诊断和统计手册》(Diagnostic and Statistical Manual of Mental Disorders),也许能窥其全貌。这本书定期修订,共计 800 多页。它不仅列出了数千种目前还在使用的精神紊乱的名称,而且以协会大多数成员投票决定的形式,记载了一些新诊断出来的类别。因此,由于新证据的出现和文化观念的变化等因素的影响,病理学也在发生变化。

*有关学习无能及其诊断的更详尽讨论请参阅 Robert G. Stemberg & Elenor L. Grigorenko, Our labeled children: What every parent and teacher needs to know about learning disabilityies (New York: Perseus, 2000)。
**同上引书。
*** 这些数据来源于 Sydney Walker III, The hyperactivity hoax (New York: St. Martin's Press, 1998)。

为,对于多动症的内涵及起因,大家已有广泛共识。但事实上,对多动症症状的界定还非常模糊,这些症状包括心不在焉、焦躁不安、缺乏注意力、漫不经心、坐立不安、没有耐心、叽叽喳喳、粗枝大叶和容易激动等。有人认为,这些症状明显缺乏精确性,其原因在于"多动"本身就只是症状,而不是一种病症。换言之,药物治疗和其他策略也许只是在掩盖没有被诊断清楚的问题而已。

对于这个问题几乎没有共识。有一个著名的理论认为,一些多动症的案例与大脑前叶的神经传递素(与逻辑分析和自我控制最相关的大脑区域)有关,它的功能失调可能导致某种抑制的丧失。人们相信,瑞他林和其他的药物治疗可以代替或者提高这些神经传递素的功效。在这种情况下,多动症的确可以用药物来治疗。

如果这些药物治疗有效,我们就很容易相信这些假设是真的。然而,每年夏季都会出现这样的情况,即只要学校一放假,这些用来控制行为的药物的使用量就会急剧减少。这就意味着,要么是多动症与特定情境相联系,要么就是许多学校不能容忍某些太偏离常态的活动。后者似乎更有可能。事实上,为什么瑞他林的销售会增长?人们通常认为,最可能的原因是大家对于"正常行为"的构成成分的认识发生了变化。而且,尽管人们在采用药物干预方面缺乏足够的研究,但都普遍认为它是可接受的行为,在多样化和活跃的学习情境中,尤其如此。

不管以上情况是否属实,事实就是,儿童的一些难以对付的不安分行为的确日益成为一个问题。许多研究者一直在试图确认导致这些行为的因素,目前所确定的成分既包括生物心理学方面的因素,也包括社会学习方面的影响。* 生物心理学方面的原因可能有:

● 轻微中毒(比如,铅、水银、锰、二氧化碳等引起的中毒)**;

● 营养不良和营养缺乏,大部分由现代饮食引起,这些食物与物种在大部分进化过程中所吃的食物非常不同***;

多动症的指标:
● 在大多数情况下难维持注意力;
● 在没有即时结果难以坚持任务;
● 容易冲动,满足感能维持;
● 在社会环境中难制和约束行为;
● 比大多数孩子更活和不安分;
● 难以遵守规则。

对一些经常被称为多动症的"症状"和天才的"品质"进行简要的对比,可以使教育者们认真考虑多动行为(参见原书第124页的注脚)。

*这些可能性影响的进一步讨论请参阅 Walker, The hyperactivity hoax.

** 可参阅 Christopher Williams, Terminus brain: The environmental threats to human intelligence (London: Cassell, 1997).

*** 参见 Jean Carpet, Your miracle brain (New York: Quill, 2000).

天才的指标：
● 在特定的情景下注意[力]差、厌烦、做白日梦；
● 对那些似乎不相关的[任]务难以容忍和坚持；
● 判断力滞后于智力[发]展；
● 倾向于与权威辩论；
● 充满活力，也许较少[需]要睡觉；
● 敢于质询规则和传[统]。

● 厌食*；
● 吃高血糖食物（即那些可以导致血糖水平快速变化的食物）；
● 化学依赖（比如，酒精、尼古丁、溶剂、偶然使用毒品等）；
● 污染（如杀虫剂、真菌、消毒剂、空气清新剂、家具上光剂、烟、驱虫剂等）；
● 一些需要使用具有副作用（如对大脑中的氧或其他关键成分有限制作用）的药物的疾病，如大脑肿块、头部受伤、糖尿病、过敏、胎儿酒精综合征、癫痫小发作、器官畸形等；

从社会学上讲，问题主要来自：
● 家庭贫困；
● 与同辈群体相处困难；
● 完成课堂作业有难度，或者对于较低的学业成绩过于焦虑；
● 学业挑战有限或者活动意义不足；
● 信息或者刺激过多，尤其是以背景噪音的形式出现；
● 缺乏练习；
● 已有的期望发生了变化。

以此为背景，我们似乎有理由认为，采用药物干预式的速效策略也许会使问题恶化。

最后，请想想多动症和天才的标准之间难以区分的类似之处（我们已在前一页和本页的页边空白里列出了这些类似点），由此可以表明，我们对于多动症的行为表现产生的根本原因知道得多么少。**

那么，我们能得出什么结论呢？也许唯一的结论是：多动症情况非常复杂，以至于根本无法弄清它究竟是天才还是缺陷。

* 参见 michael J. Mulphy "The relationship of school breakfast to psychological and academic functioning", in Pediatric Adolescent Medicine, vol. 152（1998）：899-907.

** James T. Webb 和 Diane Latimet 首次作了这个比较，参见 James T. Webb & Diane Latimet, "ADHA and children who are gifted," in ERIC Digest, vol. 522（1993, ED358673）.

> 我与 Krista 的会面很少中断。我们前六个月的时间差不多都花在加、减、乘、除上。
>
> 当意识到这个问题比起初想象的更复杂时，我就发现对她的教育是在"教育她的本能"，我用这个词来指与身体

紧密相关的数感和运算能力的发展。比如，我花了共约六个小时的时间（我们在一个月里集中学习的时间），专门思考采用不同办法估计碗中谷粒的数量。最后，Krista能够快速、合理地估计到一堵墙里砖头的数目和一棵树上叶子的数目等。此外，我们还花了大量时间来叠纸（如折叠、剪切、组合、分解等），经历这些活动后，她具备了很强的处理分数概念的能力。

如前所述，我坚持要求她做家庭作业，开始让她练习一些简单的事实性知识，后来要求她写出某事可行的原因，并学会解决非常规性问题。事实上，这些活动引发了许多问题，即Krista的父母（两个都是受过良好教育的职业人士）经常发现这些问题太难了，以至于无法给她提供帮助。

大约六个月后，一个给Krista做过三年测试的心理测试员很惊讶地发现，她在数学方面的测试分数已经从2.3级（在8年级结束的时候）一下子上升到了10.8级（在她9年级的上半学期结束的时候）。我小心地提起这个数据，因为我没有看到真正的测验，也不知道它所评估的内容。尽管我非常怀疑这种一次性的总结性评估，但它仍然表明发生了一些重要变化。很明显，Krista不再是一个被正式诊断为学习无能的学生，也不再是一个缺乏数学智力的人。

第四节 变得更聪明

当前这种给能力贴标签的习惯与一系列问题有关（既有优点也有缺点）。其中，本章主要指出了三点：其一，大部分标签都有一个前提，即智力是内在的、基于大脑的现象；其二，它们似乎内含一种假设，即认为能力或多或少是稳定的、可测量的，因而可以贴上一个稳定的标签；其三，它们通常会根据自己所假定的事物应该存在的方式来讨论能力之间的差别。正如第三章中所述,如果没有某种大家都认为理所当然地存在的常态的话,所谓反常(不管是天才还是无能)也就毫无意义了。

我们可以联系 Krista 的案例来思考这些问题。对于 Krista 在这么多年数学成绩被诊断为不良后所取得的快速发展,应作何理解呢?难道她突然意识到了此前一直被压抑着的数学智力?如果情况真是如此,那么在什么情况下我们可以说这种智力已经出现?这种智力现在完全被意识到了吗?如何得知?她克服了大家所认定的障碍,这是一个例外,还是反映了某种规律?

我们将继续花些时间来讨论以上这些问题,其基本论点是,像 Krista 这样的案例对一些有关智力的固有假设提出了严峻的挑战。在这一节中,我们将会讨论一些针对这些假设的批判。

许多人在孩提时代曾被视为"注意力不集中"、"缺乏创造性"、"发展滞后"、"自闭"甚至"愚蠢",现将其中一些人的名字列举如下:Ludwig von Beethoven, Richard Branson, Cher, Winston Churchill, Tom Cruise, Charles Darwin, Thomas Edison, Bill Gates, Whoopi Goldberg, Florence Nightingale, Carl Jung, Louis Pasteur, Isaac Newton, Auguste Rodin, Vincent van Gogh, James Whistler, Virginia Woolf。

智力测量。 过去的一百多年以来,有关智力的研究一直深受"智商"这个概念的影响,有时甚至完全受它控制。

根据"智商"的定义,它是心理年龄与实际年龄之比。既然实际年龄可以测量,那么这个定义就表明了一个假设,即心理年龄必然有一个类似的状态,而这一点至少可以说是有争议的。人们对于心理年龄能否测量根本没有达成广泛共识。

人们设计智商测验时,大多以基于知识和逻辑的表现性任务(performance task)为中心。有些智商测验包括与词汇、故事理解和(或)记忆有关的项目。在每个测验中,所要完成的任务都是精挑细选的,其目的是保证在足够大的群体中实施这些任务时能够产生正态分布(事实上,设计这些测验的人从未达到过这个目标)。

智商这一构想是否有效,从一开始起就遭到了质疑。其中最典型的批评认为,智商测验的设计者从未设计出能真正产生正态分布的智商测验。有些批判集中在智商的定义,认为智商是一个具有流动性、复杂性和情境性的现象,不能用放之四海而皆准的测验来测量。此外,还有一些批评聚焦在文化和年龄偏见上。比如,请思考下面这个问题:

在一个由 Barney Rubble, Betty Boop, Bugs Bunny 和 Burt Bacharach 组成的小组中，找出一个可以把这些人物彼此分开的特性。

显然，北美的中年人在回答这个题目时具有绝对优势。由此可见，我们很难说智商测验是在检测人的心智能力，还是在检测流行文化对人的影响。

在历史上，智商测验中所内含的文化偏见曾导致了一些不良后果，突出表现于 20 世纪早期出现的两件事情：一是筛选入境移民，二是从新兵中选拔将才。在这两种情况下，测验的结果都有利于上层阶级和会英语的白人，而不利于其他社会阶层、国籍和种族的人。

当然，有人也许会说，产生这些不良后果只是因为测验使用不当。但是，还有一个历史事件可以证明，智商测验所测量的只不过是设计者强加在测试里的假设而已。直至 20 世纪 30 年代，男人的平均智商得分一直高出女人好几个百分点。后来，智商测验的设计者们召开了会议。会上，大家一致同意对智商测验进行分析，以便找出导致这些差距的测试题目。当这些题目被清除后，女人和男人在测试中的平均得分就基本持平了。然而，还有一些题目会导致不同种族、文化和其他社会群体的人在测量分数上的差距，但一直没有人采取相同的措施来区分和消除这些题目，尽管做到这点并不难。

1973 年发生的一件事，更能让我们看清人们是如何操纵智商数据的。由于美国在智力的界定上发生了小小的变化，结果仅仅一天之内，美国就有 8 百万公民突然不再"弱智"了。他们只是把"弱智"的"边界线"下调了一个标准方差，官方所宣布的弱智比例就从 3％ 下降到了 1％。

认为智力可测量的假设还存在另一些问题。如，环境的微小变化可能导致测验成绩发生很大变化，提供答题指导也能大大提高测验得分。而且，人的智商在一天中的变化也很大，视疲劳、饥饿、口渴和动机等的强弱程度而定（不信，你可以在累了的时候做一个"Sudoku"字谜游戏试试）。甚至在这些条件还算稳定时，智商测验的误差范围也通常有大约 15 个百分点。

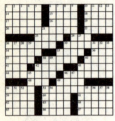

智力会随着年龄的增长而衰退吗？

有几个长期进行的研究表明*，只要人们不断运用大脑，就能维持其智力水平。有打桥牌、做纵横字谜和玩拼图等习惯的人，即使到了八十岁，在智力敏捷度测试（tests of mental acuity）中仍然能够取得与年轻时一样高的分数。而那些不常从事脑力活动的人更容易出现大幅度的智力衰退。同时，他们也更容易患脑退化方面的疾病（degenerative brain diseases）。

* 参见 Carper, Your miracle brain.

这就意味着,如果你在智商测验中的得分为95,那么你的智商可能在80到110之间的任一水平上。另外,年龄也是很大的问题,它会导致人们采用不同的策略来实施智力行为。年轻人通常有一种"流动"智力(fluid intelligence),它能使人很快适应新的情境;而年长者通常更多地依赖"晶体化"智力(crystallized intelligence),包括范围广泛的记忆能力,训练有素的语言能力和深思熟虑的判断等。

最后,几十年来的研究已经表明,人们一直没有意识到最初采用智商测验的主要借口——预测学业成就。其实,对于学生在校成绩的变化,智商分数至多能解释10%—25%,对于学生离校后的生活表现最多能预测5%—10%(一个更复杂的问题是,教育本身被证明能增加智商分数。这至少有部分原因在于,学习对于脑力的要求会使头脑更具活力和灵活性,而这样的头脑能更好地抵制衰退和疾病*)。事实证明,其他一些测量,如家庭的社会经济地位、父母的职业、教师所给予的课程成绩等,比智商测验的预测要可靠得多。

后来,又出现了一些确认和测量不同能力的做法,包括测量情感智力和学术能力等。但是,这些测试都没有取得更大的预测成效。我们略举两例来说明这一点:(1)有人曾在美国所有私立大学中对各种预测学业成绩的工具进行了研究。结果表明,与分数等级(grades)和学术能力测验(SAT)分数相比**,Ultimate Frisbee 所作的学校排行榜,是比较有效的预测指标。(2)在另一个完全不同的研究中,研究者对种族与学术成绩之间的关系进行了调查,试图发现其中可能影响智力测验分数的隐性联系(请参见第二章)。他们从研究生入学考试(GRE)(一种应用广泛的选拔研究生的工具)中选取了一些题目,让两组黑人大学生完成。所做的题目全部一模一样,但在测试方法上略有不同,即他们请其中一组成员在一张考前问卷中标明所属种族。这个简单的行为足以把该组的平均得分减少一半。****我们不清楚这个测验的测量内容,但我们可以公平地讲,它所测量的对象既不是智力也不是才智潜能(intellectual potential)。

简言之,不管智力是什么,它似乎都不适合于测量。*****

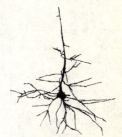

人脑有大约5千亿神经元,每个神经元有1000—10000个突触与其他神经元相联系。换言之,存在一个天文数字的可能联结和关联。

由于新的突触不断长出,而旧的突触不断消失,因此神经元及神经元之间的联结处于不断变化之中。有两个流行的格言可以提醒我们,神经元在个人记忆中发挥的重要作用。一个是,"用之则存,置之则废"(use it or lose it);另一个是,"同步产生电脉冲的神经元串连在一起"(neurons that fire together, wire together.)***。

* Carper, Your miracle brain.
** 华盛顿大学心理学家 Michael Norden 首次进行了这个研究。该研究发布在各大媒体中,如果用关键词 Frisbee, Norden 和 ASTs 在 goole 上搜索,可找到其不同版本。
这一格言与神经学家 Donald Hebb 的观点相一致。参见 Donald O. Hebb, The Organization of behavior(New York: Wiley, 1949)
**** Claude Steele & Joshua "Stereotype threat and intellectual test performance of African Americans," in Journal of Personality and Social Psychology, vol. 74. no. 4 (1995): 797-811.
***** 有关智力测量的更详细讨论,请参阅 Stephen Jay Gould, The mismeasure of man (New York: W. W. Norton, 1996).

想更清晰地思考吗？那么……

吃：与任何其他同样大小的器官相比，大脑需要十倍之多的葡萄糖和氧气，这就意味着正常的营养对于它的运转多么重要。最好的"良药"（smart drugs）要在健康的饮食中寻找。

喝：大脑一定要有充足的水分。甚至轻微的水分缺乏都可能导致疲劳、分心和易怒。

保持快乐：能激励情感的神经化学物质（neurochemicals）同样也能激发大脑进行持久的记忆。因此，有情感冲击时，我们记忆效果更好。**

活动多样化：有规律的、持久的和紧张的运动对于心健康至关重要，它能促进大脑释放多肽（让人"感觉好"的化学物质）、提高所有器官的功能、提高氧气的水平和血流量、加速毒物排放。总之，使人有更多的快乐、更少的焦虑和沮丧，以及更好的智力。运动能分散人的注意力，这一点对我们的思考非常有帮助。许多伟大的想法都产生在当思想没有被挤占的时候（如在上车、做梦、与朋友聊天等过程中），这样的传说在历史上俯拾皆是。

* 参见 Rodney A. Brooks, Flesh and machines: How roots will change us (New York: 2002), for an introductory discussion of the current emphasis on embodied experiences within AI research.

** 参见 Steven Johnson, Mind wide open: Your brain and the neuroscience of everyday life (New York: Scribne, 2004).

智力的性质。智力为什么不可测量？最常见的解释可能是，智力根本就不是一个统一的现象。

在人工智能研究这个神奇的领域中，我们可以发现一些支持以上观点的有力证据。人工智能自产生以来，一直倾向于进行过于乐观的预测。由于该领域源于 20 世纪 50 年代电子计算机的发展，因此人工智能一开始就自信地预言，电子"头脑"可能很快会超过"人的智能"。但实际上它迟迟达不到这个目标，其背后的原因是很有教育意义的。

人工智能之所以难以超过人的智能，其主要原因与通常所谓的智力行为（即人们在智商测验和数学练习中处理逻辑任务时的非凡表现）有关。从很早的时候起，人工智能的研究者就取得了巨大成就。他们能给计算机编程，使计算机在逻辑任务方面的表现超过人类。许多人据此预测，在辨认脸孔和单词等简单的任务方面，计算机可能很快就会超过人类。然而，大多数人认为，要使计算机聪明得足以打败象棋大师或者证明数学定理（即一些编程者认为困难的活动），可能要花费更长时间。但结果恰恰相反，专业化的计算机能够打败最好的棋手，也能创造出最新颖的逻辑认证。而在辨认脸孔和单词方面，计算机不仅落后于幼童，而且落后于许多其他物种的小动物。

因此，多少有点讽刺意味的是，人工智能证明，一般智能的关键指标，不是处理高级逻辑任务的素质，而是大部分孩子在步入学校大门之前就已经习得了的一些能力。因此，研究者必须着手创造一种机器，使之能够完成一些日常任务，如灵活地使用语言、区分目标、预见结果、理解间接意义、穿过拥挤的房间等。显然，计算机似乎不能完全凭借直接编制的程序来做这些事情，而是必须学习做这些事情。也就是说，人们不得不把机器设计成为能够体验这个世界，并相应地适应这个世界的东西。*

从这个方面来看，有一种机器人研究正在成为人工智能中颇有前途的（有人认为是最有前途的）领域。这种机器人不依赖于强大的中央处理器或预先编好程序的数据库，而是配备了几个独立的控制系统。这些系统必须学会"共同工作"，以达到能在房间里四处走动或操纵物体等目标。与过去50年来人工智能研究的策略相比,这种模仿复杂形式组织的策略(即以更小的系统形成更大的个体)正在取得惊人的成就。机器智能正在以加速度奔向"类人智能"。事实上,人工智能发展速度非常快,以至于有人预测,在下个世纪"集体智力"将会增加一万亿倍。*

人类会比以前变得更聪明的宣称本身就是对常规假设的挑战。有一种普遍的观点认为,能力是预定的,其极限也是固定的。这种观点既表现在"她还没有发挥出潜力"等短语中,也体现在正式的智力测验中。但是,我们能否变得更聪明呢?

智力的定位。一个多世纪以前,心理分析学者认为,人类心智不是一个统一的现象。相反,身份、行为和能力产生于不同的动机、可能性和大脑区域之间进行的常常相互冲突的互动中。

过去100多年来的神经科学研究证实了这种怀疑。事实上,这些研究发现,Freud和他的同代人低估了人类心理的多样性和冲突性。Freud认为,有意识的"自我"分属于两个主人,一个是潜意识的"本我",另一个是作为文化规范的"超我"(文化规范通常与人的生活融于一体)。当代有关人脑的研究表明,个体受更多"驱力"的影响,每个驱力都在争相引起人们的注意。**

目前的研究都反对把大脑视为机器的隐喻(如,蒸汽机、电话接线总机、计算机等),而更加认同"大脑像社会"和"大脑像生态系统"的比喻。也就是说,大脑似乎在像复杂的社会或者生态系统一样运作。思维和行为产生于许多影响因素同时进行的共同活动,它显然不需要一个集中控制者来指示必须做什么和不能做什么。

当然,以上只是从内在影响来谈智力,这还没有涉及智力的整个图景,因为内在影响与情境和经验相关。目前,一个智力的图景正在展现,即智力产生于不断变化的大脑各部分动态进行的复杂互动中,而大脑各部分存在于充满活力的身体中,身体又存在于不同的社会—自然环境中。在这种理论框架中,

想象一只狗站在一圈豆子罐头中央朝你眨巴眼睛。

这是一个简单的思维任务。

但是,尽管它很简单,却只有人类才能够因为具有了语言能力而产生这种想象。

语言不止使你产生上面这样的奇思怪想。当你阅读这本书时,每一件在你脑际闪过的事情都完全不可能发生在没有语言的人身上。语言是我们智力的居所(house)(请参见第八章)。

* 同上。此外,还可参阅 Ray Kurweil, The singularity is near: When humans transcend biology (New York: Viking, 2005).
** 参见: Johnson, Mind wide open.

智力不是处于人的"内部",更不是处于人的头脑中。相反,所谓智力,是一种在真实情景中发起下一步行动的能力。智力处于主体与世界相遇的活动空间中。

智力这个概念的拓展包含着一些令人吃惊的含义。比如,它表明,其他复杂过程差不多都可以视为"智力"。一个物种的进化或者一种新病毒的产生,以及许多其他例子,也许都可以看成是对特定环境作出反应的智力(当然,这些例子促使人们思考这样一个问题,"聪明到底意味着什么?")。

另外,这种智力概念表明,"智力存在极限"这一观点从根本上讲是有问题的。智力的这种含义为我们洞开了一扇激动人心的大门,即我们都有变得更聪明的可能性。

智力的极限。在过去一个多世纪、尤其是最近几十年以来,发生了一些奇怪的事情。标准化智力测验的分数一直在稳步上升,但是,无论是遗传变化、营养提升、还是其他的官能影响,都无法解释其原因。*

实际上,除了智商测验结果外,通过其他方式我们也可以发现人类智力在增长。有些概念在过去除了最优秀的人外,所有其他人都不能理解。但是,现在我们每个人都能很容易地理解。比如,九年级学生按常规应该进行的计算,在几千年以前可能无人会做。高中生能解决在几千年以前只有天才才能涉足的问题。

那么,这里到底发生了什么事情呢?

对于这个问题,至少有两个方面需要提及,而这两个方面都与技术有关。一个方面是流行文化的影响和人们对文化的参与;另一个方面是文化工具的持续发展和人们对文化工具的使用。

就前者而言,有证据表明,视频游戏、流行电视(包括"真实电视")、图解小说、网络和其他一些经常有害的娱乐,似乎都有助于培养一些能力,如收集和筛选信息的能力、进行多样理解的能力、确定和解决问题的能力、准确而快速地识别的能力,等等。也就是说,流行文化的这些产物不仅不会降低而且还会提升人的智力水平。其原因在于,这些娱乐使文化的参与者具有面临更复杂环境的能力,因而对人的认知提出了更高的智力要

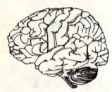

是什么使一些大脑比另一些大脑更聪明呢?

一直有两个显著的假设:其一,聪明的大脑会"发热"(run hot),即当面临一个思维任务时,聪明的大脑有大量的能量可以消耗。其二,聪明的大脑是冷静有效的(cooly efficient)。

似乎每一种观点都有正确的地方。聪明的大脑首先会把大量的资源投入到一个问题中,但一旦它弄清楚了问题并从而理解了情境,很快就会把这个任务常规化,使其进入不需要思考的常规之中,从而最终将注意力解放出来,使之能够转向新的问题。

*参见 Steven Johnso, Everything bd is good for you: How poplar culturally making us smarter(New York: Riverhead 2005).

求。比如,维持注意力的能力、同时处理细节的能力、作逻辑转换的能力、理清多个头绪的能力、作出决策的能力等,这些要求与其他的智力要求(如决策、探索、选择、排序等)是相互嵌套的。这些要求也许可以说成是"附属学习"(collateral learning),因为问题的关键不在于你思考了什么(即什么吸引了你的注意),而在于你是怎样思考的。"如何"(how)在智力测验中是一种更灵活、更具有想象力和范围更广的能力。

当然,如前所述,智力测验既没有对个人能力作出细微区分,也没有给人提供这方面的有用信息。因此,这里的关键不是认为流行文化十全十美,而是说它提供了一些有关学习过程的重要性的新见解。特别是,它强调人不会因为某些活动具有挑战性或者面临失败的威胁而逃避这种活动。恰恰相反,大部分视频游戏的主要吸引力,在于它们具有特别高的要求。破坏游戏的吸引力最有效的方法,是把它降级为一系列的"走向成功的步骤"。

显然,要拓展智力远不止是参与流行文化就行。还有一个尚未解决的问题,即为什么在过去几个时代中只有最杰出的人物才能理解的概念,现在却能被大多数人所理解。要回答这个问题,我们也许要考察文化工具(即技术)在形成智力中的作用。

人类学家关注这个问题已有一段时间,有些人类学家还提出了颇受争议的看法,即文化所创造出来的物品和工具不仅是产品,还是智力的**馈赠者**。语言和写作等技术能帮助人们确定注意力的方向和减轻认知负担,因而使新手都能集中关注一些新细节。比如,你可以想想计算器对于数学学习的影响。由于可以从冗长的计算负担中解脱出来,年幼的学习者现在能够把注意力集中于更广泛和更自然的数学情境中(更详细的讨论请参阅第八章)。

这些物品具有一种滚雪球效应,因为简单的外部支持和实践可以给思想提供力量,从而产生更复杂的形式。事实上,通过这种方式我们可以建立起一种强有力的反馈环路,而这种环路的建立可以使人的能力呈指数增长。我们目前在信息加工能力方面的指数增长就证明了这一点,这也导致一些未来学家

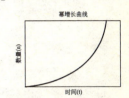

这里例示复杂个体的两个基本增长模型:幂增长和罗吉斯蒂(logicstic)增长。

如果再生产率保持稳定,增长就会呈指数增长(如上图)。然而快速的增长也许会耗尽生存所需要的资源,因此,一段时间后,增长也许会变平缓,以便与环境的承载能力相般配。这种情况被描述成为罗吉斯蒂曲线(logistic curve)(如下图)。

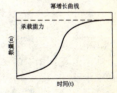

目前,人类人口和智力似乎都在经历幂增长,尽管有迹象表明人口增长可能在开始趋于平缓。人们发现,集体智力正在朝与人口相反的方向发展,即继续呈加速度增长。

相信:心智没有极限,或者,即便有,这种极限也大大超过了我们现有的状况。*

> 133　　Krista 轻松地学完了高中数学课程,而且在 80% 的课程中都达到了平均水平。同时,她的其他课程成绩也一直在上升。
>
> 　　在她上 10、11 年级时,我们继续一起学习。到 11 年级末的时候,我发现已经没有多少东西可以教给她了。特别是,数学课程中的许多主题都是围绕运用图片计算(graphing calculators)来展开的,在使用这个技术方面,她比我熟练多了。因此,很多时候,我一提出问题,她就能说出答案或者作出解释。
>
> 　　在 11 年级数学学习的中途,我忽然想起她以前考试时会很焦虑,于是问她考试时的字写得如何。
>
> 　　"嗯,写得不错。"她回答。当我问到她为什么在考试中不再焦虑时,她解释说,几年以前"在数学考试时大脑处于发狂状态"。她不能集中精力,也记不住东西。但到了 11 年级时,当她看到这些考试题目并且意识到可以做对大部分或者全部题目时,大脑就平静下来了。

* 参见 Kurzweil, The singularity is near.

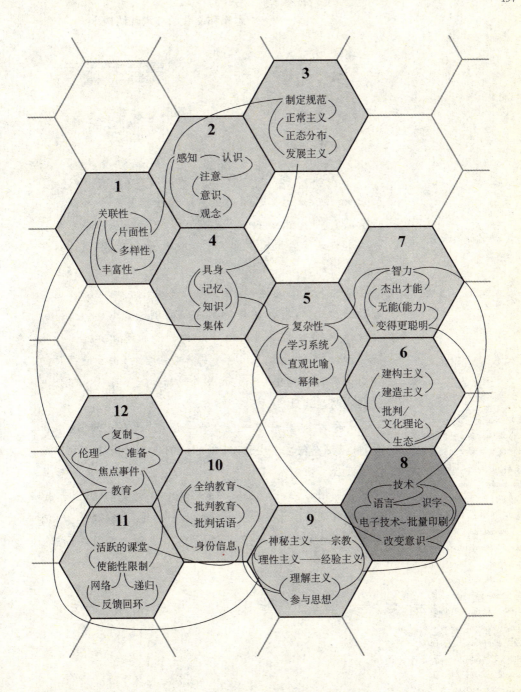

第八章 学习形式
思想和文化的技术及结构

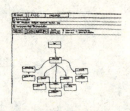

　　《拼凑女孩：一个现代怪物》(Patchwork Girl: A Modern Monster)* 是 Shelley Jackson 撰写的一部讽刺小说，描写了 Frankenstein 所创造的女妖的经历。这个拼凑起来的怪物图像把人们迎入了网络文学时代，并最终成了拼凑小说的标志。在这部拼凑小说中，女妖由多个部分拼凑而成。阅读小说时，读者有时会不知不觉地沉浸在这个怪物的意识中，有时还会听到怪物的创造者 Mary Shelley 的说话声，或者文本自身对于这种创造的解读。就像怪物一样，超文本(hypertext)也是拼凑在一起的，由于它探讨的是小说中的人物身份如何由多个方面构成，因而各部分之间具有明显的裂痕。

　　一年以来，我请了一些青少年运用"故事空间"这个软件，阅读这个超文本小说，并创造他们自己的网络文学。我主要想观察他们如何参与这种数字化的、既源自又异于传统文学的网络文学。16 岁的女孩 Stevie 是参与者之一，她对这个计划表现出了很大的热情。她通过阅读《拼凑女孩》和撰写网络文学，深入探讨了构成人物身份的不同方面。**

---

*有关 Shelley Jackson's Patchwok Girl,和其他网络文学实例及故事空间软件等资料可参见：hppt://www. Eastgate. com.

**对于该事件的更多阐述，参见 Rebecca Luce-Kaler, Teresa Dobson, Denis Sumara, Tammy Iftody, & Brent Davis, "E-Literature and the igital engagement of consciousnesss," in 55th yearbook of the National Reading Conference (eds. James Hoffman, Diane Schallert, Collen Fairbanks, Jo Worthy & Beth Maloch; Oak Creek, WI: National Conference, 2006): 171 - 181.

第一节 技　术

"技术"一词通常使人想起最新的机械或电器设备。在论及如何把技术融入课堂教学时,的确如此,因为在教学领域中只要提起"技术",人们首先想到的就是计算机、因特网和超文本等。

然而,事实上这个词具有更广泛的意义。它源自古希腊语"tekhne",意为"艺术"或"技能"。因此,所谓"技术",不仅指物品和工具,还指一系列用于界定文化的因素,如方法、理论和实践等。根据某些学者的分析*,这种更宽泛的定义包含了技术的各个分支,既有物质的、化学的、生物的、生物社会的、社会的、行为的、认识的和哲学的等各方面的兴趣,也有物品和能力等。

在这个范围内,最有渗透性和强有力的技术也许是语言。有了语言,人脑就拥有了习惯、方法、联系和信息——实际上是思维工具。这些思维工具来自亿万人的经验,并且历经几千年的打磨,构成了人类得以组合成更大认知系统的基础,而这个认知系统具有远远超出个体的能力。

这种说法似乎有点夸张。但我们可以想想小说家和诗人是如何证明这一点的:正是因为语言技能的惊人弹性,他们才得以创造和体验无限多样的人物和事件。或者,每一所高中所开设的课程也足以证明这一点——教师可以要求学生解决困扰了人类几百年的问题和悖论。

语言不止是词汇系统,它更是关系网络。这种网络横跨时空,是变化的源泉,也是可能性的海洋。语言具有进化的特点,它通过人们在与世界进行磨合时所进行的连续互动来不断调整和重组自身。为此,人类语言具有非凡的返向自身的能力,即人们能够运用语言来考察和解释语言,从而形成递归环路,并通过这种环路为哲学、科学和其他的技术提供发展的平台。

语言有了这种适应能力,就能够执行很多功能。比如,它能充当集体知识的动态仓库。许多语言策略(包括隐喻、转喻、类比等)都有助于保留各类经验之间的联系。在这个过程中,当我们试图扩充理解的范围时,这些策略使我们不必特别有意

"语法"(Grammar)一词指的是语言的组织结构,通常被理解为机械的规则。

然而,这个词在早期使用中具有更丰富的含义。中世纪英语中的"grammarye"与神秘知识和魔法知识有关("glamour"与它来自同一个词根,意指诱人的符咒)。"Spell"(符咒)一词也具有类似的历史。

这些词表明人们已经认识到,语言(尤其是书面语言)内含变革的力量,使用相对稳定的符号来代表转瞬即逝的经验能够对这些经验产生影响。

* 参见 Mario Bunge, "Ethics and praxioogy as technologies," in Techne, vol. 4, no. 4 (1999):1-3. 教育领域引入了这种分类策略,相关讨论请参阅 Stephen Petrina, Advanced teaching methods for the tehnology classroom (Hershey PA: Inoframtion Science Publishing, 2006).

识地运用脑力。除此之外,语言这种非凡的技术使我们能够忽略、推迟或者减轻来自认知任务的负担,从而使我们的思维模式变得越来越复杂。比如,"到商店去买一盒牛奶"这个指示听起来似乎很简单,但这只是因为它收集和压缩了非常多的知识(你可以试着想一想,如果要用机器人来执行这个指示的话,你该设计多么复杂的程序)。

语言的最大用途也许在于,它使我们不必投入其中就能实验某些东西。这不仅能节省时间和精力,还可能保全人的生命。大部分其他物种只能通过真正参与到行动之中才能了解行动的后果,而人类却能通过思考想出其可能后果。有了语言,我们就有可能进行预计、预测、计划和策划。换言之,语言使我们的生活不再局限于当前。

当然,语言并非十全十美。正如其他任何技术一样,语言也要通过甄选可能性和引导思维来执行其功能。通过语言的甄选和引导,人们会自动接受某些理解,而拒绝其他理解。可见,语言有助于塑造现实。我们不难想象,支持以下历史事件的语言网络该是何等样子:在19世纪,人们"发现"奴隶正在遭受漂泊狂和身心感觉迟钝等痛苦,具有难以压抑的摆脱奴役的愿望和反抗压迫的倾向;20世纪早期,黑人的认知能力被证明次于白人;20世纪中期,同性恋被指定为一种疾病。可以想见,由于在我们这个时代,事物是以我们的方式进入语言系统的,因此在我们看来理所当然的事情,后代人可能会感到非常奇怪。

具有讽刺意味的是,语言之类的技术掩盖了它们自身的复杂性。由于语言内含于我们的生活之中,所以我们很少将其当作技术。相反,一些尖端的技术工具,需要我们集中注意力才能理解和掌握,因而容易被我们意识到。由此看来,教育者在技术方面有两个主要职责:一是注意新兴的技术,以开启新的可能图景;二是注意那些天天被人使用却又视而不见的技术,以防止它们掩盖了其他的可能性。

> 当Stevie开始阅读《拼凑女孩》的时候,发现自己必须采用异于往常的阅读方法。她向我讲述了两种方法,一是

这个符号是什么意思?

当然,唯一明智的回答是"视情况而定"(it depends)。它也许是"|"、"L"、"/"或者许多其他的东西,每一种理解背后都有一个不同的可能性网络。也就是说,意义不是在符号里,而是在关系网络中,当我们在特定场合中使用符号时,该符号就会触发相应的关系网络。书信、词汇、图标等的力量就在于,他们内含一个庞大的关系,并能促使人们注意这些关系。

因此,符号是强有力的思维技术。有了符号,我们就能把观点组织成块,并把更多的观点"偷运"(smuggle)进意识之中,除此之外别无他法。没有符号,意识就完全是另一回事。

如何使用文本中突出显示的搜索字词来理解所出现的不同人物;二是如何通过看故事图表来弄清这些人物之间潜在的关系。她从超文本的视角出发,通过观察文本框的颜色及其上面的名字,可以"看出所有重要的部分",以此来安排自己的阅读。比如,她认为红色文本框与文本的人物和情节有重要关系,因此首先集中注意这种颜色的文本框。另外,她还发现,不同的说话者所使用的字体大小不一样。她指出了其中的原因:

> 我想,你可以通过这种方式很容易地辨认出是谁在讲话。我的意思是说,有时在写书时,只有作者会用第一人称;而在这种超文本小说中,可能同时有三个人用第一人称。因此,字体就要有所变化,以示区别。

此外,Stevie还告诉我,作者是怎样通过链接来插入她所谓的"补记"的。在文学著作中,作者通常会省略这些细节或者把它们放进"封底",因为他们既要考虑故事的需要,又要照顾故事中人物的想法。正如Stevie所注意到的,在网络文学中,作者能够通过这种方式告诉读者,"补记"中的想法是人物意识的一部分,但是对于故事情节而言却未必十分重要。

她解释道:

> 在《拼凑女孩》中,有一个词"梦"。如果你点击它一下,整个梦都会出现在括号里,就像故事在不断拓展一样。因此,当你阅读它时,就会有与作者写作时一样的体验。这样,你就会感觉走近了故事。

Stevie发现,从事书面写作的人也想阐述人物的梦或者意识流。他们可以做到这一点,不过所采用的方法是运用传统印刷中的视觉提示(即插入语),或者创建一个独立的、起旁白作用的文本框来表达人物的想法。

第二节 书　　写

　　人们易于认为,如何把新技术融入正规教育(或者从根本上讲,新技术是否应该引入正规教育)是一个新问题。

　　事实上,这是古已有之的担忧——至少与书写一样古老。比如,柏拉图在《斐德罗篇》(*Phaedrus*)中,就怀疑书面语会破坏思想。他推断书写会降低对记忆的要求,因而也许会降低人们运用思想和回忆重要细节的能力。

　　从以上意义上讲,柏拉图至少有部分道理。然而,书写在减少我们对于训练工作记忆的需要时,也使我们能够腾出更多意识来集中关注和持之以恒地处理问题。因此,尽管我们运用书写时会有所失,但更有所得。借助书写,我们不必依赖他人。甚至当我们远隔重洋或相距数百年时,我们也可以直接引用其他人的观点。

　　书写不止影响认知的数量、保存知识的方式和获取知识的途径,它还给认知提供了新的隐喻。在口语文化中,将知识视为独立于认知者的存在毫无意义。要保存知识,就必须背诵;要获取知识,就必须寻找拥有该知识的人。在这种背景下,知识很明显存在、包含和延续在人的行为与互动之中。由此看来,语言不是中立的,而是具有召唤(invoke)、唤起(evoke)和激起(provoke)(全来自拉丁语 vox,即"声音")的力量。声音与神秘的、宗教的教学概念相关(请参阅第九章),也与当前人们对"精神教育"(spirituality)(来自拉丁语"spirare",即"呼吸"。请看原书第 67—68 页的页边注释)的兴趣有关。

　　书面语言提供了将知识与其生产者和使用者相分离的手段,因而改变了知识的性质,使其具有了永久性和严谨性(从字面上讲,即"僵硬")。当描述者与被描述者、认知者与被认知者、自我与他人相分离后,客体与主体的概念也随之产生。随着表征系统从象形文字逐渐过渡到字母文字,这种分离趋势就表现得更加明显,因为这些字母文字很少或者根本没有保留它们草根式的、经验性的源头。

　　就主体性而言,有人对不受文字世界影响的文化群体进行了仔细考察,结果发现,口语社会的公民通常根据自己与他者

"阅读"(read)一词源自拉丁语"rede",意指牛的胃。虽然这也许不是一个最有吸引力的图像,但却能使人产生一些联想,如消化观点、回味建议、反复思考和反刍(regurgitation)等。在这种联想的过程中,这个历史悠久的词根所具有的早期意义就展现出来了。也就是说,正如语言的所有其他方面一样,阅读和其他读写能力所涉及的也远不止是解码符号,而是行为的重建和深层变革。

的关系或者在集体中的责任来看待自己。也就是说,他们的自我描述是情境性的、分布性的,因为他们总是根据角色和关系来定位自己。相比之下,在文字社会中,人们通常以自我为参照,也更倾向于朝内看,因而会根据人格特质和个人兴趣来描述自己。这就意味着,文字文化中人们更倾向于将自己视为自主的、个体的、自制的和自足的。他们定位自身更多的是从个人而不是从人际出发;更多的是相互独立的,而不是相互依存的。*

在文字环境中,语言本身也反映了这种独立性。由于无法见到作者,读者没有机会去询问意义,结果就倾向于把文字当成了具有稳定定义的、独立的客体。相反,在口语情境中,所要表达的意义都是在面对面的互动过程中商定的,因此人们很少关注标准化的定义。结果,相对于书面语言,口语的流动性要大得多,口语发展和分化成为方言(并最终发展成为新的语言)的速度也要快得多。

由于出现了将语言视为物的理解,把书写与逻辑推理模式相联系也许是意料之中的现象。"逻辑"(logic)这个词本身源于希腊语"logos",即"单词";而书写具有使人有条理地、线性地呈现自己观点的功能。通过分析最早的一些书面文章发现,在文化由口语向文字过渡的时期,线性的论证在当时并非人们最喜欢的推理模式。Herodotus 的《历史》(*The Histories*,C. 公元前 450 年)等著作,是由推测、神话、闲谈、观点和事实等混合而成,这对我们来讲是奇怪的。这些早期的作品很难懂——至少对于那些期望有一个思想线索贯穿始终的人而言是如此。其部分原因在于,这些作品在很大程度上可能是由面对面的讲话改编而成,而讲话的关键不是清晰的说明,而是具有说服力的叙事。

当然,按理说严谨性和逻辑性是书写中最重要的方面,它们强有力地支持着知识的发展和再生。尤其是当这两种特性与书面语言所具有的减轻记忆负担的特性相结合时,更能促进知识的增长(书面语言能够通过做笔记、列表、罗列参考书、按字母顺序组织信息等方式来减轻记忆负担)。因此,我们只要在学会阅读方面稍稍投入一点精力,就可以获得进入人类知识

有关知识的"物体属性"的假设

文字社会中存在一个普遍假设,即知识具有"物体属性"(thing-ness)。"词语是承载意义的物体"这一隐喻则正好印证了这一观念,表现于"言之有物"和"空话"等日常用语中。

言下之意即交流是交换承载知识的"容器"和从中掏出意义。

这些思维习惯通过语言相互交织,充斥在整个社会中,以至于在文字社会中长大的人和处于口语文化中的人,在世界观方面通常存在天壤之别——不管他/她是否学习了阅读。

---

* 参见 David R. Olson, The world on paper: The conceptual and cognitie implications of writing and reading(Cambridge, UK: Cambridge University Press, 1996).

宝库的钥匙。

这种讨论方式引发了一个问题，即"新兴技术如何改变我们对于自我、认知和学习意义的看法"？当然，识字和个性的性质是什么？这些基本问题所内含的传统假设，正在受到来自网络聊天、手机短信、博客和网络游戏等技术（这些技术没有一样是几十年前能够想象的）的挑战。这些新兴技术使我们能够采用不同于传统的叙事方法，正如《拼凑女孩》等发行物所表明，印刷文本所具有的严谨形式和逻辑排序，正在让位于更具流动性和参与性的新形式，而这些新形式的文本使读者能够以不同的方式参与其中。

> 在 Stevie 与我谈论阅读的整个过程中，为了描述在网络文学中的体验，她不得不搜肠刮肚地寻找语言来表达。她运用了很多标准的文学用语，但很明显，她发现这些用语不足以描述她在超文本中的体验。当她谈及超文本中人们如何表达观点时，更加发现文学言语不能描述她的感受。Stevie 评论说，在读书时，如果读到第一人称，读者几乎会把"I"想象成某人自己，但在《拼凑女孩》中，充当第一人称的角色总在不断发生变化，因而有时会让人摸不着头脑。然而，当她最后从整体上评价这个故事时，就能够直接指出，超文本故事中人物的意识要通过文学参与来体验，它无法用文学言语来描述。她说："我认为采用文学参与的方式非常有效，因为整个故事基本上都是意识。我发现我的思想在从一件事情跳到另一件事情，因此我认为，超文本就是一种意识流，它几乎就像给人的思想画了一幅肖像。"
>
> 在阅读故事时，Stevie 在三个或者更多人的想法之间转换。Stevie 从来没有沉浸在阅读之中，因为文本要求她注意说话者的身份，以及说话的对象。她必须清楚自己对于文本的反应，也必须弄清那些想法是怎样以梦境、旁白和故事的形式呈现出来的。就像在与朋友谈话时一样，Stevie 不得不注意谈话中正在展开的内容。这种注意与阅读小说时所需要的注意不在同一层次上，这种注意意味着，她也要监控文本是怎样与她的经验及不断变换的自我身份感联系起来的。

第三节 阅　　读

书写是怎样影响我们的？它以什么方式促使我们转变身份和已有的知识？

无论所写的是私人信件、个人故事、历史报告、技术说明还是文学小说，作者都必须运用想象。写作不只是收尾过程，即它不只把已经思考过的内容转录下来。写作本身是思考，也是再造。它是一个递归发展的过程，这个过程会影响到作者对于经验的解读。

除此以外，写作中的想象还涉及其他方面。写作创造一个关系网络：作者设计人物形象来代表思想；编造故事来解释这些人物形象；想象读者对作品的理解和反应。换言之，写作和阅读总是虚构行为。

我们讨论写作中的想象，不是要表明语言表达是胡编或胡说。相反，提出"虚构行为"这一观念的目的在于提醒大家，所有作品都有意或无意地反映了作者的偏见。作品既是陈述所理解的现象，也同样是陈述作者自己的理解（包括影响理解的个人和社会条件等）。

这种说法既适合于深思熟虑的小说（如，小故事、小说和电影等），也适合于对实验进行精确和事实性描述的报告（如，日记、科学报告、政治广告、新闻报道、课程指南和教育书籍等）。同所有的书面记录一样，这些文章充满了与特定情境和时代相关的问题和假设。所有这些写作活动都是（或者最终都被当作是）虚构行为，这一点在一个世纪以前的教材和百科全书中可以清楚地看出。另外，我们（本书的作者）还可以补充的是，如果你看看这本有关认知、学习和教学的书在十年前的版本，也可以发现这一点。

当然，这些说法引出了一些涉及真理与虚构的重要问题。如果所有的叙事都可以理解为改编小说的行为，那言下之意是我们写诗歌和小说的方式应该与我们写回忆录和科学报告的方式一样吗（或者，反之亦然）？这些问题变得更加复杂了，因为有些作品的作者会创造一些人物来叙述他们自己的生活经历。那么，这些作品应该被当作事实还是虚构呢？或者，相反，

技能对**理解**？

阅读是解码（decode）。要阅读就必须掌握语法规则和拼写等。因此，教学应该着眼于技能。

阅读是从文本中抽出适当的意义。因此，教学应该全面，并着眼于理解。

共同的基础：技能/理解两分也许是理解教育过程中争论最激烈的主题，它通常根源于一个假设，即阅读是通过把印刷文字转译成口语来获得意义的过程（在其他一些领域，尤其是数学中，类似的争论也很常见）。

如果作家决定创造一个故事,却以自传的形式写出来了,那么在这种情况下它是什么呢?如果人类学家参观了某种外国的文化,却以她/他自己的种族中心的视角把它写出来,这又是什么呢?

长期以来文学理论家一直在研究上述这些问题。理论家们普遍认为,关键不在于某事是事实还是虚构,而在于如何向读者呈现文本。在呈现文本方面,人们已经形成了特定的排版策略和表达技巧。实际上,这些排版策略和表达技巧告诉读者,他们应该如何参与这种文本。比如,诗行在纸上的排列方式、剧本中人物图像非常规的并置方式、短篇小说的节奏、或者小说中人物入场的方式,全都向有经验的读者表明,这些文本应该被当作文学作品来参与,而这种参与方式与人们参与历史文本的方式是不大一样的。

这两种文本有什么区别?简言之,历史(或科学、数学、新闻等)文本要求读者相信文本的陈述是对于某个事件或观点的精确描述。然而,文学文本却只要求读者假装相信所呈现的东西。这种假装就为读者创造了完全不一样的理解条件。

这些结构性和实验性的区别为什么重要?

正如第二章中所述,在任何时候,我们有意识地认识到的东西只是施加在我们感官上的刺激的一小部分。而且,我们的理解习惯在很大程度上受制于我们的社会和文化背景。换言之,经验总是大于我们试图理解和呈现的东西。从来就没有对一件事情或某个现象的"完全的描述"、"客观的表达"或者"原样呈现"。而理解所存在的这种局限,正是那些宣称描述了事实的文本的问题之所在。由于存在偏见,这类"事实文本"容易遭到如下质疑:"谁在说话?""所呈现的是谁的真相?""省略了什么细节?""他在为谁的利益服务?"

文学文本与上面所讲的"历史文本"的情况截然不同。尽管作者和读者的理解习惯受文化限制,而这种理解习惯又限制了他们对文学小说的理解,但文学小说的目的更多地在于呈现一种场合,使其他的可能性理解得以出现,而不是对人们已有的理解进行描述。文学文本诙谐地使用语言,目的在于使人们可以不同方式经历和理解这些事件。为了使读者产生更多的

1938年,Orson Welles 的《世界大战》(一个关于火星人入侵地球的故事)在全美各电台播放。

播放采用实时新闻的方式(live news cast),也就是说,它具备非小说(nonfiction)的所有特点。在第一次播音开始时,他们已经声明了这些细节。不幸的是,许多没听到头几分钟广播的听众把这个节目当真了。为了不在那里无助地等待火星人的占领,有些人甚至自杀了。

幸运的是,大部分文学都运用了明显的手段向读者声明:他们不是应该相信而是只能**假装相信**所写的东西。

可能性理解,作者会运用隐喻和反语之类的文学修辞来打破人们在感知和理解方面的惯性。*

再强调一下,文学小说的关键特点在于,它不要求读者相信,而是要求他们"假装"相信。事实报告的主要目的是提供信息,而文学作品更多的是提供通过其他方式无法获得的体验(我们可以回忆一下,正如第四章中所述,不管是想象一种活动还是真正地从事这种活动,同样的神经元簇都会被激活)。实际上,通过参与小说事件(即通过有意识地运用想象)人的体验范围会得到拓展。经验拓展后,通往新的、不同感知和理解的大门也就敞开了。书写的确具有一种潜力,它能把我们带"出"(或者,也许用更描述性的话语讲是"超越")想象中的自我。

这也许能部分解释为什么宗教文本、民间传说、神话故事和其他的文化叙事在所有社会中都如此重要。这些描述远不止是故事,它们是数代以来所收集的智慧、道德指南和知识的汇集地。这些文本表明,某些作品不必在字面上叫真。他们之所以强有力,不是因为真实,而是因为它们使听者或读者能够根据这些描述自行想象,从而使他们把这些描述纳入已经记住的经验整体中。以事实为基础的描述很难唤起这种想象的力量,因而很少能达到这种效果。

然而,这种情形也可能会随着新的书写类型的出现而发生改变。就像维基空间(wiki space),尤其是维基网(wikipedia.org)所表明的一样,电子技术已经使更具民主性、集体性和参与性的书写空间成为可能。在这种空间里,书写的动力机制、作者叙事声音①、分布式认知和网络化智力都发生了很大的变化。对于这种书写空间来说,这些都是可能的,因为这些空间是围绕专门的兴趣、思想交互和创造虚拟社区来组织的。**

具体而言,在以纸为主导的时代,交流主要是单向和单维的。但是,随着新兴技术的出现,屏幕代替了纸张,于是开启了

"识字"(literate)这个词源于拉丁语"litteratus",即"有学问";或者更确切地讲,指"熟悉 littera(字母表中的字母)"。

这个词的原初意义是有说服力的,表明人们很早就认识到书面语是一种强有力的技能。仅仅从是否学会了字母表这一点,就足以把有学问的人和无学问的人划分开来。

当然,这个词自第一次使用以来就开始包含了较原初意义丰富得多的意义。现在,它更广泛地指任何建立在正规符号系统基础上的学科或者知识体系。

* 参见 Dennis Sumara, Why reading literature in school still matters: Imagination, interpretation, insight (Mahwah NJ: Lawrence Eribaum, 2002).

** 参见 Colin Lankshear & Michele Knobel New Literacies: Changing knowledge ad classroom learning (Berkshire, UK: Open University Press, 2006).

---

① "作者叙事声音"是一个文学术语,指作者个人的写作风格。"声音"是作者在某种文本(或所有作品)中所使用的句式、措词、停顿、对话、角色展开方式等的组合。由于每个作者都有不同的写作风格,所以"声音"也被认为是作者的特定标志。——译者注

呈现这段页边文字的目的,在于快速证明阅读不能简化为简单的解码。

事实表明,只要每个字的首尾两个字母正确,大部分读者都能辨认出它想要表达的意思。

鉴于有些人不擅长打字和拼写,这可能是一件令人高兴的事情。

多向和多维空间。电子邮件、卡通和短信是目前最明显的三个例证,并且它们很可能仅是初显端倪。它们不仅能使即时反应成为可能,也能使所接收的文本再次改编,从而使作者的身份变得更加复杂。

而且,电子信息相对于他们所取代的纸质文本,更是以想象为中心的。由于作者身份表现出了分布性和分散性,书面文本的线性被打破了,书面世界的权威随之消失,人们对于权力和特权的看法也随之改变。*我们的世界会随着表现这个世界的工具的变化而变化,意识到这一点,会促使我们思考新兴的技术是如何使一些可能性理解变成现实,又如何限制一些可能性理解的。

书写不是价值中立和价值无涉的。它们开启了什么样的世界,又关闭了什么样的世界?

> 当 Stevie 在故事空间中撰写她的网络故事时,她在《拼凑女孩》中所读到的身份主题就变得更加明显了。故事空间这个程序开设了文本框,使创作者可以插入文本、图像或者声音,然后以作者所喜欢的任何式样将其联结起来。作者(如果他们愿意的话,也可以包括他们的读者)还可以运用各种基本方法来从整体上浏览文本,包括在《拼凑女孩》中所用过的图表、大纲和概念图等。
>
> Stevie 的网络小说在时间上有跳跃,其特点是讲故事的人没有名字,而且它的性别也像 Virginia Woolf 笔下的 Orlando 一样变化无常。Stevie 解释道:
>
>> 他出现的时间较早,也许是在几百年以前吧。他与讲故事的人可能是同一个人,但也可能是讲故事的人或这之类的东西的化身。我以前一直在考虑是不是要把它定为第一人称,因为我甚至不知道我应该把它当作男人还是女人。
>
> 在其中一节里,Steive 从女性的角度出发,向读者介绍

*参见 Gunther Kress, Literacy in the new media age (London: Routledge, 2003).

> 了其中的一个角色及其朋友 Keaiah,后者很明显被当成了可以买卖的奴隶。尽管这个人内心有点害怕,但她还是把自己描述得很温顺、平静和安静——事实上,这种描述对他们充满了同情。"买卖"(Sold)这一部分这样开始:
>
> > 我们被带进了一幢很长的房子里,房子四周是高墙,内有一个漂亮的花园。看守我们的人手拿皮鞭,警告我们要微笑、安静。Keziah 站在我旁边,正当她伸出手捏住我的手时,皮鞭猛地抽打下来,差点就打到了她身上。她放下我的手,眼睛坚定地看着前方。

第四节 批量印刷

口语极大地促进了心智的结合,也从而使人们得以表达自己的观点,而书写则使保存和传递思想的能力大为增强。

1447 年,Johannes Gutenberg 发明了活字印刷,这也是一个非常重要的技术革新。印刷使出版社生产出了大量的书籍,而这反过来产生了两个重要的文化影响。其一,就个体层面而言,由于广大民众有更多机会获得价钱便宜且范围广泛的文本,他们的文化水平得到了提高。其二,它促进了专门知识的激增。

就第一点而言,印刷术的发明几乎使每个人都能买到或者借到书,从而使书籍很自然地成了现代公民生活的一部分。印刷文字的渗透使得阅读由主要属于公共性质的事件,变成了主要属于私人性质的事件[在批量印刷以前,人们通常在教堂、大学和其他聚集地听人读(read)或者讲(lecture)。在某些场合,"reader"和"lecturer"这两个词至今仍然被当作"teacher"的同义词使用]。这门私人的、默读技术很快就成了现代公民的基本技能,并且改变着教学。

紧跟默读而来的是快速阅读的可能性(或者期望)。在书籍批量生产以前,很少有人注意手写稿中的字体是否一致、空格是否一样、拼写是否标准、标点是否一致等细节。因为公众阅读的

常规阅读指导的首要目的是掌握默读。有人认为,默读导致现代人产生了一种身心可以分离的看法。

事实上,在默读过程中,也存在相当数量的身体活动,包括持续的不出声朗读。也就是说,默读总是伴随着无声的说话和神经活动,这些活动与人们朗读时所进行的身体活动没有明显的区别。

换言之,所谓默读是内部或者内心活动,这只是一种假象。正如所有其他认知活动一样,默读也是一种身体活动。

速度通常很慢,而且是情境化的,所以这些问题通常都不是人们关心的主要方面。然而,对于走向批量市场的文本而言,其排版就不得不更加标准,这又反过来使快速"解码"文本成为可能。事实上,"解码"非常受重视,以至于人们有时将其等同于阅读,而这种看法是不妥的(前面几节已经讲过这一点)。如前所述,阅读是参与文字文化,它需要各种各样的理解技能。

尽管几个世纪以前,快速默读还很少见,但在我们这个社会,快速默读已经变得如此重要,以至于不能掌握这种能力的孩子经常会被认为在某个学习领域中存在障碍(正如第七章中所讨论的一样,大量的学习无能都与阅读相关)。这种对于学习障碍的诊断反过来支持把治疗的重点放在"解码"上。结果,教学有时会对学会阅读的一些关键阶段进行补习,包括理解文本、辨认文本种类、口头复述等。

就印刷的第二个主要影响而言,由于工匠和艺人都开始使用印刷品来发表他们详细的生产方法,结果普通人都能接触那些以前只有在作坊和其他封闭团体中才能获得的知识。一旦这些知识可以获得,科学家们就有了进行更精熟的实验所需的技术知识(这些精熟的实验发表后,又会促进更精熟的实验的产生)。同样,印刷出版把不同领域的专业知识集中起来,使工业家们能够将其转化为资本。简言之,印刷出版似乎是一个重要的导火线,它促使了欧洲文艺复兴的产生、现代科学的兴起和欧洲工业化的出现。科学与技术的结盟提高了生产能力和武器装备,并反过来提高了对于原材料的需要,也提高了对于获取这些原材料的手段的需要。很快,欧洲帝制和西方资本主义就在世界上扩展开来。

从教育上看,现代学校是这个时代的主要产物之一。这个时代突然需要一批有一定文化的劳动力,同时也需要阻止下层阶级的儿童进入劳动市场。于是,高度管制的公共教育机构就建立起来了,它们大多围绕着学生最终都会走向的情境(工厂)来组织。

不同于过去那些主要服务于上层和统治阶级成员的教育机构,现代学校着眼于技术能力,强调所有人应具备的"基础"。尽管我们不可能说16世纪工厂工人所需要的那点基本知识就

从教育上看,基于符号的技术(如字母和数字)的难处在于,在这些符号发展的过程中,它们埋在现实世界中的根部通常被掩盖了。

由于与经验世界失去了明显的联系,这些符号经常被当作是任意的、抽象的运算符号。它们是相互分离的,既不是与情境相联系的具体事物,也不能把自我与他人、过去与现在、个体与集体联系起来。

是21世纪的公民所需要的基本知识,但当代的课程与那时的课程还是具有惊人的相似之处。最新出现的技术工具改变了信息的性质及获取信息的途径,其程度之大至少不亚于印刷术的发明,然而课程却变化不大,这着实令人惊讶。*

> 在这部超文本小说的另一部分,Stevie写了一段早期历史。与前面所描述的那个温顺、平静、安静的、等待出售的女孩不同,这次所描写的人物显然是一个男性。这一点在名为"我的身体"(My Body)的文本框中描写得很清楚:
>
> > 我站在小溪边,溪水流淌在沟壑纵横的土地上,目前已快干涸。看来,我们不久又得搬家了。但是,还有足够的水,能让我看到自己模糊的倒影。深黑的皮肤、头发和眼睛从溪水深处反射回来。倒影里的这个人皮肤粗厚,下巴宽大,嘴唇严肃。"这就是我",我想,忽然强烈地意识到了自己的存在。
>
> Stevie很清楚《拼凑女孩》所关注的是每个人物的意识,而不是情节。而且,当她"阅读"这些意识时,那种阅读故事即为探索人物身份的感觉就产生了。当她开始写自己的网络文学时,她决定创造一个叙事者。不过,她想创造一个人物,使之横跨不同时代,时而是女人时而又是男人,以此来表现不断变化的身份。

第五节 电子技术

人类技术最突出的特点,在于它们正在不断地加速发展,即呈指数增长。但直至最近,由于技术的快速变化导致个体学习也以类似速度发生变化,人们才将其加速增长视为常识(仅仅一个世纪以前,技术发展还非常缓慢,人们因而都认为它们是稳步前进的,没有将其当作加速发展的现象)。

---

* 参见 Don Tapscott & Anthony D. Williams, Wikiomics: How mass collaboration changes everything (New York: Portfolio, 2006).

技术一词通常用来指机械设备,尤其是最新发明。但该词的原始意义,指任何提高能力的手段。从这个意义上讲,也许正如本章前半部分所述,最重要的技能是语言。

技能融入了我们的生活背景和存在,其方式如此天衣无缝,以至于我们竟然没有意识到,我们全都成了半人半机械的生物。

* See Don Tapscott & Anthony D. Williams, Wikinomics: How mass collaboration changes everything (New York: Portfolio, 2006).

** See Kurzweil, The singularity is near.

由于技术的加速增长,我们发现在自己所处的世界中,各种以前不曾想象过的可能性都在急剧增长。掌握了信息技术的人能够查找事实材料、获取文本和传递见解,简言之,就是交换海量信息,所采用的方式是几十年前人们根本就无法想象的。

电子技术也使新的、大量互动和参与式的"大规模合作"*成为可能。印刷技术主要是单向的,而目前的信息技术使多向的、成千上万人参与的对话成为可能。wikipedia.org 和 answers.com 等网站都强有力地证明了这一点。同时,网站还可以使"临界质量"(critical masses)①的人群围绕一定的观点和兴趣聚集起来,而这些观点和兴趣以前从未普遍到吸引一个共同体的程度。

正如前几章中所提及,人类的可能性以更快速度增长的条件已经成熟。如第七章所述,这就促使一些评论家们认为,到本世纪末人类的智力会增长数万亿倍。** 很明显,即便人类远远达不到这种预测,这种认知和学习的增长也一定会导致人们在理解和实施学校教育方面发生巨大变革。

我们不可能深入阐述电子技术带来的这些变化,但有必要强调其中几个。比如,(1)在获得资源、技术和信息等许多层面上,技术的加速发展似乎正在扩大"有"与"无"的差距。(2)人类已经达到了能够用文化知识来改变生物形态的程度,尽管很久之后我们才看到这种干预的结果。(3)正如从前技术变革引发了文化变革浪潮一样,在电子技术的冲击下,劳工世界的结构也正在发生变化。一个世纪以前,北美有 30%—40% 的劳动力被雇佣在农场里,而现在,这个数字只有 3%—4%。类似变化已经出现在工厂劳力方面,而且有蔓延到其他职业领域的趋势。

从更直接和实用的方面来看,新兴的技术已经改变了阅读

---

① "临界质量"源自物理学,意指引发/维持链式反应所需的最小裂变物质质量。后被引用至包括经济学、传播学在内的各个学科。Everett Rogers 所创造的扩散理论使这一术语备受关注。根据该理论,扩散会经历不同的发展阶段,扩散早期,采用者很少,扩展速度很慢;当采用人数达到人群总数的 10%—25%(即"临界质量")时,扩散速度突然加快,采用人数激增,并保持这一趋势。网络的功能之一也在于此,它能迅速使关注某个问题的人达到"临界质量",从而使一个以前无法引起人们关注的问题突出出来。——译者注

的性质。流利阅读标准的纸质文本的能力,通常意味着能够阅读每一个单词。而在因特网上,情况差不多相反。流利的阅读意味着能够跳过单词,以确定相关的信息。知道不注意什么与知道要注意什么同等重要。

对于教育者而言,最重要的问题也许是,目前正在进行的和即将到来的变革,会以什么样的方式影响个体身份和集体身份的形成。如前所述,在语言、书写和批量印刷方面的发明已经对人的身份产生了非常大的影响。完全有理由预言,数字技术也会引起类似的巨大变化。

现代教育在很大程度上是围绕着印刷技术来组织的。很明显,不管正规教育是什么,它都不得不进行变革。

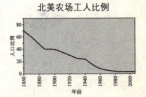

北美农场工人比例

过去 150 年以来,北美从以农村人口为主变成了城市人口占绝大多数。农村人口下降通常与各种革新有关,因为有些革新需要大量的劳动力,而有些革新提高了农业生产力。因此,人们普遍认为技术进步导致了城市化。

事实上,我们也可以反过来讲:过去几个世纪以来的革新之所以大量涌现,是因为思想和愿望都集中到了紧密的城市之中,即现代城市导致了技术进步。

其实,不论是因果推断还是线性推断,在这里好像都无用武之地。

> Stevie 阅读《拼凑女孩》时,其中的转喻、中断和连接使她想起每个人都经历过的自我认同感。她把这个故事与大脑的工作方式进行比较,认为这个故事像"意识流"。在这种"意识流"中,相互联系的观点会以松散的叙事方式展开。但与我们实际的意识经验不同的是,网络文学会给有计划的结构提供"使能性限制"。在参与网络文学时,读者必须积极地在链接矩阵(a matrix of links)中选择和点击,以建立意义。这个链接矩阵与无数的媒体相连接,如文本、图像和声音等。由于有了这一系列可供替代的方法,在继续运用更多片段时,作者必须预测和考虑那些以前可能已经抛弃了的东西,以便进一步拓展故事的可能性。

第六节 改变意识

大部分人都将"技术"理解为物理工具和机器,有时也把语言、数学和其他领域的人类能力包括在内。但是,人们通常不会论及这些作为技术的物品和能力如何融入人的存在,其兴趣主要在于怎样塑造技术,而不在于怎样包容技术。

人们日益清楚,技术不只影响认知范围和行为对象,还在

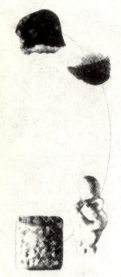

我们一直认为,对于意识的体验取决于可获得的工具。这些图像代表了四个不同的技术领域,他表明了四种不同的"存在"方式——即轶事的、模仿的、神话的和技术的意识模式。

* 这里的阐述基于 Merlin Donald, Origins of the modern mind: Three stages in the evolution of culture and cognition (Cambridge, MA: Harvard Uniersity Press, 1999)。其他的阐述包括 Terrance Deacon, The symbolic species: The coevolution of language and the brain (New York: W. W. Norton 1997); Daniel C. Dennett Kinds of minds: Towrds an udderstanding of consciousness (New York: Basic, 1997); Julian Jaynes, The originon of consciousnesss and the breakdown of the becameral mnd (New York: Penguin, 1979); Steven Mithen, The prehistory of the mind: The cognitive origins of art, religion and science (London: Thames and Hudson, 1996)。

很大程度上影响我们注意、认知和行为的方式,而选择什么样的呈现对象和方式会影响自我认同(不信,你可以试一试向人介绍自己而不提及你是谁或者你的身份是什么)。身份产生于互动之中,它不是预先给予的、自给自足的现象。

换言之,技术通过塑造经验得以呈现的方式来参与心智(即对于意识的体验)的变革。这种说法在考古记录中可以找到充足的证据。考古记录表明,在技术方面出现的明显而突然的进步与不同的社会结构、智力需求和关注点相一致。我们也可以说,这种转变是人类在智力上的跃进,它发生在人类以一种完全无法用生物进化来解释的速度拓展其可能性的时候。

不同评论家会以不同方式来划分时代和描述人类发展。简单起见,我们在这里只讨论其中一个,即由心理学家 Merlin Donald 提出来的理论框架(我们将其他的阐述引用在注脚中*)。

Donald 认为,我们可以把技术的复杂性程度当作意识发展水平的指标。比如,大约二百万年以前,常见的技术都不是人类制造出来的,而是在大自然中发现的一些工具,如棍子、碎石等。这些工具由个体直接使用,而且只需要短时记忆,一旦任务完成就会被丢掉和遗忘。Donald 认为,这些技术是"片段型意识"的象征——一种稍稍超出此时此地的意识。

根据近来对于考古记录的理解,大约二百万年以前,一种新型技术出现了。这种技术与有意识地制造工具相关,由于要对过去的经验进行选择,并思考未来的需要,因而这种技术需要运用长时记忆。于是,Donald 使用了"模仿型意识"(mimetic consciousness)这个词来表示这种认知模式。他认为该认知模型比前几种模式更具社会性,并且高度依赖模仿。

根据 Donald 的看法,随着技术的数量增加和水平的提高,需要更加灵活的技术来收集和组织观念。由于语言可以使记忆分布在共同体中,也能使理解过去和设计未来的能力得以拓展,于是,他把这种技术的转变与精熟的语言技术联系起来。在他看来,这种"神话型意识"(mythic consciousness)出现在几十万年以前。

在更近的时候,大约 5000—10000 年以前,抽象思维能力得到了很大发展。正如前面几节所阐述的一样,这是与书写有关的"理论型意识"(theoretical consciousness)。书写使人们可以把记忆负担转嫁给物品,从而以更超然的方式处理信息和把观念稳定下来。

Donald 对意识和技术的分析到此为止,但是,我们似乎有理由相信,意识还在进一步发展。事实上,根据 Donald 的观点,一种意识出现的标志也许包括以下几个方面:(1)它促进了技术进步;(2)它提高了人们之间保持广泛的心智联系的能力;(3)智力水平得到了提高,但这种提高不能归因于生物进化;(4)出现了新的储存和获取信息的记忆系统;(5)社会和文化组织发生了转变。由此可知,我们似乎正在过渡到一种新的意识模型。实际上,人们正在计划运用数字技术来记录人生的各个方面*,视频和数据储存方面的技术进步已经使该计划具有可行性。很明显,这种增强了的记忆使我们有可能大幅度地改变经验,并进而改变意识。

新的技术触发了某种新的意识形式,并使这种意识的形成成为可能,但明确界定该意识的性质可能为时过早。然而,新型存在模式的出现可能表明,人们越来越意识到学习的复杂性和认知的参与性。

显然,随着这种新的意识形式的出现,新的教育形式也完全可能出现。作为教育者,我们正在目睹这种变革的到来,也正在参与其中。这里产生了一个有趣的问题,即什么样的教育过程与上述各种意识模式相对应。比如,正如本章散布在各处的叙事所表明,"识字教育"很明显远不止是解码和编码。相反,当我们把识字与阅读《拼凑女孩》相结合时,识字这种技能就嵌入了范围更广的教学情境中。在这个教学情境中,Stevie 与其他同学一起合作,通过递归发展的反思和行动过程,共同形成了对于文化参与进行批判的意识。

这些事件表明,虽然叙事和物品也许看起来是个人成果,但我们更应将其理解为集体产物。他们包括许多心理因素和干预技能,而反过来,他们不仅会影响个人的想象、动机和意识,还会影响文化对于真理、理性和正义的理解。在这种背景下,具有讽刺意味的是,人们在组织学校教育时,围绕的核心大

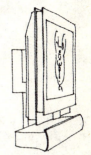

当动画刚出现时,许多教育者认为它可能会增进教学效率,甚至能够消除学校中的不平等现象。他们希望能够整齐划一、明确无误地呈现重要细节和概念,以便能够避免教育"噪音",如教师的错误和不良的社会环境等。同样的(甚至更夸张的)希望也曾寄托在电视上,近来则寄托在电脑上,但这些希望或期望一直未能实现。

原因在哪里呢?

原因可能在于,这些媒体都只是在低信息水平上运作——人们特意调整了这种运作水平,使之符合意识能够容纳的范围。因此,尽管这些技术使人能够储存大量的信息,但它们只是一种水平非常低的刺激。

然而,人类感觉器官运作的能力比有意识的感知要大一百万倍。因此,大量使用所谓的"信息技术"可能导致感觉饥饿,即信息贫乏(an information poverty)。

* 参见 Gordon Bell & Jim Gemmell, "A digital life", in Scientific American vol. 296 no. 3 (March 2007): 58-65.

多仍然是线性的印刷文本、委托个人编制的课程和个人主义的理想(体现在评价方案、课堂组织和教学策略上)。更具讽刺意味的是,视频游戏和相关技术之所以取得巨大成功,至少有部分原因是这些技术的发明者特意运用了与集体、社会文化背景、身份转换、具身、内隐关系、艰辛的学习、非线性路径等因素及本书所提及的其他一些观念相关的学习原则。然而,它们运用这些原则的方式在很大程度上一直都是学校所忽视的。*

我们可以从"教学"与人类意识的同步出现和发展这个角度来阐述上述问题。比如,与 Donald 所谓的片段型意识的此时此地性相对应,教学可能在很大程度上是偶然的和随意的,就像新手照搬专家的行为一样。随着模仿型意识的发展,就像人类在创造与任务相对应的工具时一样,教学必须更具目的性,需要涉及学生展示成绩和教师纠正学生行为的各个方面。

随着神话型意识中抽象语言和复杂叙事的出现,教学必须包含更详细的讲解,因为除了已经建立起来的展示、纠正和模仿外,还需要包括演练和理解。相应地,理论型意识的出现使教学发挥作用的空间急剧扩大,这就意味着我们需要既注重保存已有知识,又注重预见未来的教学模式。

我们越来越清楚地看到,教学正走向新的十字路口,它需要将其重心从传递已有知识的个体转向阐述新型认知的集体。正如第三部分将要探讨的,教学正在更加重视参与。教学走向何方,与我们为了学习和通过学习而创造出来的教学形式息息相关。

意识的层次

意识的层次与发展阶段(第三章)和嵌套的学习系统(第五章)一样,新出现的人类意识模式不会取代以前的模式。相反,它们似乎都有用处,这表明我们需要更精妙更复杂的教学。

> Stevie 的经历凸显了有计划地参与数字技术的必要性。当我们学习阅读网络文学时,我们认识到每种网络文学都会教给我们一些如何参与其中的规则。熟悉了这些参与规则后,我们就会回过头来更有意识地重读这些文学。而且,除了阅读各种文学形式外,我们还通过自己创造网络文学的方式来进行学习。当 Stevie 在故事空间中写完她的童话故事后,她对《拼凑女孩》有了更深刻的理解。
>
> 正如她对于网络文学的反应所表明的一样,她意识到

* 参见 James Paul Gee, What video games have to teach us about learning and literacy (New York: Palgrave Macmillan, 2003).

了自身是如何参与网络文学的。她发现在阅读数学文本时,不可能像阅读印刷小说一样体验到那种沉浸其中的感觉。存在于身体、文本和各种媒体之间的复杂关系体现了技术对于阅读的影响*。在阅读或者创造网络文学的过程中,我们会运用已经习惯了的叙事和诗歌结构。然而,尽管网络文学当然要依靠那些先它而出现的文学结构的成分,但网络文学也融入了新的方法来组织故事和文本。比如,除了其他媒体外,它还借用了电脑游戏、电影和视频艺术。尽管文学一直是与人们融于一体的艺术形式,但是随着数字技术的出现,文本与身体的交互影响已经拓展到了文本、身体和计算机的交互影响。

---

* 参见 N. Katherine Hayles, My mother was a computer: Digital subjets and literacy texts (Chicago: University of Chicago Press, 2005).

第三编 教 学

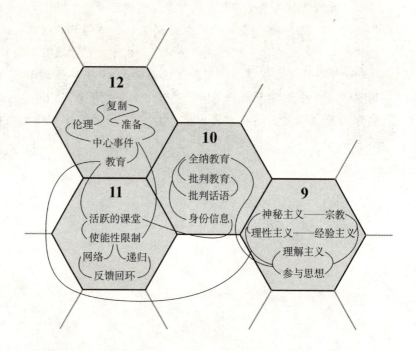

155 词源

"教学"一词源于古英语 tæcan,意指"标示"(sign)或"指出"(point)。根据这个意义,任何物体或事件都有可能发挥教师的作用,教学就是影响人们对于世界的理解。也就是说,与其把教学行为理解为对学习者有意施加影响,倒不如将其当作对学习者实际产生的影响。

同义词

建议(advise)、改变(alter)、改进(ameliorate)、改善(better)、洗脑(brainwash)、进入(break in)、简要介绍(brief)、关心(care)、追问(catechize)、训练(coach)、交流(communicate)、训练(condition)、转换(convert)、说服(convince)、填鸭(cram)、培育(cultivate)、文化(culture)、证明(demonstrate)、发展(develop)、指导(direct)、规训(discipline)、操练(drill)、引入(draw in)、导出(draw out)、启发(edify)、教育(educate)、使能够(enable)、鼓励(encourage)、文化适应(enculturate)、启发(enlighten)、训练(exercise)、解释(explain)、阐述(expound)、促进(facilitate)、喂养(feed)、形成(form)、促进(forward)、培养(foster)、推进(further)、上课(give lessons)、审问(grill)、打基础(ground)、指导(guide)、磨练(hone)、揭示(illustrate)、感染(imbue)、传授(impart)、灌输

（implant）、提高（improve）、谆谆教诲（inculcate）、灌输（indoctrinate）、引入（induct）、影响（influence）、通知（inform）、发起（initiate）、灌输（instill）、指导（instruct）、解释（interpret）、领导（lead）、授课（lecture）、干预（mediate）、指导（mentor）、模仿（model）、滋养（nourish）、养育（nurture）、引起（occasion）、开拓视野（open eyes）、劝说（persuade）、指出（point out）、反复灌输（pound into）、准备（prepare）、宣称（profess）、劝诱皈依（proselytize）、预备（ready）、培养（rear）、改善（refine）、改革（reform）、补习（remediate）、教育（school）、改善（sharpen）、展示（show）、支持（support）、告知（tell）、训练（train）、辅导（tutor）

反义词

放弃（abandon）、回答（answer）、损害（harm）、忽视（ignore）、学习（learn）、听（listen）、忽略（neglect）

同源词

措词（diction）、标记（token）

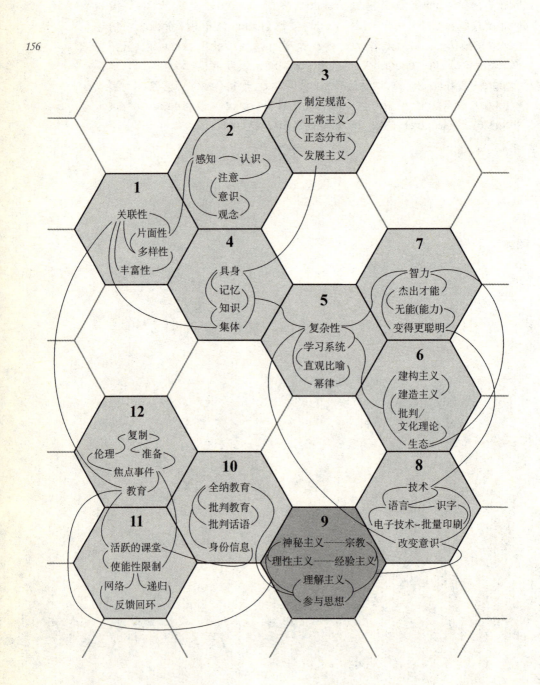

第九章 教学框架
教学观的历史演变和新观点的兴起

这是上午第一节课,学生们正在就座。Jamie 在等他们坐定时,心想,"他们知道我怕他们!"她为这一刻已经做了认真的准备,包括在大学参加课程与教学研讨会、花数小时备课、购买崭新的教师制服、练习采用"坚决而友好"的举止等。尽管如此,她还是感觉自己不像老师。她很不适应,感到非常烦恼、茫然和焦虑,呼吸变得紧迫起来、心跳开始加速、满脸涨得通红。

"好吧,我得告诉他们应该做什么。"当看到同学们没有保持应有的安静时,她心中这样想。

然而,Jamie 张开嘴巴却只发出了一点低哑的声音。她又试了一次,仍然是低哑的声音,不过这一次声音大了一点。她感觉喉咙很紧张,然后突然感到了一股能量涌遍全身,并且忽然有了记忆。于是,她用颤抖却带着自信的声音说:"好了,同学们,我们开始上课了。请坐到座位上,安静下来,把书翻到第二章。我想先问问你们昨晚的阅读情况。"

令 Jamie 释然的是,整个班级有了反应。喋喋不休的吵闹变成了嘘嘘声,接着是嗡嗡声,最后是学生入座和翻书的声音。不一会儿,所有目光都聚集在这位老师身上。

Jamie 最初的恐慌消失了,取而代之的是新的自信。她的声音似乎来自它处,动作好像不属于自己的身体,她的反应就像是某个以前站在这里的老师的灵魂附体一样。虽然还是感觉有些奇怪,但 Jamie 对教授这节课还是很熟悉。她对此感到心满意足,心想,"我现在终于感觉像老师了。"但是,她同时也感到迷惑,"我是什么时候变成了学生认可的老师的?我什么时候才会变回从前的我?"

* 此图像及本章中有关各种教学观的讨论基于 Brent Davis, Invetions of teaching: A genealogy(Mahwah, NJ: Lawrence Eribaum, 2004).

第一节 教学概念

自我如果有边界的话，它的边界在哪里呢？有一个把我与非我分开的边界或隔膜吗？存在某种包裹身份的外壳吗？我们是在什么基础上区分自我/他人、私人/公众、个体/集体、人类/世界的？

我们通过这些问题来安排本章几个页边空白中的说明，以此说明教学概念不可避免地与对个人身份的理解交织在一起。

正如本书第三编的标题页所提及，"教学"（teach）这个词最初与"标示"或"指出"有关。了解这一点，有助于我们理解"那会教给你（that'll teach you）"等用语，这些用语经常被用来指行为的未知后果。从这个意义上讲，任何促进学习的事件或经验都可名副其实地称之为教学。教学不是指教育者做了什么，而是指学习者身上发生了什么。

因此，我们有理由认为，大量描述教学的词所描写的都是学习者得以获得教益的行为。比如，在典型的教育研究会议上，你可能会听到大部分这样的词语：影响（conditioning）、规训（disciplining）、教育（educating）、授权（empowering）、启发（enlightening）、促进（facilitating）、指导（guiding）、灌输（indoctrinating）、教导（instructing）、引导（leading）、授课（lecturing）、指导（mentoring）、示范（modeling）、养育（nurturing）、培训（training）。这些词都与人们所想象的在课堂中应该（或者有时不应该）发生的事情有关（注意，这些词大多都没有出现在原书第155页所列举的同义词中，这表明人们的理解处于不断发展的过程中）。

人们经常会把以上几个类似的词用在同一场景中，而很少或者根本没有注意到许多词指的是非常不同甚至相反的关系。事实上，仔细观察就会发现其中一些颇为棘手的矛盾和对立之处。例如，教学怎么能够同时既是启发性的又是灌输性的，或者既是规训的又是赋权的？

本章试图解决这些问题，所采用的策略是把各种各样的教学概念理出一个谱系，使同义词和隐喻与特定的理论和世界观联系起来。以前面几章所阐述的原则（即词汇不是信息包，而是意义网络上的节点）为基础，本章的目的在于凸显一些关系，并通过这些关系来赋予那些描述教学特点的词以意义。

作为一个谱系，本章围绕不同的思想体系来设计，并且以树形的方式来组织。下图可能会有助于你在阅读时知道自己所读的位置。

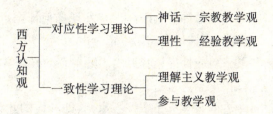

值得提醒的是,不要认为以下的讨论都是按时间顺序进行的,因为概念的出现和消失并不像有机体一样按照前后接替的方式进行。正如思想的新芽会从腐旧的根部或沉睡的树桩中冒出一样,词汇进化的关键期在任何时候都可能出现。而且,一种思想的多个分支可以同时出现,甚至是由同一个人提出。因此,上图把更加复杂和不断发展进化的状态固化和简化了。而且,本章不是要说明我们应该相信什么,而是要我们注意在讨论教学时通常被视为理所当然的东西。如前所述,教学这个词绝不是价值无涉的、透明的或者是简单的。"我们相信什么?""为什么我们会这样想?"当人们更深入地研究这些相互交织的问题时,就会越来越明白,人类不仅能够坚守各种互不相容的思想流派,而且还能将它们自由地结合起来。重申一下,本章的目的不是告诉读者应该怎样看待教学,而是要提升自我的意识,使我们注意到自己可能正在怎样看待教学,并试图通过这个过程,打开一扇通向更复杂的可能性的大门。

> 应该如何看待 Jamie 最初的恐惧(即她不能融入其情景)?她最后的成功说明了什么?我们怎样运用不同的教学观来理解 Jamie 及其学生的行为呢?

第二节 对应性理论与教学

如第六章中所述,对于学习的最常见理解源于"对应"的假设,即学习通常被界定为组织内部模型来反映和表征外部世界,或者为外部世界绘制一个地图。这种观念存在许多问题,较明显的两个是:(1)事实上,学习时没有任何东西从体外进入

"发现学习"是一种普遍的课堂教学方法,它通常植根于对应性理论的假设中,即知识是"外在于那里"的,学习是发现/揭示/恢复先前存在的真理。

人们仔细分析"基于发现的课堂教学"*后发现,事实上,在学生进行发现学习时,教师通常会强加严格的人为限制,以确保学生发现他们所期望的观点。与传统教学方法一样,发现学习也可以是设计和指导的,它所具有的各种表现形式,只不过是一个骗人的幌子罢了。

* 参见 Derek Edwards & Neil Mercr, Common Knowledge: The development of understanding in the classroom (London: Routledge, 1987).

体内；(2)神经学研究没有发现任何证据可以证明内部表征的存在(详情请参阅第六章)。

对应性理论背后的内隐关系网络非常古老，其历史至少可以追溯至古希腊著作。苏格拉底、柏拉图、亚里士多德及其继承者的哲学有一个核心原则，即纯粹的知识位于理念层面，是超出物理世界的东西(因此，"形而上学"一词，意指"高于物理")。真理被视为"外在于那里"，而学习被认为是掌握、恢复或者发现真理。

知识是理念的、永恒的和独立于人的。许多传统思想都认同这种假设，并以不同方式对其进行了清晰的阐述。就教学观而言，目前仍有影响的两个主要流派为神话—宗教思想和理性—经验思想。

目前，这两种思想框架经常被视为互不相容、甚至相互冲突，这种矛盾常见于这样一些表达中：神与牛顿、宗教与科学、先验与还原等。然而，在古人眼中，这些对立面都是必要的和相互补充的。两者和谐共处的关键，在于有一条清晰的分界线将双方置于各自所在的专业领域。这些分界线通常保留在一些成对的概念中，如灵知(gnosis)和知识(episteme)(希腊语)、神话(mythos)和理性(logos)(拉丁语)等。

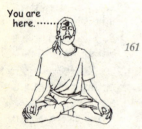

在对应性理论中，自我通常被理解为身份的核心，它在受孕或出生之时就已产生和完全形成。

"自我"如封装起来的胶囊，这种观念非常普遍。许多小说和电影情节把身份从一个身体移植到另一个身体上(或者移植到动物、机器等身上)，就表明了这一点。这类情节背后的假设就是，身份与身体、大脑、经历、知识、背景等是相互独立的。

在更久远的时代，神话—宗教领域(即灵知或者神话)所涉及的是存在与意义的问题。正如下面将要论及的，神话—宗教与形式(forms)和物品的创造有关，其目的是支持具有创造性的理解。理性—经验领域(即知识或理性)关心的是世界如何运作，它与指导性、实践性的知识有关。人们认为神话—宗教与理性—经验这两类知识，服务于既不相同也不交叉的目的，因而都是必要的。因此，尽管他们在这里表现为两个领域，但他们能够(也应该)被视为互补。

神话—宗教教学观。 神话—宗教知识所关注的是存在的意义。它通常采用诗的体裁，并运用神话、寓言、传说、讽喻、拟人、类比和隐喻等比喻手段。与形式逻辑追求还原论的确定性和经验科学寻求实证的态度相反，神话—宗教文本所普遍运用的这些手段具有生成性。他们更加倾向于认同这样的理解：有些事情是人类无法明确、直接和完全理解的。

比喻手段（比如神话和寓言）并不指事实，但它们深信故事不一定要真实才会引人注目。神话和寓言告诉我们如何成人，它的力量在于运用隐喻和符号来阐述逻辑论证和物理证据无法阐明的意义。在给人类提供理解世界的手段方面，神话指向伦理、教育、社会和心理等方面的目的。它们勾勒出正确与错误的轮廓，教给人们在社会中如何顺从和前进，培养社会凝聚力和集体效力。简而言之，神话—宗教知识与"大问题"有关。由于叙事能够提供背景、进行归因和赋予意义，所以这些问题需要通过叙事来解决。

值得注意的是，西方世界的正规教育系统起初只关注知识这一领域。人们认为，日常技能（即理性—经验知识领域）会在个体参与世界的过程中自然获得。然而，他们也发现人需要帮助才能理解宇宙的深奥真理。结果，正规教育非常重视以理解为导向的"文科"（liberal arts，按字面理解即用来解放人的艺术）。对于理解，苏格拉底曾有过精辟论述，即未经考察的生活是不值得过的。

整个西方神话—宗教传统中存在一个共同的主题，即人类曾经属于一个广大而统一的整体，但后来却从该整体中分离出来了。因此，学习和教学的核心问题，在于恢复这个失去了的整体或全体。教学被理解为引出或引入，视人们认为恢复这个全体的手段应该来自学习者内部还是外部而定。

比如，"教育"（educate）一词源自拉丁语"educare"，意指"拖出或拉出"。教育就是运用一切手段，把业已存在的、自一开始就融于个体的东西引出来。同样的理解隐藏在一系列词汇中，如"培育"（nurturing）[来自拉丁语"吮吸"（suckle）]、"培养"（fostering）[来自古英语"提供食物"（providing food）]、"指导"（tutoring）[（来自古法语"保护"（to protect）]，等等。所有这些用语都融入了英语，用来指教学。这些现象都发现于15世纪中期以前，即科学和工业革命、资本主义上升、欧洲帝制出现和现代公立学校兴起以前。

在与教育性教学（teaching-as-educating）相关的教学策略中，我们最熟悉的也许是苏格拉底法。苏格拉底法是一种提问策略，这种策略要求教师根据学生的回答来提问，它关心如何

这两幅图画表明教学方法在17世纪发生了巨大的变化。在上图（Van Ostade于17世纪早期所作）中，教育者处于正在从事各种活动的学习者中间。显然，这种学习并不受某个个体控制。相反，在学习中每个人都以某种方式对他人产生影响。

在下图中（某个未知的艺术家在17世纪中期所作），教学情境显得更加井然有序，这表明理性—经验思维在那时已经产生。就空间来看，教师不再与学生站在一起，而是站在教室的一端远远地指导学生的活动。学生根据年龄进行分组学习，同样的教材是他们集中关注的对象。所有学生同向而坐，在教师的监督之下依托手上的课本来进行活动。

引出在学习者身上业已存在的知识。其目的在于促使学习者注意在推理中存在的矛盾，从而剔除错误的地方，揭示纯粹的、无懈可击的内在知识。

然而，有些西方的神话—宗教传统所持的根本假设是，人要么本性就是恶的，要么不可避免地倾向于欺骗。因此，他们不把教学理解为引出学习者固有的美德，而是把学习者引向他们认为好的信仰或者社会体系中。根据这种理解，教学的任务在于诱导和教化。

从这个立场出发，出现了一些教学的同义词，如"牧师"（rector，与纠正错误有关，参见第三章）、掌握（master）［来自拉丁语"指导"（direct）］、"博士"（doctor）［与"教条"（doctrine）相关，因而博士的任务就是灌输（indoctrinate）］、"教授"［来自拉丁语"公开宣称"（to declare openly）］、"演讲者"——所有这些词都假定存在外在于学习者的预定真理。由此，教师的任务就是把学习者引入那个真理（比如，通过校正、指导或者灌输等手段），或者把那个真理传递给认知者（比如，通过传授或者讲课等手段）。这是教学的一个非常显著的意义。

怎样用神话—宗教教学观来解释Jamie的经历呢？

从某些方面来看，这个问题没有意义。在古代，学校教育不是按现在的方式组织起来的。当代学校教育的设计所依据的是一些在早期的情境中显得很荒谬的观念，包括假定存在界限分明的学科领域，假定教师的职责主要是负责创设学习所需要的条件等。相反，当时的学科界限（如果它们曾经有过界限的话）要灵活和模糊得多。数学与神话混合在一起，科学很自然地存在于神学之中，等等。

同样，按神话—宗教的观点，教学任务通常更多地是陪伴学习者旅行，而不是指导学习。因此，教学被当成是一种职业（vocation），从字面上看指神或灵魂的召唤，是有意识地投入宇宙之中。

由此可见，从事教学就是注意这种召唤。担任教师的人通常是牧师、潜修者、先知和巫师等，即那些被认为与"超人类世界"具有特殊关系的人。值得注意的是，拉比（犹太教经师或神职人员）、医生和许多其他头衔在其最初语言中均指"教师"。从这个角度看，教师不只是掌握了一门学科或者一套教学技术的人，而是生活在人类文化与"超人类世界"交

> 汇之处的人。
>
> 因此,成为教师主要不是个人问题,而更多地是人们是否认为他能够承担起文化解释者和精神干预者的角色。Jamie 的经历因而不能看作个人的胜利,而应视为对于环境的适应和社会角色的实现,即参与到更大的秩序之中。结果,当 Jamie 进入其命中注定要承担起的角色时,师生之间和谐的行动就马上产生了——她正在做应该做的事情。

理性—经验教学观。人们通常认为,"启蒙运动"始于 17 世纪早期英国和欧洲大陆在知识史上出现重大变化的时候。从历史上看,这个时期出现了一系列互相交织的文化事件,比如,随着印刷媒体的出现,交流日趋频繁,资本主义开始兴起,工业革命、科学革命、城市化、民主化和欧洲帝制等也随之产生。从哲学上看,这个时期也许可视为科学推理对于神话—宗教知识的胜利,因为分析科学的范围和力量很快就超出了它最初得以产生的日常技能(知识),开始了对于宇宙奥秘的探寻,而这曾经是神话—宗教思想的专有领域。

理性主义和经验主义是与现代科学兴起相关的两个主要的哲学流派,它们经常被(错误地)当作对立哲学呈现出来。

从表面上看,它们似乎迥然不同。理性主义着眼于思想产品,它相信真理模型应当以数学证据为基础,关心无懈可击的断言的产生过程。认为这些断言应该(1)牢牢植根于不言自明的前提之中;(2)稳稳建立在完美无缺的逻辑上。相反,经验主义植根于经验中。经验主义研究者关注的核心是可重复的证明。他们认为,所宣称的真理必须源自可靠的观察和有效的测量。由于理论的证明或者证伪以严格控制的实验为基础,因而经验主义者的真理总是归纳出来的。

然而,如果你仔细看看这些相反说法的基础,就会发现它们有许多一致的假设。尤其是,尽管它们提出的达到真理的路

理性还是**经验**?

所有自称为真理的断言,都必须在逻辑上有不言自明的、无可辩驳的前提。即断言要有效,它就必须是演绎的、理性的。

所有断言必须来自用世间现象所做的可重复实验。即断言要有效,它就必须是归纳的、经验的。

共同的基础:虽然理性和经验经常被视为对立的思想倾向,但两者都声称,所有现象都可还原成基本原则和粒子。当这些东西被发现时,我们就会获得对于宇宙的完整理解。

径大相径庭（理性主义以逻辑为基础，经验主义以经验为基础），但两者都植根于认知的对应性理论，都假定心与身是分离的，自我被隔绝和孤立在人的大脑中，认知纯粹是发生在头脑中的个体现象。而且，两者都假定存在一个稳定的、不可变更的实在，这种实在通常可还原成最基本的部分（即基础）来理解，如基本粒子、普遍法则、第一定律等。

那么，简言之，要把理性主义和经验主义解释成为相互对立的理论，唯一的方法就是忽略它们共同的、潜在的世界观。有一个事实有助于进一步说明两者并非对立的，即绝大多数科学家都能同时与这两种传统保持一致。比如，Isaac Newton 就经常既被当作伟大的理性主义者（尤其是因为他开创了微积分，而这还只是他对于现代数学的许多贡献之一），同时又被当作伟大的经验主义者（尤其是因为他在光学、重力和运动方面的研究）。

尽管如此，从理性主义和经验主义对于教学的建议来看，两者似乎有天壤之别。理性主义关注的焦点是符合逻辑的心理建构，这构成了心灵主义学习理论的基础（见第六章）。理性主义主张建立严格控制的课程，这种课程从基本原理（即"基础"）出发，逐渐发展到更精熟的能力。理性主义课程是线性的、递增的、精心排列的，并且经常会穿插测验，以确保个体跟上进程和得出适当的结论。在这种理解框架中，教学的同义词包括"解释"（explaining）［来自拉丁语"放平"（to lay flat）］、"告诉"（telling）［来自印欧词根"计算"（count）和其拓展词"列举"（recount）或者"传达"（convey）］、"教导"（instructing）（即指出知识"结构"的中心）、"指导"（directing）［来自拉丁语"笔直"（straight）］。

相比之下，经验主义集中于可观察和可测量的现象，支持学习的行为主义理论。正如第六章中所详细阐述的那样，在这种理解框架中的教学更多地是控制个体，以获得所期望的反应，或者训练学生，使其表现出预设的行为。经验主义也十分强调把测验当作持续的"质量控制"，以确保内部的产品与外部的现实相配合，即相对应。

根据现代主义观点，身份由多面构成，但各方面具有一致性，而且界线分明、不可变更。用流行的话讲，自我是一个"戴帽者"（hat-wearer），即当某人从一个场景走向另一个场景时，他会从一系列的可能性中选择适当的行为，但不管所戴的是什么帽子，他的核心身份保持不变。

这种观点突出表现于，在讨论学校教育时，人们习惯于把教师角色弄得四分五裂。教师所戴帽子很多，包括领导、学者、促进者、教练、法律实践者、主任、同事和社区成员等。

> 理性—经验主义怎样看待Jamie学习教学的经历呢？
>
> 首先，它会假定成为教师的过程是一个发展过程。要完全承担起一个角色需要学习，而学习在某种意义上即有意地获得技能和知识。从这个角度来看，Jamie最初的恐惧可视为缺乏经验，即她"卡"在学生与教师这两个角色之间。由此可见，我们可以把她那天最终在课堂上取得的成功，当成是她顺利跨越了这个模糊定位而成功地确立起了教师身份。从这个方面来看，成为有效教师就是取得和运用一套技术能力。
>
> 现代主义的自我观表明，Jamie能够向自己和他人完整地描述担任新教师的经历。而且，她一旦描述出了这些经历，就能够批判性地理解这些个人叙事。尽管这些能力仍处于大学课程和实习的框架内，但我们还是可以将其当作Jamie所取得的个人成绩。因而，从现代主义观点来看，成为有效教师受制于社会和文化形式，但它最终表明，个人目标的建立和实现取决于个人。

第三节 一致性理论与教学

正如第六章所述，学习理论中对应性理论与一致性理论的根本区别，在于它们对于知识性质持截然不同的看法。在对应性理论中，知识被认为是已经存在于宇宙中的东西。从这个观点出发，学习就是揭示、发现、恢复或者获得预先存在的知识。

相反，一致性理论所围绕的假设是：知识是动态的、发展的、相互关联的现象，这些现象存在于组织的各个层面之内和之间。知识不能独立存在于认知者之外；相反，知识应该理解为已经建立起来的但可以改变的行为模式，通过这种行为模式，主体维持其在动态情境中的适当存在。

两者的核心区别在于它们对人类感知的性质和作用持不同观点。在所有假定学习为对应模型的世界观（包括大部分神话的、宗教的、理性的、经验的态度）中，感知都被视为处于客观的外部世界和主观的内部世界之间的、不可靠的（经常导致错误理解）信息渠道。因此，尽管各个传统中获得真理的手段（最突出的有神秘占卜、宗教口授、理性演绎或者经验归纳等）各不相同，但其内隐的目的都是一样的：人必须克服感知的不可靠性。

正如第二章所论及，一致性理论采用与对应理解截然不同的视角。它理解主义思想家已经表明，认为宇宙是统一的和完全可知的观点是无稽之谈。相反，我们生活在一个由片面性认识、地方故事（local narrative）、情景化的真理（situated truths）和不断变化的自我（shifting selves）组成的世界中。

这个"后现代世界"是永无止境的"当代"（contemporary），即一个由网络空间、迪士尼乐园、巴比（Barbie）、MTV等组成的不断涌现的超现实体（superreality）。它们大多源于理性—经验主义，即现代主义，致力于制造与现实相符的模型。然而，所制造的模型导致了另一个新奇的现代世界的产生。在这个世界中，没有放之四海而皆准的真理，也没有广大的统一性主题——也许，反对现代主义所声称的还原、相加的真理除外。

168

不把感知当作处于人体外部与内部之间的、充满问题的渠道，而是将其当作一个接触面或膜。个体的感知系统远不是主体与环境之间的障碍，而是将主体与环境相耦合或者使主体与环境保持一致的手段。但是，要理解这一点，我们必须抛弃这样的观点，即将学习视为一个内化外部实在的过程。相反，我们必须把学习理解为在组织的多个层面（包括在主体之内和主体与其环境之间）保持一致性的过程。

显然，由于思考学习的方式出现了以上转变，思考教学的方式也发生了一些重大变化。教学不再是克服感知的不可靠性，而是必须关注和致力于对内隐和外显的关系网络发挥作用，以使我们个体与集体这两个世界得以保持一致。

理解主义教学观。大部分当代的一致性理论关注的重心在于人的现象，具体指个人理解（建构主义），社会集体（建造主义或社会建构主义）和文化（文化研究与批判理论）。换言之，它们都关心理解。

"理解"一词源于拉丁语"inter-"（意指"在……之间"或"在……之中"）和梵语"prath"（意指"广泛传播"）。因此，据其原意，理解可视为"出现在两个完全不同的时刻或事情之间"。由于一个人的经验要对照着另一个人的经验才能读懂，因而理解就是创立一致性。在人类的认知情境中，理解是不断地把新经验融入产生于先前经验的、由关系构成的生态系统的过程。这是一个持续不断的递归发展的过程，即不是在先前知识的基础上增长，而是改变先前的学习，以包括新的经验。

因此，学习是不可控制的现象，因为它产生于具有亲身经历性、社会情境性和文化制约性的情境之中。其结果就是，教学不能被解释为"引起"或者"迫使"学习者在特定时刻、以特定方式学习特定东西。简言之，学习不是由教学决定的，但受到教学的调控，并因而依赖于教学——教师做什么（或者不做什么）关系重大。

至于具体的教学观，则视它在不断发展的整体系统中所处的层面（即具体的学习系统）而定，不同层面的学习系统所关注的重点会有所不同。比如，如果它所关注的是个体的意义建构

(即建构主义领域),教学就通常被理解为促进(facilitating)(来自拉丁语"使容易")、指导(guiding)(从"提示"和"定向"的意义上讲)或者使能够(enabling)。最重要的是,教学不是告诉(telling),而是组织经验,以使学习者的感知指向特定的细节,并提示学习者把这些细节与其他细节联系起来。其中一个熟悉的例子是学习数字符号。促进数数能力的发展,需要具备两个方面的经验:一是读出数字;二是看见符号。教师的任务就是确保这两种经验以某种方式并列出现,以鼓励儿童把这些符号与口头数数结合起来。

有些只能说一门语言的人通常会认为,翻译就是把某一语言中的一套词汇转换成另一门语言中与之对应的词汇。

这种观点表明,人们没有认识到单词的意义是怎样产生于关系和关联网络的。因此,逐字翻译经常问题重重。

建构主义实际上很少给教师提供直接的建议。这一点并不奇怪,因为建构主义是人们怎样学习的理论,而不是人们如何被教授的理论。建构主义要求关注先前的学习,并且使经验既丰富又有重点。他们把教学的特点概括为理解链,在这个链条中,教师提示学生进入某种理解,然后去理解学生的理解,以决定如何进一步提示学生,等等。

相比之下,社会建构主义在人际交往过程、社会规范和文化工具(包括语言和物品)等方面具有更加明显的兴趣。因此它们通常更加关注个体如何变成集体的不可或缺的部分。在这种理解框架中,分析单元不是个体的意义建构,而是人与人之间的互动。这种互动是有目的的、由特定需要驱动的。它植根于已经建立的实践团体之中,经常通过特定的工具来干预。从社会建构主义所重视的这些方面出发,教学是干预(mediating,来自拉丁语"处在中间")、指导、示范、吸纳和使学生适应文化。

它忽视了语言之内和语言之间存在的关系,而忽视这一点会产生完全不同的意义。

翻译的困难凸显了理解在任何语言现象中所起的作用,也表明了在讨论认知、学习和教学时根据一致性而不是对应性思考的重要性。

社会建构主义很少给教师提供实践建议。事实上,在这种理解框架中的教学,经常被描述成主要是偶然的活动,很少涉及有意的教学干预。正如本章中有关新成员完成陌生教学任务的叙事所表明,所发生的大部分事情都是非直接的、无意识的、甚至是偶然的。也就是说,社会建构主义的确提供了一个清晰的、深思熟虑的建议:初学者应该有意地参与一些辅助性的活动,即他们应该通过从事合法的任务来为共同体的工作做出贡献。不过,这些任务并不是集体取得成功的关键,他们只能逐渐承担起更有意义的责任。这里意在表明,像教师这样的社会角色非常复杂,我们完全不能期望初学者能够意识到其中通常难以言说的细微差别。*

相比之下,文化和批判理论者通常认为,教育者有关注社会结构、普遍规范和根深蒂固的行为模式的伦理责任。在这种理解框架中,教学不是被看作服务于已经建立的社会秩序,而是被看作赋权和解放的颠覆性活动。这里的关键不是要使学习者意识到自己所受的压迫,而是应该让他们参与共同的计划,去质询现存的结构和共同创立新的更加平等的结构。从这个意义上讲,教学可以理解为表露心声和发表倡议,因为教学的目的是为集体行动敞开空间,而不是限制将要采取的行动。

> 理解主义教学观可以怎样用来解释 Jamie 的经历呢?
>
> Jamie 之所以最初会感到恐惧,也许是因为她记得并且目前正在体验学校文化中的经验——首先是作为学生,接着是作为师范生,现在则是作为自己所教班级的初任教师。因此,构成她目前经验的重要实践,包括各种有关她自己和他人经验的叙事。从这个角度来看,Jamie 的身份感不仅来自她自己的直接经验,还来自有关教师身份的普遍看法。比如,描述师生关系的电影就是非常重要的系统,它们也许会大大促进 Jamie 教师身份的形成。
>
> 同时,Jamie 经验的形成还受家长和校董会领导等所持教师观的影响,而这些观念通常内含于新闻和其他常见的媒体、办公室里的教师交往、自助餐厅里人们的闲聊,以及正式课本等载体中。
>
> Jamie 从恐惧过渡到自信,也许可以说成是重新定位。她的教师观由一些相互交叠的语汇系统构成,而这些语汇系统的集合已经发生了重组,形成了另外一种集合。
>
> 当然,这种重组既与教师建立身份的方式有关,也与学生通过重要的实践建立身份的方式有关。当 Jamie 开始重新审视"教师"的角色范畴时,学生也在审视自己的角色。当学生从 Jamie 身上感受到的东西,开始接近他们所认定的教师应该有的声音、形象和行为方式时,他们就开始作出符合 Jamie 所期望的回答。这种重要的实践受历史影响,其功能在于创造一种 Jamie 及其学生都视为"成功"的教学。

*参见 Lave & Wenger, Situated learning.

参与教学观。正如第二章中所提及,教学研究中最有趣的是,让成年人参与年幼儿童的活动,以帮助他们学习语言和熟练掌握骑车技术。尽管成年人也许认为自己能意识到所做的一切事情,但事实上,相对于孩子的动作而言,他们的动作太快、太娴熟了,以致根本就不可能是有意识决策的结果。

神经学家、心理学家和社会学家对这些精细的动作组合已经作过解释。从大脑活动的层面上看,人们能够使各个注意系统一致行动,即在同一时间注意同一事情(通常借助一系列观察或语言提示),并在这个过程中使身体各部分行为在节奏上保持同步。从心理层面来看,人们在进行这些精熟的动作时,也许是在重新展示他们多年以来与别人一起磨炼出来的行为组合。在社会学层面上看,这些行为组合可视为与特定社会场景相契合的"剧本"(即可接受的行为模式)。

当然,我们更倾向于认为,上述所有事情都是同时发生的。教学过程同时也是展示神经的、个人的和人际的一致性的过程。或者,用不同的话讲,人类是善长教学的族类。从生物学上看,我们有教学的能力,从文化上看,我们具备教学的条件。

就是在这一点上,参与理论发展了理解理论。参与理论超越了人们目前研究的兴趣范围,凸显了生物本能在人类学习中所起的作用。它既强调生物本能对于人类学习的影响,也强调人类学习对于生物本能的影响。

有了这种超现象的兴趣,即承认人类既是生物体也是文化体,参与理论就拥有了复杂的态度。除此之外,参与理论还表明,人类是会教学的族类。在其他许多族类中,成年的动物要教给年幼者技能,如寻找食物和打破坚果等,因此,他们也会出现教学现象。但是,在人与人之间,教学是着眼于不断增长的复杂性。它不仅保持现有的全部能力,而且还提供发展这些能力的机会。它不只是保持人们已有的知识,而且还在这个基础上进行拓展。

因此,我们更应采用相互嵌套、自我类似、层级独立和递归生成的分形几何图像,而不是按欧几里德几何的直线图像和界线分明的区域来描述教学。

尽管人们已经提出了许多建议,但目前尚未出现一套广

人格是怎样形成的?

通过对兄弟姐妹(包括亲生的、领养的、分开培养的、一起培养的同胞)的共性与差异的比较研究,人们得出了两个一致的结论。

首先,人格差异大约一半来自遗传,一半来自社会化过程中所形成的不同。

其次,影响个人观点、偏好、习惯、身份等的大部分社会因素并非来自父母,而是来自同辈。儿童在玩伴、团伙、帮派、班级等同辈群体中践行大部分身份。由此看来,既然教师能够塑造同辈群体的活动机制,他就能够影响儿童的身份形成。教师在社会化方面的作用不亚于父母在遗传方面给孩子人格带来的影响。

为接受的以参与为导向的同义词。所建议的同义词包括即兴创作（improvising）*、引起（occasioning）**、交谈（conversing）***、关心（caring）****和心智交汇（engaging minds）等等。这些观念均在不同程度上致力于凸显教学所具有的偶然性、灵活性、涌现性和多种可能性。它们与传统观点分野的关键地方在于，它们意识到了教学不是"告诉"（telling）或"指导"（direct），而是"触发"（triggering）和"扰乱"（disturbing）。这些观念指向所谓的"意识的耦合"（coupling of consciousness），即人类特有的调整注意系统和综合大脑功能的能力，它实际上提供了形成更大认知单位的可能性。*****

由于存在这种复杂的、公共的认知能力，我们可以采用可能有用的隐喻，即"教学作为集体意识"。为了理解这个隐喻，我们有必要回到第二章所论及的主题（也是有待详细阐述的一个观点）：人的意识更多的是评论家而不是控制者。它不是"指导"，而是"定向"。人所要获得的知识和所要形成的身份不由意识决定，但它们完全依靠意识，其关系非常类似于学不由教决定，但依赖于教。"教学作为集体意识"的隐喻因而表明，教师的责任是唤醒各种注意力，对集体中产生的可能行为和理解进行甄选和强调。

由此看来，教学不能只关注预设的结论，而是必须突破复制和维持现有可能性的观点。更确切地讲，教学似乎更是拓展和创造可能空间，使尚未想象到的东西能够涌现出来。教学不仅要关注是什么（what is），还要关注**可能会出现什么**（what might be brought forth）。用第五章所介绍的观点来讲就是，教学要探索现有空间，以开启新的可能性，而所谓教学，就是参与这个递归发展过程的行为。

本书最后三章将集中讨论这种教学观，如前所述，这种安排的目的是激发教师思考。也就是说，这些讨论所关心的并非是完全重述现有的教学知识，而是试图拓展这种可能性空间，即以更丰富有效的方式反思现行教学观背后的理论框架，探索可能产生的新知识。

---

* 参见 Lyndon Martin Jo Towers, & Susan E. B. Pirie "Colective mathematical understanding as improveisation", in Mathematical Thinking and learning, vol. 8. no. 2(2006)：149-183.

** 参见 Brent Davis, Dennis Sumara, & Tom Kieren, "Cogition, co-emergence, curriculum", in Journal of Curriculum Studies, vol. 28. no. 2(1996)：151-169.

*** 参见 Sylvia Ashton-Warner, Teacher (New York：Simon & Schuster 1963).

**** 参见 Nel Noddings, Caring：A feminine approach to ethics and moral education (Berkeley：University of Califorlia Press, 1984).

***** 参见 Donal, A mind so rare.

参与教学观会如何解释 Jamie 的经历呢?

如果参与教学观可以概括成几句话的话,那可能是,"虽然每件事情都很重要,但我们只能认识到发生在周围的一小部分事情。我们不可能知道行为的所有后果,因此,必须有意识地参与周围情境,随着情境的变化而变化。"

因而从 Jamie 的经历来看,这种观点赞成理解主义者的说法。然而,这种观点不止对显性理解、文化习惯和社会环境等问题感兴趣,而是特别希望促使人们注意生物构造、生态交互和关系机制。也就是说,这种观点会从组织的各个层面来理解所探寻的事件。

比如,从关系机制来看,很明显,课堂里的角色通常是根据对立关系来界定的:教师不是学生。实际上,教师的作用被当成了管理、控制、监视学生及其学习。然而,这些区别和界定都是人为的。教师和学生一样,都是作为一个"交感"①体而存在的,他们相互规定着对方适当行为的范围。尽管人们经常认为师生是相互竞争和冲突的关系(事实上,Jamie 最初正是以这种方式理解师生关系的),但从深层次上看,它们则是合作关系。

参与教学观因而极力主张,我们应该把课堂视为由相互交往和交叉重叠的单位(即教师和学生)组成的集体,并把这个集体视为更大集体(比如,学校、社区和生态系统等)的一方面。同样,Jamie 也必须被理解为(1)复杂的集体,即由生物的、受制于历史的、动态的、交互的部分构成的集体;(2)一致的整体,即她对自己的身份有不断发展的认识,并且她的学生也感觉她有这种认识;(3)更大集体的一部分。

从更广意义上讲,有关自我的复杂的情境理论会促使人们注意更为广泛的现象,包括现象学的、文化的、生物的和"超人类"等各个方面。比如,这件事情是否发生在寒冷或温暖的气候中、是早晨还是下午、学生在那天有多活跃——知道这些事情是有趣的。学生的一些特定细节(他们的年龄、性别、性和社交的发展水平、与他人的友谊和密切关系)也很有趣,因为所有这些细节构成了这个班集体的特点。同样,Jaime 的外表、健康、年龄、面对压力的生理反应、性欲、性别、前天晚上的梦境、精神信仰

---

① "交感"(consensual)本来是生理学术语,指与身体某一部位的自觉运动相伴随的另一部位的不自觉运动。这里用来指教师与学生之间相互关联的状态。——译者注

等共同构成了这个不断变化的情境。

　　这个问题的关键不在于所有这些细节都必须考虑到,而在于它们都很重要。这种认识可能会使人不再试图做"正确的事",而是试图找到适合这种情境的行为模式。它不是要控制行为(情境的动态性和复杂性使我们不可能控制人的行为),而是要关注个体的行为后果。

　　Jamie成功地跟上了周围环境变化的步调,并在此过程中帮助学生建立起了一个更大的集体。事实上,她注意到了这种突然出现的行为上的和谐状态。尽管她的角色与学生的角色有所区别,但她知道自己已经变成了班级整体的一部分。

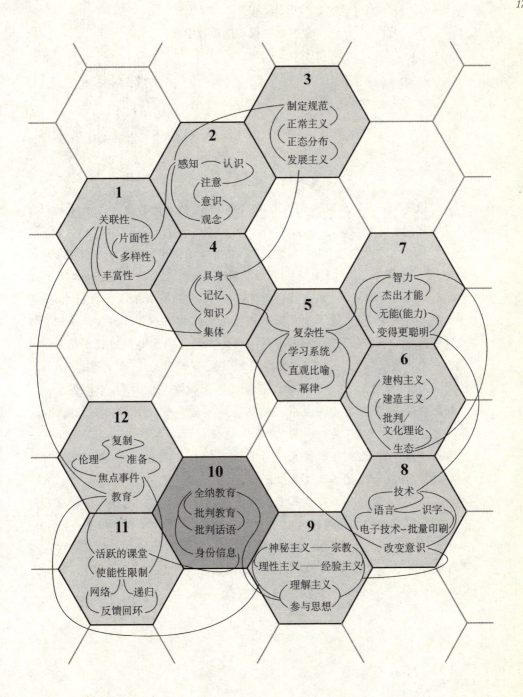

第十章　教学挑战
全纳教学观和批叛教学观

*

选择《缝补》(Stitches)** 这部小说作为中学英语语言艺术课的教材章节似乎比较理想。

该小说曾荣获 2004 年加拿大"总督青年小说奖"(Governor General Award for Young Adult Fiction)。故事的主人公是年仅十二岁的 Travis。他同婶婶 Kitaleen 和叔叔 Mike 住在一个小镇上。自出生起,他就没有见过爸爸,也很少见到妈妈。他妈妈在一个乡村和西部乐队中担任首席歌手,因而总在不遗余力地四处奔走。他最要好的朋友是同班的一个残疾女孩 Chantelle。在其同辈男生看来,Travis 有同性恋倾向,比如,他喜欢缝纫、木偶、戏剧而不喜欢体育和轿车。因此,几个男生经常欺侮他,给他的身心造成很大的伤害。尽管妈妈和婶婶待他尚好,但叔叔憎恶同性恋,认为他不够"男人",这使得他内心非常痛苦。在小说结尾部分,由于遭到了学校几个男生残忍的人身攻击,他被迫搬至市区附近,开始在一个艺术教育学校念书。

简言之,这部作品符合几个主要的选择标准:(1)它是当代小说;(2)它荣获了重要的文学奖;(3)故事中的角色与中学生的年龄相当;(4)它涉及了许多教师可能面临的社会问题。因此,该小说被选入职前中学英语教师最后一年的课程,编成了一个题为"如何教小说"的单元,学时两周。

---

*该图是一个木刻,描述的是 11 世纪匈牙利的学校(未知艺术家作)。

** Glen Huser, Stitches (Toronto: Groudwood, 2003).

第一节 全纳教育

在过去几十年来的学校教育研究中,"全纳教育"(Inclusive Education)一直是著名的运动。如其字面意思所示,"全纳教育"的核心思想在于容纳教室里的差异,所围绕的主题是如何把所有孩子都纳入正规教育。原则上,这种做法旨在鼓励成绩较差的学生更好地获得情感、社会和学业上的支持。有证据显示,全纳教育取得了较大成功,表现为:学生的学习成绩得到了提高;自尊心更强;身体更健康;毕业的几率更大;考上大学和找到工作的概率增大。*

全纳教育运动有两个主要的研究领域:一是哲学领域,研究为什么要进行全纳教育;二是实用领域,研究如何进行全纳教育。就前者而言,其核心主题包括:(1)所有儿童均能学习;(2)只要教育环境适当,任何儿童都可从教育中受益;(3)儿童差异应被视为蕴含着丰富可能性的资源,而不是某种必须消除或可置之不理的东西。

简言之,全纳教育的核心观点是,每个儿童都有享受教育的权利,因而都有权获得同样的教育机会和教育保障。更直接地讲,全纳教育的指导原则,是不论儿童的种族、民族、社会阶层、性质、性取向、宗教、意识形态、年龄、(无)能力和其他特质如何,都不应遭到排斥或歧视。近来,由于人们已经认识到智力和身份既不由遗传决定,也不由早年生活所定型,因而开始广泛接受全纳教育的这个指导原则。该原则关注的重心不是使某个儿童(或某组儿童)得到"特别"的品质,而是弄清儿童接受教育过程中所遇到的观念和身体上的障碍。换言之,它把问题定位在社会、机构和文化等领域,而不是在个人身上。

几个已经得到确证的有助于全纳教育取得成功的因素有:(1)教师的信息灵通;(2)具有经过深思熟虑的、适合每个学生特定需要和能力的个人教育计划;(3)有进入专业团队的机会;(4)教师能获得足够的教学支持;(5)能获得源源不断的发展机会。

全纳教育运动的核心主张是,学校教育设计应该适应儿童的特定需要和差异,而不是颠倒过来。这就意味着,在涉及儿

自我还是社会?

集体的潜能有赖于个体的能力与力量,因此学校必须关注自我。

学校是文化保存自身的主要手段,因此学校应该服务于社会需要。

共同的基础:自我和社会通常被视为对立和必然相对的现象。从这个假设出发,人的共同活动是一个"零和游戏"(即我所失去的必然会被他人获得)。

* 参见 National Research Center on learning Disabilities, "Twenty-five years of progress in educating children with disabilities through IDEA." 2006 年 9 月 5 日引自 http://www.Nrcld.org/resources/oesp/historyidea.shtml.

如果整个世界人口能缩减到一个仅有 100 人的村庄,那看起来可能是如下这个样子*:

人口状况:
60 个亚洲人
14 个美洲人
13 个非洲人
12 个欧洲人
1 个大洋洲人

身份:
50 个女人/50 个男人
80 个非白人/20 个白人
67 个非基督徒/33 个基督徒

教育:
17 人是文盲
2 人上过大学

健康:
25 人生活在标准房里
13 人患营养不良
4 人拥有电脑
20 人控制着 89% 的财富——大部分是男人、白人、受过大学教育的人、北美人、有基督背景的人。

这种差距和不平等是使教育理论与实践更具批判性的一个主要动力。

* 该研究由 Rekha Balu, Christine Engelken 和 Jennifer Grosso 基于 2002 所收集的数据完成,数据来自 Http://www. Fastcompany. com/articles/2001/05/email2. html.

童特性的各个方面,如教学步骤、课程、身体准入、社会组织、教学方法、团体参与等,教育设计应该具有一定的弹性。有时,还需要组织包括专家在内的教育队伍来处理学生的个别需要。另外,全纳教育运动还强烈要求,凡是与学校教育过程相关的所有群体,如学生、家长、教师和其他的共同体成员等,都应该建立和维持良好的关系。全纳教育既重视集体性,也重视学生个体的多样性及其不断变化的需要,这就表明教育设计对于学生需要和差异的适应,并非一蹴而就,而是需要根据时间和情境随机应变,并且总是处于不断变化的过程中。换言之,全纳教育既是一种教育态度,也是一套教育实践。

全纳教育的倡导者通常认为,为了培养友谊和归属感,必须让儿童与同龄人有机会聚在一起。由于人总是倾向于关注和扩大人际差异(参见第二章),因而有意识地安排他们相聚非常重要。培养同辈之间的友谊通常需要教师的引导,如要求或安排儿童一起完成课堂作业,或者让他们在课外活动中相互关照。

在谈论全纳教育时,大多数人都明确地持个人中心的态度,这可能会引起误解。事实上,该运动已经清楚地表明,全纳教育以共同体为导向。这种观点通常体现在一些具体的教学策略中,如选择与共同体问题相关的文章、直接处理与人际差异有关的问题、选择有助于建立班集体的活动、鼓励儿童学会互相帮助等。实际上,全纳教育的重要前提,是当成员差异不只是被接纳或容忍而是受到欣赏时,团体的力量会变得更加强大。

当然,全纳教育也遭到了一些批评。从担忧它过于激进到担心它不够深入,各种观点都有。比如,一个极端的观点认为,全纳教育所需要的资源过多,对学校预算、教师时间和其他学生的精力都提出了过多的要求。另一极端的观点认为,全纳教育中"平等"的定义过于狭隘,这实际上阻碍了一些具有特殊需要的学生获取最有利的教育机会。简言之,不同的能力需要不同的教育机会,没有什么比以同样的方法教育不同学生更不平等了。

我们选择《缝补》来编成小说单元的另外一个原因，是因为该小说的作者 Glen Huser 当时实际上正在参与我们的教师教育项目。

他应邀来这个班级做客，与学生们讨论小说写作方面的一系列问题，如当作家的感觉如何，怎样描写人物和情节，怎样使其他作品成为所写小说的一部分，个人经历在小说作品中占什么地位，编者与作品出版有多大程度的联系，这种联系是什么性质等。当被问及人物的动机和作者欲表达的主题时，他很聪明，不愿细讲。他说如果告诉读者应该怎样理解小说，就会剥夺他们沉浸于他人所创造的世界的机会。

同学们接受了他的建议。然而，遗憾的是，此后所发生的几件事情似乎印证了他的话。比如，当同学们后来对小说进行讨论时，几乎没有人探讨文学参与，即他们并不去弄清小说中的人物并与其产生共鸣。相反，他们所关注的是大家在阅读这部小说时所发现的一系列"敏感事件"，如虐待、欺侮、差别、残疾、陈旧的性观念、性别角色等。

事实上，这些问题几乎成了大家讨论的唯一主题，根本没有人再提及故事本身。取而代之的是，在这个特定的教师教育项目的标准化情境中（我们在第三章所穿插的叙事中描述了这个项目），这本书提供了机会，使大家能够谈起青少年所面临的问题，并将这些问题融入在教师教育的情境中，而对于小说中引出这些问题的话语，则不去追问。

第二节　批判教育

批判教育运动有时与全纳教育有关。但是它实际上源自一系列不同的历史事件，所秉持的理论和哲学观也截然不同。

全纳教育与批判教育的共同之处，在于它们都关注与人际差异相关的问题，试图给所有学生提供更好的教育机会。不过，全纳教育所关注的是个体之间的差异，而批判教育则围绕权力、特权和控制等问题展开，其主要任务是质询具体的学校环境和更具一般性的社会环境中普遍存在的观念和现实（包括人际的、经济的、文化的等各个方面），以便减少压迫和给予学生更多的权力。

"和平 2006"(*Peace It Together 2006*)这个项目把 29 个来自以色列、巴勒斯坦和加拿大的青少年聚在一起,让他们互相倾听对方的故事,培养进行交流和解决冲突的技能,并以电影制作为手段来打破壁垒和改变生活。

这群孩子在温哥华待了几天,以便相互熟悉,随后他们乘坐 45 分钟的渡船到达了 Galiao 岛。在由 4 至 5 个不同文化的孩子组成的小组中,参与者创造简单的视频,以此表现冲突对他们生活的影响。他们编写、拍摄、饰演和制作自己的电影。目前人们正在以这些电影为教育素材,激励世界上的年轻人和成年人进行合作和追求和平。**

* 参见 Neil Postman & Charles Weingartner, Teaching as a subvertsive activity (New York:Delacorte., 1969).

** 要获得更多信息、新闻和电影,请登录 http://creativepeacenetwork.ca/.

*** Freire, Pedagogy of the oppressesd.

20 世纪 60 年代晚期,随着世界范围内的社会激进主义运动的不断高涨,批判教育运动开始兴起。* 批判教育的前提假设是不存在价值中立的教育策略,以此为起点,它认为正规学校教育通常是保持社会一致性的工具,所采用的方法是把年轻的学习者融入现行的逻辑、世界观、神话、智慧、解释体系和意识形态之中。然而,批判教育也可能会变成"自由实践"(practice of freedom),即人们可以通过这种实践来批判性和创造性地解决问题。

批判教育与学习的文化批判理论相关(请参阅第六章)。正如先前所提到,这个运动的最常见表达是 Paulo Freire 提出的"concientizacao"。"concientizacao"是葡萄牙语,可译为"提升意识"。*** "提升意识"是一种教育方法,它致力于发现和揭示具有压迫性的政治和文化结构,并要求采取行动批判这种结构。值得注意的是,人们常常会通过某种方式(比如,主动接受种族神话或者文化差异等)来推动施加在自己身上的压迫,而该教育方法的重心就是帮助人们弄清自己在这种压迫中所起的作用。

Freire 是从实践教育学的角度来提出"提升意识"这个观点是。当他在巴西给处于贫困之中和被剥夺了公民权利的社会成员上课时,首创了这种方法,其核心是通过个人和集体行为影响人的生存条件。

批判教育运动主要采用的策略是使语言返回自身,即请学习者批判性地考察塑造其经验的习俗,并对自己在习俗形成过程中所发挥的作用进行类似考察。作为一种教育方法,批判教育首先要确定一个或多个可进行批判研究的论题,例如,民族、文化规范、宗教、性别期望、社会阶层等。该教育的首要任务是与学习者一起认识这些论题所存在的弊病,然后,根据这些认识来提出可供替代的观念,采取与以往不同的行为,或者消除社会中压迫人的方面。

尽管 Freire 的教育方法是在同社会底层人员一起工作时形成的,但它既与穷人有关,也与富人有关,所批判的主题包括很多方面,如世界上的财富分配、国家交战的理由、政府花钱的优先权、大众媒体对于潮流的影响、普遍深入的常态概念、特权、文化剥削、环境恶化等。这些问题的提出，均有利于提升人们对其生存境遇的批判意识。更准确地讲，批判教育不是寻求更高的真理或者更准确的说明，而是要求人们保持警觉，充分认识到每当我们确认一个批判论题时，同时也在忽略其他一些批判的方面，即通过抛弃其他理解而开创新的兴趣点。批判的目的不是获得终极真理，而是取得更好的生存条件。

批判教育大多不是从政治角度来阐述理想的教学观，而是把教学视为一种"把熟悉的事物变得陌生"的态度，尤其值得注意的是，它通常会对人们理所当然地视为"正常"的事物进行批判。在这一点上，人们经常会用*常态的*或*标准化的*(normalizing)等词来代替"正常"这个形容词。比如，我们在第三章就已讲过，没有"正常的"孩子，只有一套以各种假设和测量为基础的"正常"标准，而人们往往根据这些假设和测量来设计和组织所有学生的活动。批判教育学因而同时关注两个任务，一是揭示常态结构，二是开发非常态策略。

"常态话语"与"权力话语"密切相关，有时甚至是同义词。权力结构是人们建立和维持观念的手段，它既微妙又明显，既隐秘又公开，既是非意识的也是有意识的，既是偶然的也是有意的。比如，肯定男性特权的方式包括：课程制定以过去男性白种人的成果为基础；教师分布表现为低年级女教师居多，越靠近大学，男教师所占比重越大；日常话语和社会实践给人的印象是，男性擅长分析和理性思考，而女性则凭直觉和情感行事等等。反映男性特权的隐性课程渗透于从个人到文化的所有层面。同样，反映白人、富人、异性恋者以及其他群体现有特权的隐性课程也渗透在社会各个方面。因此，批判教育认为，这些隐性课程的渗透对从教育到政治的各个层面都产生了影响。

Nicole Pageau 是一位加拿大退休人员。在他的努力下，卢旺达的一个小村庄发生了重要变化。该村庄的居民主要是 1994 年种族屠杀中幸存的妇女、儿童和孤儿。当 Pageau 发现这个村庄极端贫穷并受到艾滋病侵扰时，便用自己的资金购买了一些缝纫机。这既为村民提供了赚钱的手段，也为他们创造了相互交流、分享劳动和进行集体认同的平台。

Pageau 的工作在一定程度上是 "Ubumtu" 的（即 "人道"）*。它通过资助小项目、支持儿童教育、为社区提供医疗服务等手段，来提高 Kimironko 村中 650 人的生存条件。所有这些活动的目的，都在于促进村庄的可持续性发展，并使社区实现自给自足。

在 Glen 访问这个班级后，班级活动的重心转向了为中学课堂设计学习单元。班上同学分成几个小组，培训教师给他们提供了中学生所要学习的项目，及其他一些中学英语语言艺术课堂可能用到的资源。

* 该组织网站：http://www.ubuntuedmonton.org/. 报道该工作的短视频可从以下网站获取：http://www.cbc.ca/newsatsixedmonton/beyondorders.html.

什么是基础?

在澳大利亚昆士兰洲的一个创新课程项目上,有人严肃地提出了这个问题。*** 课程开发者们认为,基础会随着文化的变化而变化,因而,他们以这种认识为导向,着手开创更适合当今时代不断变化的社会背景的教育结构。

这个项目的核心观点有两个:其一,有必要解决新出现的社会问题,如老年人口保健、城市交通系统拥挤、环境恶化等;第二,这些问题需要复杂应对(complex responses),比如,如果采用复杂应对的方式,土木工程师也许会注意到公路是怎样改变社区的。

---

* 这里所列的只是一部分,欲获得更完整的综述,请参见 William Pinar, William Reynolds, Patrick Slattery, & Peter Taubma, Understanding curriculum: An introduction to the study of historyical and contemporary curriculum discourse (New York: Peter Lang, 1995)。

** 例如,Deborah Brizman, Practice makes practice: A critical stuy of learning to teach revised edn. (Albany, NY: State University of New York Press, 2003)。

*** 如需要获取更多信息,请登录:http://education.qld.gov.au/corporate/newbasics/(尤其是 Alan Luke 的介绍文章)。

我们首先用几节课时间从事单元设计,然后给同学们两节课来相互展示所设计的单元。他们提出了一些较熟悉的设计建议,包括阅读理解题、论述题、讨论主题、人物简述和其他评估阅读效果的策略等。另外,他们还设计了一些与小说内容关系不大的活动,如重新撰写小说结尾、设计书本封面、把故事场景改编成戏剧或电影剧本等。

简言之,这个单元变成了训练文学和思维技能的机会,也就是说,小说《缝补》被看成了一个文学案例和通用文本。学习该单元时,我们并不把重点放在小说细节及其引发的问题上,而是集中关注教学的一般原则和必须进行的教学准备。

我们把重点放在一般原则而不是特定细节上,这也许是因为大家不可能在该班教授所设计的这个单元,当然更不可能在即将到来的实习课上教授它。

但是,忽视小说细节也会导致某些令人担忧的事情。在跟踪访谈中,参与该项目的成员 Marlene 非常不安地说:"我感觉 Travis 的性取向是本单元的主要论题,但是在讨论中没有按计划讨论这个主题。让我们面对它吧!这部小说之所以禁止在任何学校阅读,其原因不在于它涉及的是欺侮问题,而在于 Travis 对于性有不同的理解。遗憾的是,如果我们教师不能处理这些重要问题,像 Travis 这样的学生就只有遭殃了。"

第三节 批判态度

实际上,批判教育流派众多。马克思主义哲学最初阐发了社会正义这一问题,由此引发了批判教育运动的兴起。此后,其他批判话语相继出现,目前已有的话语主要从后殖民、本土、女性主义和同性恋等视角出发。* 另外,批判教育已吸收了各种理论运动和观念,如心理分析、后结构主义**、文化研究和生态思想等(有些在第六章已有介绍),从而使当代教育研究的范围非常广泛。然而,不管采用什么视角,教育都既是各派学说相互斗争的竞技场,也是影响社会变革的手段。

所有这些批判理论都指向一个共同目的,即揭示和质询不公平和不正义现象背后的传统观念。人们通常用"隐性课程"这一概念来表达所隐藏的传统观念,意味着学校实际传授的东西总会超过课程文本中明确表达的东西。

当然,这些不同的理论促使人们把注意力投向了隐性课程的不同方面(这一点在下文将有简述),而要注意隐性课程的不同方面,我们就不能把任何一种理论当作统一的或者只由一种观点构成。相反,这些理论都包含多样的兴趣和理解,在每一种模式中都有持久却富有成效的争论和分歧。

如上编所述,马克思主义分析主要涉及获得资源的机会等问题,如等级体系、财富分布、经济政策和全球化等,这些问题通常与教育实践有关,其研究涵盖了从当前课程主题到国际合作政策等教育行为的各个层面。*

同样,持后殖民理论教育者通常也重视学校教育的政治和经济等方面。他们的批评通常更集中于那些曾经(或者仍然)遭受殖民统治的国家所面临的特定问题,如冲突的世界观、本土知识的复兴、文化修复、反种族主义和不同知识领域的整合等。**

"本土教育"(indigenous education)这个短语经常与后殖民主义理论的许多观点有关。在许多情况下,将两者联系起来是适当的。本土教育家们通常十分关注恢复和保存本国文化中的传统知识。这些观点经常与人类文化圈概念(见第一章)相呼应,按照人类文化圈的观点,当人们允许各种各样的语言和文化表达自己的声音时,就会促进人类的认知。另外,本土教育还有一些突出的观点,如关注地方、可持续性和传统知识(尤其是与文化叙事、医学知识和民族数学相关的知识)。这个运动近年来得到了快速发展,在澳大利亚、加拿大、新西兰和美国等英语国家中尤其突出。

女性主义教育学也表现出了类似的兴趣,其目的是试图弄清由文化决定的性别角色和机制在教育组织中发挥着怎样的作用,而教育对于性别角色和机制的形成又起着怎样的推动作

其中一个变化是重新界定识字能力(literacy),使之不仅包括功能性识字能力(functional literacy),还包括社会、政治、环境等基本能力。它并非围绕传统学科建构课程,而是通过真正的实际操作项目(如通过召开会议讨论具体的环境问题等各种任务),在解决社区问题的情景中,研究和应用数学、科学、英语、历史等学科中的主题。所研究的主题都是相关的、情境化的和需要深入研究的。

* 参见 The Journal for Critical Education Policy Studies 的目录(网址:http://www.jceps.com)。
** 参见 Bill Ashcroft Gareth Griffiths, & Helen Tiffin, The post-colonial studies reader (New York: Routledge 1997); Edward Said, Culture and imperialism (New York: Vintage, 1994).

用。女性主义在当代研究的主题较多,包括课程中的男性化、教学中的女性化、学科和职业领域中的性别差异、各种学习策略和方法等,在此仅略举一二。*

同性恋教育学(queer pedagogy)是更晚出现的一种运动,其目的是希望人们不仅要理解教育材料是怎样"性"化的(sexed),还要理解它们是怎样"异性恋"化的(heterosexed),即基于异性恋者和(通常是)男性身份的常态假设是怎样渗透进教育政治和实践的。**

以上所有批判教育都不应视为相互分离或孤立的领域。大多数批判教育者的工作并不囿于某种理论框架,而是涉及多个范畴的问题。

> 作为研究者,我们感兴趣的是:学生愿意私下里或者在访谈中对这本小说进行评论(参见上一节叙事框中 Marlene 的评论),但不愿在班上公开发表评论。无论是在班级讨论中还是在小组的单元设计中,对于 Travis 所表现出的明显的同性恋倾向,大家都避而不谈。
>
> 他们不讨论憎恶同性恋和异性恋主义等具体问题,而是从更加一般和模糊得多的层面上讨论学校中存在的欺侮现象。事实上,"欺侮"(bullying)一词所表达的是过于控制,而这一点会因时下正在讨论的有关教学方法的论文而得到强化。这个集体(学生和指导者)不是去努力揭示和分析在《缝补》中所描述的问题(如性别歧视、对同性恋的憎恶和异性恋主义等)之间的嵌套关系,而是迷恋于讨论这部小说是否适用于中学及中学生可以怎样通过使用这本小说来培养文学技能上。
>
> 因此,尽管从表面上看来教师教育课堂似乎在讨论与对同性恋的憎恶和异性恋主义等相关的各种重要问题,但由于没有以具体、深入和投入的方式去理解这些问题,因而就意味着陈规旧套的知识会被强化和复制。
>
> 这不能怪某一个人。所有的参与者都串通一气——这不只是涉及其中的某些人。正如 Yvonne 后来解释道:

---

* 参见 Madeleine Grumet, Bitter milk: Women ad teaching (Amherst, MA: The University of Massachusetts Press, 1988); Camen Luke, Feminisms and critical pedagogy (New York: Routledge, 1992).

** 参见 Mary Bryson & Suzanne de Castell, "Queer pedagogy: Praxis mkes im/perfect," In Canadian Journal of Education, vol. 18, no. 2 (1993: 285 - 305; William F. Piar (editor), Queer theories in education (Hillsdale, NJ: Lawrence Erlbaum, 1998). See also the Journal of Gay & Lesbian Issues in Education.

> 我认为，在课堂讨论中不能真正谈论出现在该小说中的虐待问题真是太糟糕了。我读了《缝补》后发现，最不清楚如何保持健康关系的人是那些我称之为"正常"的人。Travis 似乎真正理解了在这种关系中最重要的东西，他的朋友 Chantelle 也是这样。我希望我们可以在班上更多地讨论这个问题，因为这是我要与学生讨论的东西。取而代之的是，我们集中在欺侮这个问题上，使得情况看来好像是 Travis 和 Chantelle 两人都是不幸的人物。我希望当一个更好的教师，但现在发现，在教师教育课堂上，学不到这些东西。

第四节 批判教育之批判

具有讽刺意味的是，批判教育不可能普遍存在于正规教育中。它着眼于打破现状、破坏统治结构、探寻人是怎样限制他人和受制于人，或者剥夺他人和被他人剥夺的。所研究的对象总处于不断发展和变化之中，因而批判教育学必须随着这些对象的变化而变化。它永远不可能天真地认为它已经成功地抵达了它的目的地。

因此，存在对于批判教育运动的批评是不足为怪的，在这种批评中，不同的评论者会试图提醒实践者注意盲点和未曾注意到的偏见。比如，在一部有名的著作中，Elizabeth Ellsworth 认为*，批判教育（尤其是那些主要源于马克思主义的批判教育）所依赖的假设，大多与它们试图打破的压迫性神话背后的假设一样。Ellsworth 注意到了她自己作为中层阶级白种妇女和教授的特权，也批判了赋权、学生发言权、对话和批判反思等观念，她认为制度化地参与这些问题充满了矛盾，并且会导致重新产生他们所批评的结构。

用非洲诗人、随笔作家和自传作家 Audre Lorde 的话讲**，Ellsworth 的研究揭示了"用主人的工具砸烂主人的房子"的困难。如果理论家们在争论中把自己限于同样的理性主义和男性主义等方面的话，那么他们虽然在一定程度上预设了所要得出的结论，但同时也可能在为复制他们所批判的等级权

如果理论家把自己限制在理性争论和经验证明中，那么对过去从这些思维模式中产生出来的结论，即使它们所充满的隐性联系未必全部合理，理论家们也可能发现不了。Audre Lorde 曾用一个隐喻强调了这个问题：你不能使用主人的工具砸烂主人的房子。

* Elizabeth Ellsworth, "Why doesn't this feel empowering? Working through the repressive myths of critical pedagogy," in Harvard Educatioal Review, vol 59, no. 3 (1989):271-297.

** Audre Lorde, Sister outsider: Essys and speeches (Trumansberg. NY: Crossing Press 1984).

威结构创设平台。事实上,批判教育运动中许多杰出人物所面临的主要批评是:他们中有些人似乎由于学术工作带来的专业和物质效益而远离了阶级争斗和其他的争斗。

有批评者认为,由于一些批判理论家远离了压迫,因而容易支持推进权力剥夺的观念。比如,Lisa Delpit 认为*,对于文化遗产、儿童中心教育和个体"发言权"的强调可能会限制少数群体中的学生获取"基本技能"之类的文化资本。尽管这些占主导地位的观念会导致消极后果,但它们仍然是决定现代教育能否成功的关键。

根据以上论证方式可以得出这样的结论,即要消除教育中的不平等现象,就必须改变传统教育结构与过程的关注点,而不是寻求更先进的教育策略。虽然这个结论看起来是一个悖论,但我们可以对其作更有成效的解释,即任何试图提供简单解决办法的人都注定要失败。如前几章中所述,教育是一种超现象。如果这种解决办法只着眼于活动的某个层面(如教学实践),而不顾及其他相互重叠、交织和先验的层面(如课程、教育政策和文化机制),那么尽管它声称要改变还原论思维,但其实同样源于还原论思维。

那么,我们应该怎样教学呢?

虽然这个问题没有现成答案,但有些建议是各种批判教育都一致赞成的。比如,教师似乎面临着伦理要求,即他们要关注教学(不管是能够明确表达出来的还是无法言说的)得以形成的动力机制。其中非常重要的是,教师要有意识地创造机会,使各种观点能够呈现出来。如果观点的多样性遭到了窒息或压抑(不管是有意还是无意),其结果可能导致未经批判的常识排斥其他的观点而延续和扩大其自身。

如果压迫者的文化已经融入了被压迫者的个人、家庭和社会历史,你会怎样对待这种文化?

许多后殖民国家提出了这个问题。在这些国家,殖民文化不能被抛弃,只是因为它们与日常生活交织在一起。

例如,一个用废弃电话线编织的具有传统风格的篮子,就可反映出有意识地融合两种文化的策略,如艺术(包括舞蹈、音乐、诗歌和戏剧等)、语言等。**

---

* Lisa D Delpit, Other people's children: Cutural conflict in the classroom (New York: New Press, 1996).

** 参见 Carlotta Von Maltzan (editor), African and Europe en/counterig myths: Essays on literature and cultural politics (New York: Peter Lang, 2003).

> 我们通过个人访谈发现,学生很想更深入地探讨小说中提及的性和性别身份等问题,但是即便如此,教师教育的标准化结构还是阻碍了大家在课堂这个集体情境下探讨这些问题。尽管学生对于文学作品的人物能够获得良好的心得,而且这些心得包括公共和私人的,但是,我们感觉在课堂上表达得最多的可能还是公共心得。事实上,许多读者

都重视与他人分享读书心得的机会,这种分享不仅有助于读者更好地理解他们的心得,而且有助于将这些心得置于更大的文化背景中。

然而,如果读者个体感觉不能表达对于文学参与的个人心得,那么通过共同讨论来产生新的集体理解的可能性就会变小。一旦学习集体不能创造条件使各种各样的经验得以呈现出来,它就会阻碍集体和个人学习的发展。

这个教师教育项目所面临的似乎就是这种情境。由于没有创造可供学生安全地呈现其心得和身份的条件,课堂中的集体对话就只能围绕欺侮这一问题泛泛而谈,而很少涉及这本小说所描述的憎恶同性恋和异性恋主义等具体行为。

说得更清楚一点,这里的问题不是要追究责任,而是要求大家共同承担起责任。但是,指导者和学生心照不宣,全都在这些具体的问题上保持沉默,这种对于不公正的漠视与任何公开地支持不公正一样,也是不良的文学参与模式。

因此,简言之,在所建立的教学情境中,学生的心思全花在课堂设计和单元设计上。这种做法只是避免社会正义问题的手段,而没有提供解决它们的机会。正如学生 Lisa 所评价的:"我认为,班上的许多同学只是列举了各种可能存在的对于同性恋的旧观念,就轻而易举地逃避了这个问题。"

第五节 教师身份的形成

尽管人的自我感觉(sense of self)通常相当稳定,但个人身份总是处于不断发展的过程中。这些变化通常很小,但有时身份认同也会发生很大变化,并由此带来巨大的身份变化。搬迁到新的城市、变换工作、失去朋友或者疾病缠身等事情都可能使人更加清楚地意识到身份的变化。

成为教师大多属于身份变化的范畴。学会成为教师,最困难的方面就是要跨越两个不同情境,即任教的中小学和就学的大学。更为复杂的是,这两个实际上迥然不同的教育机构并不像大部分情境一样会表现出明显的区别。相比之下,弄清某人以何种方式进入百货公司、拥挤的交通或者家庭婚宴等情境比较容易,因为社会和文化的标志都很明显。但是,作为大学校

Linda Tuhiwai Smith* 考察了各本土民族为保存其文化和实现自主而作出的努力,并从中归纳出了一系列"项目",如复兴(reclaiming)文化、重构(reformulatig)文化和重组(reconstituting)文化等。相应的行为包括讲故事、庆祝生存、本土化、振兴、连接、阅读、写作、区分性别、重组、恢复、返回、民主化、建立人际网络、命名、保护、协调和分享等。这些主题也常出现在以复杂思想为指导的教育研究中。

* Smith, *Decolonizing methodologies.*

园里学习教学的学生与作为公立学校中从事教学的实习生,这两者之间所存在的差别通常要微妙得多。通常存在着非常微妙的区别。

这两个场景源于不同的历史、社会、政治、教育和结构环境,因而存在根本区别。不避粗疏地讲,现代大学的显见目的是扩大知识的范围,因而经常会对现行假设和传统直接提出挑战。相比之下,现代中小学更多地被视为维持现状而不是打破传统的地方。对于公共学校教育的这种理解虽不普遍,却深入人心(这一点在第一章已有阐述,在第十二章中将会再次提及)。

大学与中小学两种情境相分离,最明显的表现莫过于在教师教育项目中。在这个领域中,大学被视为理论之地而中小学则被看作实践之地,或者更消极地讲,大学提供不切实际的理论,而中小学从事未经理论化的实践。由此看来,实习生们在角色转换时会感到角色冲突就不足为怪了。由于他们在大学中本身就要承担沉重的责任,实习中又得在大学和中小学之间充当理解的桥梁,这个附加的任务可能使他们感到非常麻烦。

批判话语在这方面可能会有所帮助,这一点在本章已经有所提及,在本书其他地方也有阐述(尤其是在第三、七和第八章)。这些观点和理论告诉我们:虽然我们明确地批判了一些偏见,但事实上也内化了这些偏见,因而我们可能在帮助压迫者维持现有的社会结构(请回忆第三章中的内隐关系测验)。

比如,当你处于"象牙塔"和"心智工厂"(mind factory)的冲突之中时,批叛理论既要求你采取行动,也给你提供行动的手段。你可以选择遵循传统的假设,也可以选择更具批判性的立场。这种矛盾来自哪里?所采用的是什么样的假设?我是怎样通过自己的参与来维持这种假设的?可以采用哪些不同的行动/想法?我可以使所看到的矛盾变得更有成效吗?简而言之,我是怎样参与这种假设合谋的?

重要的是要记住,在以上所有行动中,对于知识生产群体的健康和活动而言,保持观点和理解的多样性至关重要。因此,问题的关键不在于消除矛盾,而在于富有成效地运用这些矛盾。

在教育和经济成就中民族和种族差异是怎样出现的?对于这个问题,非洲裔美籍人类学家 John Uzo Ogbu 提出了一些重要见解*。

特别是,他在"自愿的少数人群"(voluntary minority)(那些选择搬到所住地方的人)和"非自愿的少数人群"(involuntary minority)(那些生来就在那里的人)两者之间做了有效区分。Ogbu 认为,因为在非自愿的少数人群生长的环境中,他们是以主流规范之外的身份出现的,所以他们经常会内化主流文化中的偏见和压迫。

相反,自愿的少数人群身上通常不会表现出同样的剥夺公民权和剥夺权力等话语——正是由于这个原因,平均而言,他们比非自愿的人群取得的成功要多得多。

Ogbu 认为,教师因此有责任揭示、挑战和提供策略来克服这些内化的偏见。

* John Uzo Ogbu, "udderstanding cultural diversity and learning," in Educational Researcher, vol. 21 no. 8 (1992): 5–14.

换言之,教学和成为教师应该是有意识的行为,因为从教学中所能获得的理解,既可以激活也可以限制我们的身份、所知和所能。

从这个意义上讲,教学具有挑战性——这既指教学本身很困难,也指教学要帮助人们突破传统。

> *189*
> 在这个教师教育项目中,尽管指导者特别注意讨论和训练与通常"好教师"相关的能力,但似乎很少给学生提供机会来表达和运用他们的文学心得。当学生们将注意力集中在课堂设计和单元设计上,并把大量的时间花在有效的课堂管理策略上时,也就逐渐接受了有效教学的神话。换言之,读者在《缝补》中所发现的丰富的文学身份都被淡化了,取而代之的是标准化的"好教学"。
>
> 很难想象更加重视分析学生的阅读会导致什么结果。然而,我们坚信,如果要把文学体验当作改变文化的机会,就必须有意识地注意给学生提供机会,让他们在安全和有智力支持的环境中呈现和分析各种各样的个人读物。没有这种支持性和集中性的环境,流行的标准化话语就可能会主宰学生的观念。这不仅意味着学生需要学习什么,还意味着他们需要成为什么样的人。正如一个名叫 Tanya 的学生所评价,"自从进入这个教育项目以来,我很惊讶地发现教育是多么希望保守。我不确信是否会成为那种人。"

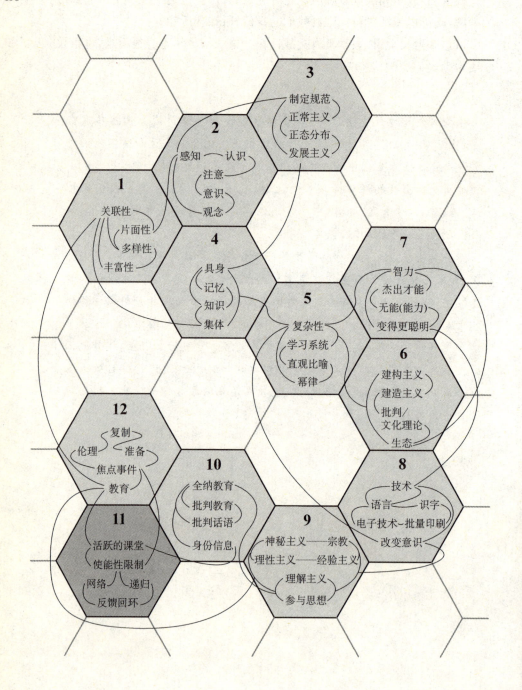

第十一章　教学条件
在复杂思想视角下重构教学实践

> 　　那是一个非常寒冷的日子,我正在主持由 32 个职前教师组成的诗歌写作工作坊(workshop)。这些职前教师报名参加该课程,学习中学英语语言艺术课堂中的教学方法。
> 　　上课开始前,当我问到关于创作诗歌的经历时,他们给出了一些常见的回答:
> 　　"老师要求我们写自己的感受。"
> 　　"在上莎士比亚单元时,老师要我们写一首十四行诗。"
> 　　"我记得写过自由诗。"
> 　　"我们用特定的格律写过许多俳句和诗。"
> 　　从其回答来看,这些教师似乎把诗歌当成了有写诗天赋或才能的学生随口说出或发自内心深处的东西。
> 　　我让他们尽量忘掉所有有关写诗的认识,然后开始进入课程。

第一节　具身性限制：通过限制选择创造可能性

"儿童中心"对"教师中心"？ 教育应该培养个体的才能，提供自学和自主的机会。因此，学校应该是儿童中心的。

课堂中有太多事情发生，教师不可能照顾到每个孩子的需要。因此，尽管不是很理想，但课堂教学还是必须以教师为中心。

共同的基础：这种流行的争论源于一个假设，即个体是认知和学习的核心。从这个假设来看，人是相互分离和独立的——这又反过来迫使教学重心要么落在教师身上，要么落在学生身上。

到目前为止，本书的讨论基本是描述性的，重点在于指出与教育活动有关的各种问题和现象，并提出相应的理解。虽然书中零散地提出了一些有关实践的建议，但一直没有直接而系统地解决如何进行教学这个实践问题。

这种情况在最后这两章将会改变，即这两章主要讨论教师应如何将前面提出的复杂思想转化为教学行为。然而，在此之前需要强调的是，这些讨论不能理解为教学"技能"的讲解。我们认为教学是高度复杂的需要终身学习的事业，以此为导向，本章将提出一套认识和理解有效教育的视角。

本章将重点阐述复杂涌现的条件。简言之，所谓"复杂涌现的条件"，是指几十年来从事复杂研究的学者们在致力于解决复杂问题的过程中一直关注的一套要素。这些复杂问题主要包括恢复生态系统、发展医学干预、减少犯罪和促进课堂集体活动等（在此仅略举几例）。其特点是，各现象中的主体可以聚在一起形成更复杂、更具活力和更有能力的整体。

本章讨论将基于这样一种假设，即教师总是并且已经在致力于对学习系统的各个层面施加影响。本章将特别关注学习系统中的个体理解和班集体；所提出的主要建议是，有效的课堂教学应同时兼顾个体和集体等认知系统。而且，同时兼顾各个系统不是要权衡或折衷。相反，成功的集体不仅意味着它比最聪明的成员更聪明，还意味着它要提供机会使所有参与者都更聪明，即使他们更有能力采取行动、作出解释和获取通常不能独自得出的结论。讨论之初，我们先对"使能性限制"进行评论。在教育中，所谓"使能性限制"，指既支持个体也支持集体学习的问题和任务。

乍听之下，"使能性限制"似乎是矛盾修饰法。然而，从复杂的共同活动来讲，这个短语旨在标示一种必要的张力而不是矛盾。复杂体既受规则制约（即具有限制性），又允许灵活的无法预料的可能性产生（即具有使能性）。

有些限制是由情境规定的，有些是由复杂体的结构规定的,还有些则产生于主体的共同活动。但它们有一个共同特点,即都不是规定性的(即不规定必须做的事情),而是拓展性的(即要么指出可能做的事情,要么指出一定不能做的事情)。常见的例子有"十诫"(the Ten Commandments)、曲棍球规则等。

为了更好地理解这个问题,请看以下学习目标:

a) 在这节课结束后,学生能够指出《古舟子咏》(*The Rime of the Ancient Mariner*)中的押韵结构、主要的比喻手段和中心思想,以证明他们已经理解了诗的核心要素。

b) 学生在这堂课中要学会写原创诗歌。

从复杂性视角来看,以上两种陈述都有毛病:两者都是规定性的,都会扼杀创造的可能性(尽管所采用的方式互不相同)。第一种陈述的限制性太强:它假定存在正确答案,并且假定可以通过清晰的线性技术来达到预定目标。虽然这些要素与特定背景相吻合,但由此得出的观点和能力不一定能应用于其他情境(如理解其他诗歌或创作短篇小说)。相反,后一种陈述太开放。如果没有更多的结构,学生可能会灰心丧气、一无所获。

制约复杂系统的规则要在以下两者之间保持平衡:其一,保持足够的结构以限制几乎无限的可能性;其二,保持足够的开放性,以允许灵活多样的反应出现。这些规则不是要求"每个人做同样的事情"或者"每个人独自做事情",而是希望"每个人参与共同计划"。用"使能性限制"而不是预设来规定教学目的是一种重要的能力。比如,下面这个教学目的就是以"使能性限制"来规定的(本章各叙事中所描述的课也是根据这个教学目的来设计的):

c) 学生要运用不熟悉的术语及术语的新颖组合来创造人物和情节,以探索写诗的方法。

举一个有关使能性目标的更简单例子(这也是本章中所描述的课堂的一部分):学生要根据核心提示用五分钟时间完成

要多少个篮球才能把学校的体育馆装满?你头上有多少根头发?轮胎面驶过一个街区时会磨损多少?

物理学诺贝尔奖得主 Enrick Fermi 以在教学时使用一种特殊的使能性问题而著名。

这些"Fermi 问题"以日常情景为基础,但却需要从很少的数据得出合理的近似值和有灵感的猜想。* 这些问题对于提升"小组思维"特别有用,一方面是因为回答这些问题通常需要知道许多事情,另一方面是因为讨论和争论有利于导致更明智的猜想产生。**

同时,Fermi 问题还表明,"使能性限制"应该是拓展性的,但不一定是开放式的。

* 用 google 搜索"Fermi problem"会找到数千个问题。有些网站会把这些问题按等级层次和主题组织起来。

** 有关"小组思维"的讨论,请参阅 Surowiecki, The wisdom of crowds.

Maria Montessori 以她在约一个世纪前发明的教学方法而闻名。这种方法最初是针对贫困家庭的孩子的,它体现了本章所提到的所有条件。比如,它鼓励兼具限制和责任的独立和自由(即"使能性限制");支持在相互合作情境中的个体兴趣和才能;持续的课程开发以学生与环境的交互为基础(递归式发展)。

限时写作(参见下一段叙事)。该目标的关键特点在于:(1)有足够的限制性(本章叙事中的限制性表现为让学生围绕钮扣来编故事,但要求根据具体的人物和情境来作决定);(2)有足够的开放性(在该案例中,表现这点的方法是让学生以不可预测的方式将人物和情境组合起来)。

更确切地讲,我们的教育宗旨不是要学生简单复制已有见解(如上面目标 a 所建议),也不仅仅是产生新的可能性理解(如目标 b 所建议)。相反,目标是具有创造性的组合,即在创造知识的过程中探寻所创造的知识。要达到这个目的,关键是要有一个既有限制性又有使能性的结构,即实行既限定可能性同时又允许选择的规则。

> 根据 Rebecca Luce-Kapler 所讲的一些有关诗歌的教学实践*,上课开始时我把从许多不同衣服上取下来的一堆钮扣放在教室中央的一张大桌子上,然后请同学们选择一枚自己感兴趣的钮扣。等他们入座后,我请他们仔细察看钮扣,并判断这个钮扣以前订在什么样的衣服上,然后写下自己的看法。接着,我请他们想象穿这件衣服的人是什么样子。
>
> 我尽量以几个问题激发他们的想象:"这个钮扣曾经到过什么有趣的地方? 它经历过哪些有趣的事情?"然后,我告诉他们:"如果你确信已经准备就绪,请用五分钟时间写下有关这个地方和事件的细节。记住,细节很重要。听说在圣诞节前夜的薄暮中,这个钮扣曾经跟随熙熙攘攘的购物者逛过纽约市第五大道上的蒂凡尼店,会比听说这个钮扣在主人买珍宝时掉落下来更有趣。"

* Rebecca Luce-Kapler, Writing with, through, and beyond the text: An ecology of language (Mahwah NJ: Lawrence Erlbaum, 2004).

第二节 专业化:冗余和多样

智力体既是稳定的又是革新的。一方面,它们在各种环境中以可预见的方式活动;另一方面,由于他们要改变自身以应对新的经历,因而他们的活动又是不可预测的。这种稳定性和创造性内含两个互补的条件:内部冗余和内部多样。

"内部冗余"指聚集在一个复杂体中的主体的类似程度。正如脑内神经元和社会集体等例子所表明,主体通常更多地表现为相像而不是相异(这一点也许如人所料)。有了这些相同点,主体才能够一起工作。

遗憾的是,由于冗余通常与不必要的重复或无效相关,人们对于这个词的理解通常是消极的。显然,在机械系统中,这种消极理解是合适的。简单的机械设备的设计者通常着眼于最优化的行为表现,因而在他们看来,额外的部分或者重复的过程只会降低效率。然而,如第五章所述,主体具有学习能力,因而属于另一个完全不同的范畴。

"冗余"在复杂体中发挥两个关键作用。首先,它使主体协同工作成为可能,人类社会群体中典型的冗余即可证明这一点。很明显,共同的语言、类似的社会地位、共同承担的责任、共同的期望等共同点对于社会凝聚力的形成是非常重要的。这些"冗余"通常隐于幕后,直到其中一个或多个方面遭到破坏时才会出来补充。其次,冗余使主体有可能相互弥补对方的过失,因而有助于系统充满活力。当某个主体缺席或者出现错误时,具有足够冗余的系统还能继续运行。

对于公共教育来说,冗余的作用并不新鲜。事实上,把现代学校视为确保在公民中存在冗余的文化工具,一点也不为过。比如,学生们无一例外地在他们生命的同一时期接触同样的课程、在一天中的同样时段同时学习、被期望达到或者超过同样微小的标准,等等。

强调冗余本身并不是坏事。人们需要合作完成具有共同利益的项目,因此至少就其字面意思而言,共同课程、共享文本和标准化的行为评价是有道理的。在一个人人各行其是的班级中,共享学习几乎不可能发生,集体讨论也难以进行。

然而,当冗余成为系统的唯一成分时,问题就产生了。冗余有助于系统稳定,但如果系统高度冗余,它就会付出代价,即系统智力降低的可能性增加。实践表明,系统智力事实上源于

几年前,英属哥伦比亚大学的泌尿学系重新思考了它的冗余性和多样性,并改造了这个系的结构。

过去,该系的研究者根据他们对于特定器官的兴趣聚集在一起,但他们现在组织起来的依据却是特定的医学条件(比如,癌症、肾结石、移植等)。由于这些新的、更多样的组织是跨学科的,因而可以把不同的专业知识汇集起来形成智力水平更高的集体。在这个集体中,人们能够以更系统的方式来处理问题。*

* 参见 http://www.surgery.ubc.ca/urology.html.

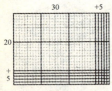

什么是乘法？*

或者，更描述性地讲，哪几种解释（即图像、手势、隐喻、类比、应用和其他关系）可以用来界定乘法这个概念？

这些问题交给了一群教师（从幼儿园到 12 年级），根据他们的回答，乘法是：

- 反复相加
- 群组
- 多次分层
- 比例推理
- 网格生成
- 改变维度
- 逆转除法
- 延长实数直线
- 旋转实数直线

在后续讨论中，很明显，大部分数学课堂所明确阐述的理解都只有其中的少数几种，即使某一点唤醒了所有的这些理解（所有的这些乘法可以同时运用）。

* 这个问题实际上曾在一个七年级课堂上学习整数时提出过，参见 Brent Davis & Elaine Simmt, "Understanding learning systems: Mathematics teaching and complexity science," in Journal for Research in Mathematics Eduation, Vol. 34, no. 2(2003): 137 - 167.

主体的多样性。冗余性指向系统内部，它使主体间习惯性的、时常进行的交互活动成为可能；而多样性则更多地指向系统外部，使系统能够在更大情境中产生新行为来应对变化。

内部多样性作为"复杂涌现的条件"已经被用来解释为什么在人类基因链中存在大量默默无闻的"垃圾"DNA，为什么大脑各个区域具有专门化功能，为什么任何大城市都存在各种各样的职业竞争，为什么种族圈中会存在形形色色的文化，为什么地球上会存在各种各样的生物。在上述每种情况中，整体/部分/主体中所呈现的多样性均可视为对涌现的环境做出可能反应的资源。比如，一旦人类遭受流行疾病的打击，目前那些默默无闻的 DNA 也许会赋予某些人免疫能力，从而确保种族生存——这就是种族层面上的智力反应。如果病毒学、免疫学、社会学、昆虫学、植物学、药理学和气象学等多样化领域中的研究者构成一个网络，那么这个网络也许会在文化层面上产生某种新的智力反应。在以上两例情况下，我们不可能提前确认需要哪些领域的专业知识或变化。智力型反应的关键，不是拥有某种预见未来的能力，而是具有一批多样化的可能性。

虽然在讨论课堂教学背景下列举上面这个全球传染病的例子也许有点极端，但还是能够说明问题。由于人们在课堂层面普遍把冗余置于首要地位，因而学生群体几乎没有表现其集体智力行为的机会。正如在其他社会群体中一样，这种情形的可悲后果是，虽然每个课堂本身都充满了多样性，但在由个人化任务、自上而下式讲解、僵化的课程和规定性的行为目标限定的情境中，系统的多样性都无法表现出来。

如果教师每次面临新课程主题时都承认，处理该主题所需要的多样性见解已经存在于集体之中，那么这种态度会给教学带来什么不一样的结果呢？

对新教师而言，教学不能只把重点放在确保学生的冗余上（如上所述，这一点在共同活动中仍是重要的成分），同时还必须开发一些策略来表现业已存在的多样性见解。比如，一堂整数相乘的教学或许可以从这个问题开始，"3×(-4)等于多少？请说出解题步骤。"而不是一开始就指出，"两个整数相乘，首先得看其符号。"

第一种做法更可能是"使能性限制"。它所提供的是一个狭小的关注点，但打开的却是一扇通向多样性解释的大门。*之所以采用这种方法，是因为教师相信集体具有集体智力。相反，后者只是提供技术指导。它关心的不是你可能做什么，而是你必须做什么，在这个过程中，它关闭了意义生成的可能性（请注意本章叙事中加入了一些促使多样性产生的活动）。

值得强调的是，内部冗余与内部多样并不是对立而是互补的。事实上，它是相互支持的，比如，当人们决定齐心协力来提升自我时，通常就会出现这种情况。要使这种情况发生，他们需要在训练本领域的专业知识时，在彼此间建立起更广泛的冗余。换言之，创造更具智力的班集体并不意味着减少个体的可能性。相反，它可能意味着增加个体的可能性。

但是，如果教师不有意地创造结构和安排任务来既确保产生必要的冗余又确保多样的兴趣和能力得以表现，内部冗余和外部多样就不可能达到互补。在下一节中，我们将提供一些创造合适结构的指标。

×	30	+ 5	
20	600	100	700
+ 5	150	25	175
	750	125	875

为什么这些问题对教师而言有重要意义呢？

首先，它打破了一些有关知识性质的根深蒂固的假设。比如，乘法等基本现象不存在绝对的、包罗万象的定义。当新的图像得以创立和应用时，就表明数学的这些基本功能得到了发展。

因此，也许有必要明白这些概念的比喻基础。比如，$(-2) \times (-3)$很难根据反复相加或者群组来理解。但是，如果把延长实数线和旋转实数线相结合，就很容易理解。

从中可以得出启示，即知识系统（即知识体）也是能适应新环境的复杂的学习体。

> 钮扣练习的后一部分是在已经创写的各种人物和叙事中再引入一些"意外"。
>
> 我请同学们两人一组彼此分享对方想象出来的东西，然后创设这两个角色相遇的情境。
>
> 我再一次提醒他们细节的重要性，并给他们五分钟来创设两个钮扣相遇的情境。

第三节　网络系统：邻居交互和离散

不言而喻，复杂系统内的主体必须具有影响彼此活动的能力，组成更大系统的各个邻居也显然要相互交流。然而，在班集体和学生个体等知识产生系统，或者语言和数学等知识系统中，邻居到底是什么还不太明确。

根据建构主义、建造主义和其他有关学习的一致性理论，

* 这个问题被用在基于7年级课堂的整数学习的研究中。参见 Brent Davis & Elaine Simmt, "Understanding Learning systems: Mathematics teaching and complexity science," in *Journal for Research in Mathematics Education*, vol. 34, no. 2 (2003): 137 - 167.

我们可以得出这样的主要观点,即要产生新见解,邻居不一定非要通过身体交互不可,它还可采用观点、直觉、疑问、想象、人工制品和其他的表现方式。比如,当同学们在定时写作的过程中分享观点的时候,或者一个钮扣的主人与另一个钮扣的主人相遇的时候,新的理解就有望产生出来。

事实上,建立使各种观点可以相互碰撞的结构,是人类所有进步机构(如高等教育、研究机构、商业和大部分政府等)都具有的明显特征。相反,阻止观点碰撞则是压抑情境(如监狱、专制政府、某些班级等)所具有的特征。以进步机构为例:(1)学术界通常会采用许多机制来促进交流,包括在一个部门中聚集多位专家、召开专家会议、进行系列研究会、创办杂志、聘请客座教授等(在此仅略举一二)。(2)在班级中,虽然可供选择的方式明显受限,但还是可以运用小组交互、张贴海报、电子公告板、"涂鸦墙"(即学生可以张贴和表达其想法的公告板)等。

同样,人们希望各种不同观点交汇在一起时能激发出新的理解,而新的理解一旦产生,又可能会进一步产生更新的理解。由此可得出一个明确的忠告,即交互必须以多种可能性理解为起点。显然,如果一堂乘法课只是着眼于某种单一的理解(如反复相加),就不可能产生其他丰富而深入的理解。然而,如果在反复相加的同时还呈现网格生成、空间生成、数轴延伸、比例推理或其他理解方法,新的可能性空间可能就打开了。

关键在于结构安排要合理,以使不同的可能性能相遇。这一点比物体系统的实际组织方式更重要。小组会议、小群聚会和私人谈话可能会与全班讨论、插秧式就坐、以文本为媒体的交流一样无效。复杂思想虽然强调邻居交互的重要性,但对于如何实现不同观点的相遇和融合,却很少直接提出建议,因为这些手段必须根据不同情况来考虑,视所涉及的主题、情境和人员而定。

既然复杂体是离散性的网络结构(请参阅第四章),肯定有人会立即得出这样的结论:教师主导的课堂是集中式的,因而不好。而学生中心课堂不是集中式的,因而是好的。然而,实际情况可能会更复杂一点。*

顾客不能浏览商品是网上零售商最初遇到的问题之一。在书店中,各种书通常按主题或种类放置在一起,而与书店购书不同的是,顾客在网上买书时不可能偶然发现另一本书。

后来,人们应用网络理论的原理解决了这一问题(请参见第四章)。通过研究购买者、使用者和其他浏览者之间的关联,有些网站(如 pandora.com, youtube.com, amazon.com 等)把写作、歌手、视频等同类事物精心安排成网络。这实际上就为相邻者创造了能相互交往的平台,由此产生一些新的、也许出人意料和有利可图的关系。

* 参见 Edwards & Mercer, Common knowledge.

这里所要解决的关键问题是"中心"观念，或者更准确地讲，是假定中心必然是人或者物的观念。从中心化结构向离散性结构转换（请参见原书第56页图）不只是使注意的中心从一件事情转向另一件事情，而更多的是将其分散开来，或者使其转离通常所关注的地方。比如，请想想本章叙事中的活动中心：我们设计该活动时，有意安排人或观点的聚合相遇在一起，以形成更大的聚合，从而表现出离散性的网络结构。具体而言，首先安排一个人与单个物品接触，从而创造一个角色；接着让两个人与两个物品接触，以构建两个角色相遇；再接着以更集体的形式与更多物品接触，从而编出一段故事。在每个时段，活动的中心都既不是教师，也不是学生或者物体，而是正在出现的可能性。情境不是教师中心，也非学生中心或课程中心。

与以上人与物交互时的情况一样，在离散性交互结构的作用下，相邻观点互动时产生的可能性也会发生类似变化。当然，这些观点不会随教师的意愿而涌现出来，但教师的确可以对于复杂网络的理解为基础，有意识地以某种方式来组织活动。

在当前有关课堂教学策略的研究中，"合作学习"（cooperative learning）颇受关注。

在合作学习情境下，团队一起工作。他们所从事的任务是精心设计的，目的在于确保参与者相互依存、个人对其行为负责、不同性质的小组能够进行面对面交流等。人们开发了许多技术来达到这些目的。教师通常会把特定的任务分派给小组成员，为了确保每个人担负起自己的责任，还会提前列出评估策略。从这个意义上讲，合作学习通常是以结果为中心的方法，而不是复杂思想的方法。

> 在同学们思考所创造的角色应该在什么时候、以什么方式相遇时，我走到各个座位上，给他们分发装有我从不同影集中收集起来的照片的信封。
>
> 当构想相遇细节的时间结束时，我请每组学生打开信封，根据里面的照片回答问题，"在这些照片拍摄之前发生了什么事情？"
>
> 我给他们片刻时间回答后，便要求他们将这些猜想并入到所创设的两个角色相遇的情境中。完成这一步后，再请他们一起写几段文字来总结所创写的情节。最后，指导他们展示所用过的钮扣和照片，并大声朗读所写文字。尽管他们从事这个活动仅15分钟，但是，具有创意的虚构叙事已在启动。

第四节　递归发展：递归过程和嵌套系统

> 合作学习旨在支持所有学习者的理解。这个目的表现了基于合作的教学策略与复杂方法之间存在明显分歧。前者着眼于小组背景下的个体学习，后者着眼于个体可能性和集体可能性的同时发展。
>
> 值得强调的是，尽管存在哲学上的分歧，许多合作学习技术还是能够包容教学的复杂理解的。*

如第五章所阐述，学习系统不是沿线性轨道前进的，而是不断唤醒和发展业已建立起来的联系，从而以递归方式向前展开。因而，学习不是积累，而是一个递归发展的过程。可作为隐喻的基本图像更多地是循环的而不是线性或螺旋形的，因为循环的图像能让人想起折回自身的过程。

从个人层面来看，这种递归发展过程总是出现在个人的意义建构中。历史既能促进（也能限制）人们对于新经历的理解。反过来讲，限定学习什么和不学习什么也会对其历史的形成造成影响。

从集体层面来看，情况亦然。社会群体的交互历史决定了个体所要学习的内容，也决定了该历史影响随后交互的方式。事实上，在设计学习活动时，教师能够探索这种自然的、循环的动力机制。正如本章所附实例表明，在所设计的一系列文学参与活动中，每个活动都是相互促成、发展和转换的。尽管这一课似乎要完成一系列预设的步骤，但事实上，这些任务本身并不重要，重要的是这些任务中的每个成分以怎样的方式来促使已有知识的递归式发展。

就大部分人而言，具备组织这些任务的能力需要一些训练。树所具有的不断生长的分形图像，可能有助于提醒我们全盘考虑这种课的结构。树从一颗种子开始，在种子的基础上向前发展，再在新的层次上进一步向前发展。与之对应，课堂从一个"使能性限制"开始（如"请挑选一粒扣子，然后想象它是从什么样的衣服上掉落下来的，再想象穿衣者当时在做什么"），在此基础上向前发展（如，"设想这个人与其他人相遇"），然后再在新的基础上进一步前进（阅读本书至此，你可以做一个有用的练习，即考察本章叙事，找出促进这种发展的更详尽细节）。

递归式教学结构实际上以如前所述的论断为基础，即尽管解决新问题所需要的知识不一定存在于个体之中，但却通常产生于由多个个体组成的班集体中。因此，递归发展是呈现和编

---

* 参见 David W. Johnson & Roger T. Johnson Learning together and alone: Cooperative, competitive, and individualistic learning, 5th edition (Boston Allyn & Bacon, 1998).

织知识的强有力手段,可应用于大部分主题和教材。

再以前面所提及的整数相乘为例。我们可以从"$3\times(-4)$等于多少?请说出你是怎么算出来的",并以这粒"种子"为起点,接下来请各小组准备海报来展示其答案和解题原理。准备就绪后,让他们把相同理解的海报分类放在一起。最后全班进行大组讨论,考察这些主题及其变式背后的理论基础。

相对于以课本为中心和训练为主的解题方法而言,这种方法并不会消耗更长时间。而且,由于学生可以获得更广泛的理解,这种方法有助于形成更加有力的理解。

以上两例揭示了一个重要观点:在教学结构中有几个不同层次的学习系统在同时运作。单个个体、两人小组、多人小组、小组集合和整个班级都是知识生产系统(即学习者),其中任何系统都不比其他系统更优越;相反,这些嵌套系统相互支持并且拥有智力,它们既彼此触发又相互生成。

正如第五章所提及,嵌套是复杂系统的特点。从课堂教学来看,我们可以认为嵌套是课堂成为复杂系统的条件。也就是说,教师要以嵌套为工具来组织课堂活动。

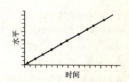

在现代学校教育的历史上,人们运用了各种各样的图像来描述"课程"。最常见的图像是,课程被描述为一个沿线性路径前进(总是向前的,通常是向上的)到预先规定的、阐述明确的目标的过程。

20世纪50年代,"螺旋性课程"理念引起了人们关注。"螺旋性课程"不是要按先后顺序依次学习课程主题,而是逐步向学生介绍概念,并且每年复习这些主题,以提升理解。但是这个路径所通向的终点仍然是预设的目标。

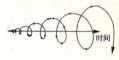

> 接着,我向学生展示了由当代加拿大诗人 Lorna Crozier 写的几首诗*。我大声朗读这些诗,并通过停顿来让他们注意其中的韵律、节拍、断行、意境以及其他一些增强诗歌效果的手段。
>
> 布置家庭作业时,我要求学生与搭档一起合作选择一首读过的诗。他们的任务是以这首诗为模板,撰写一首新诗——诗中要包括"钮扣—照片"活动中所设想的情节。
>
> 我再次向他们强调,在整个诗歌创作的过程中,必须相互合作。

第五节 创造记忆:记忆与遗忘

不言而喻,系统要学习和保持其活力,就必须拥有某种记

* Lorna Crozier, Inventing the hawk (Toronto: McClelland & Stewart, 1992).

忆手段。

从个体层面看,我们不必过于担心这些手段。对大部分人而言,遗传为其精选了使记忆和遗忘得以进行的方法,而文化给他们提供了许多认识个人理解的手段(参见第八章)。然而,从集体层面看,我们通常不得不更加有意识地培养记忆方法。

记忆包括两个方面:选择和保留。

就选择而言,一个有生命的、能学习的系统不仅能够记忆或保留信息,还能够遗忘或抛弃信息。很明显,弄清每一种可能性理解与什么都不认识同样会降低人的认知能力。

教师在这个方面肩负着特定的责任。比如,正如第九章结尾部分所介绍,教师是班集体的意识,即教师要对课堂中出现的可能性理解进行甄选和引导。

至于记忆的保留,有许多集体记忆的工具和物品可用于课堂,包括各种写作策略、墙壁展览、肖像和照片、音频和视频记录、电子储存器、共同演练等。

把教师比作集体的意识,意味着教师不仅要对可能性理解进行选择,还要帮着学生(比如,以促进写作的方式)把这些可能性理解登记进集体记忆中。与个体意识一样,教师不是要决定更大的学习系统所需注意和记忆的内容,他更多地是评论家而不是控制者。教师有责任关注新的可能性。由于班集体拥有智力,因而有可能出现许多教师以前不曾考虑过的情况。

至此,我们也许可以做一个实践训练,即回顾本章及其他章节中的教学叙事,分析在各个不同的组织层面上,运用了哪些选择和保留观点的手段。

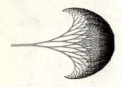

复杂的课程理解建议使用的图像更像一个阶段空间(a phase space)或一棵分形树(a fractal tree)。在这种图像中,每件事都向新的可能行为敞开,而这些新的行为又会分支产生其他可能的行为。它没有特定的方向——也许除了不断拓展可能空间之外。

> 第二天,我请同学们大声朗读所创作的小诗。Margaret 和 Dwayne 写的诗引起了全班的注意:
>
> 第一次约会(First Date)
> 一件泡泡袖毛衣(a sweater with puff sleeves)
> 一场曲棍球比赛(A hockey game)

我们都认为,这首诗虽然不是艺术极品,但似乎很有发展潜力。通过讨论,大家明白这首诗之所以吸引人,原因多少与其简洁的形式有关。Margaret 告诉大家她们创作这首诗的经历:

> 创作从一粒粉红色的钮扣开始,这粒钮扣使我想起了姐姐过去穿的一件毛衣。Dwayne 也有一粒钮扣,他说看到这粒钮扣就想起了上高中时穿的一件冬装。在谈论这两粒扣子时,我们决定让这两个人物在市区的公交车上见面。这两个人见到对方已有好几周时间,但都不知道对方在注意自己,然而有一天他们终于并排坐在了一起。
>
> 老师给我们的照片上,后面是一个简单的教堂,前面是雪花覆盖的停车场。这张照片使我想起孩提时期去教堂的情境,而 Dwayne 看到这张照片时,却想起了冬天早晨打曲棍球的情景。我们设想到了许多可能性,最终决定让两人在公共汽车上见面,谈论前天晚上的曲棍球比赛。这样,他们每个人都可以表现对于曲棍球的喜爱,从而可以相约去看球赛。
>
> 由于我们对于这个情境和两个人物都非常熟悉,因而写这两段文字比较容易。昨天晚上 Dwayne 和我在网上通过即时信息来回发送自己的观点,共同写作这首诗。我们尽量模仿 Lorna Crozier 的风格,用短小的语句和日常生活的意境来构成诗的简洁结构。我们最初所写的诗更像一首叙事诗,篇幅较现在更长一些,讲的是这两个人物如何相遇的故事。但在对它继续进行加工时,我们不断地进行删节,直到最后认为只剩下诗的精髓为止,即该诗既要包含许多可能性,又有具体的细节。
>
> 就我自己而言,这首诗最终在电脑屏幕上成形的方式很有意思——我认为我们两人都无法说清谁写了哪一部分。

第六节 反馈回环:正向与负向

所有生物和学习系统(生态的、生物的、社会的和认识论的)的活动都受各种反馈回环的调节,这种调节要么扩大要么限制引发因素的影响。正如

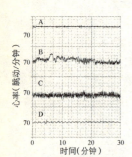

哪个心电图（如果有的话）表明心脏是健康的*（答案见下一页）？

* 本图改编自 Ary L. Goldberger, Luis A. N. Amaral, Jeffrey M. Hardorff, Plamen Ch. Ivaov, C.-k. Peng, & H. Eugene Stanley, "Fractal dynamoics in physicalogy: Alterations with isease and aging," in PNAS (Proceedings of the National Academy of Sciences of the United States of America), vol. 99 suppl. 1（2002）：2466 - 2472 C2002 National Academy of Sciences of the United States of America. Used with permission.

** Kenneth Tobin, "The role of wait time in higher cognitive level learning," in Review of Educational Research, vol. 57（Spring 1987）：69 - 95.

其字面意思所示，"反馈回环"是连续不断的递归过程，它既属于系统的输出部分，也作为输入部分来反哺系统自身。请注意，不要把正向和负向的反馈回环与行为主义心理学的积极和消极反馈相混淆，后者是根据线性的、因果机制来理解的。

正向反馈回环以扩张为特点，它们无拘无束，能够促进事物呈指数或爆炸性地增长。较熟悉的例子有：人口的快速增长、传染病、时尚、犯罪潮流、抢购一空的畅销书、富人更富等。另外，还有一个不太明显的例子：借助我们目前尚不大清楚的正向反馈回环，某些思考和感知会从潜意识状态"冒出"到有意识的层面上，从而以此种方式扩展开来。

负向反馈回环起限制和稳定作用。最常引用的例子是通过自我运行来保持室内温度稳定的家用恒温器。较复杂的例子包括人体用来保持稳定温度的手段，以及社会用来保持其稳定的社会伦理和法律典籍等。

有许多可用于课堂的正向反馈回环。例如，"等待时间"和"情感模仿"就是其中研究得比较充分的两个反馈回环。作为20世纪70年代到80年代流行的研究主题，"等待时间"指在提出问题和等待回答之间允许流逝的时间。在大部分课堂情景中，等待时间不到一秒。在这种环境中，学生通常要么不作回答，要么给出简短的经常不包含高级思维的答案。

当停顿时间被有意地延长到三秒多钟左右时，一些有趣的事情就发生了：学生开始更认真地回答问题。事实上，如果等待的时间得以保持，学生就会自己提出更复杂的问题。简言之，我们熟知的"师生问答"这一来回结构可以发展成为更类似于辩论式对话的结构。在这种对话中，问题会变得更具有探索性，回答也会更有洞见。延长时间的结果在各个年级和科目中都是一致的。换言之，正向反馈回环建立起来了。这个研究令人担心的发现，就是教师有一种突出的倾向，即他们可能会返回到较短的等待时间和较低层次的问题上——很明显，反馈回环会使讨论很快发展到教师感到不自在或者没有准备好的地步。**

另一种正向反馈回环是一个目前已有相当多研究的主题

（有关反射神经元的研究发现了这一点——请看第四章），即"情感模仿"。人在生理上具有反射和模仿所遇到的情感的倾向。如果教师对教学主题（或人、信仰等）表现出冷淡或者嫌恶，他也许会把这种态度直接传递给所有在场的学生。同样，教师也会传播兴趣和热情。当态度开始渗透进系统之中并使被模仿的情感再次被模仿而产生新的情感时，正向反馈回环就建立起来了。这种效果非常明显，以至于有人认为，对教材感到好奇是教师应备的伦理责任。很明显，如果教师都不投入，我们就没有理由期望学生会感兴趣。

同样，教师也可以建立起正向反馈回环，其方法包括对学生的学习能力表现出更强的信心，选择具有挑战性但又切实可行的任务等。教师的期望有助于学生取得更大成绩，正如一句谚语所言，"成功是成功之母"（success breeds success）。当学生的成绩提高时，也会反过来加强教师的期望。同时，这个过程也可以促使学生获得和内化这个最初由他人表达出来的信心。这一观点在一些研究中得到了证明，其中一个研究在第七章已经提及（即黑人学生参与 GRE 测试的实验）。还有一个研究是请几组妇女做数学测验：研究者请一组妇女事先读一些性别差异方面的记录（用来表明男性具有优于女性的数学能力），而请另一组妇女读几则成功妇女的故事。结果，后一组在测试中的得分要高得多。*

当然，并非所有正向反馈回环都是好的。比如，我们都曾经历过焦虑是怎样使人更加焦虑，从而破坏人的身心表现的。它同样很容易使低层次的问题、消极的情感和较低的期望蔓延开来。就像一群人会突然暴动一样，不加约束的正向反馈回环也会失去控制。幸运的是，这种现象在课堂中并不常见，其部分原因在于，在大多数社会系统中已经存在许多根深蒂固的负向反馈回环。

负向反馈回环不仅已经融入了社会的集体组织中，也体现在社会的个体身上。大部分人都知道他们"应该"怎样为人处世（比如，遵守社会规范），并会因此采取相应的行动。当学生坚持"错误的行为"（破坏集体）时，正向反馈回环也许就会表现出来，即它会扩大非传统的行为。我们不可能提出普适性的建

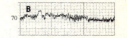

（请参见原书第 205 页的问题）

第二个图表明的是健康心脏的跳动节奏。其他的图表明心脏有严重问题，因为每个图都显示了某种令人担忧的一致性，这些一致性表明心脏没有能够对外部影响作出同步反应。第一和第四个描记线表明有严重的充血性心力衰竭，第三个描记线表明心律不齐。

在正向与负向反馈回环的动态交互中，所表现出来的图像与上述"健康"图相似。在股市、大脑、生态系统中（事实上，在任何复杂的学习系统中），都可发现这一点。复杂的学习系统提出了这样一个问题，即如果课堂活动以类似的方式来描述的话，那将是什么样子？**

---

* IIan Dar-Nimrod & Steven J. Heine, "Exposure to scientific theories affects women's math performance," in Science, vol. 314 (October 2006): 435.

** 参见 R. Darren Stanley, "The body of a 'healthy' education system," in Journal of Curriculum Theorizing, vol. 20, no. 4 (2004): 63-74.

议来回应这种情况,因而关注引起和扩大这种情况的因素可能会有助于找到有效的回应。

在结束讨论前,有必要强调的是,本章列举的复杂涌现的条件并不全面,因为我们的目的只是对这个正在快速发展的领域作一简要概述。进一步讲,这里所呈现的原则会在教师职业生涯的整个过程中不断发展。因此,关键不是要求你在进入课堂之前掌握这些原则,而是要你将其当作强有力的工具,以准备、理解和发展你的教学。

> 那么,什么是教学?
>
> 我们把教学定义为促使复杂系统作出不同反应的任何事件。这个定义反对普遍的人类中心假设(即认为人类是唯一会教学的物种),也反对把教学结果视为可以控制和有意获得的流行文化观。
>
> 这种教学观要求返回"教学"一词的源头,假定教学现象只能从其对于学习系统的影响来理解。另外,更复杂的是,它要求人们对"学习"和"学习者"进行反思。正如Margaret在上文最后一段所强调,人的身份和职业会产生新的观点。因而在很多情况下,理解这些观点不能只从个体入手。
>
> 由此我们可以得出如下启示:教师不仅是课堂中的学习者,也是更大学习系统中的完整参与者。教师与所有其他人、其他个体的集合(如Margaret和Dwayne)和作为整体的班集体一起教学和学习,即教师不停地搅动这个不断发展和自我驱动的班集体系统,同时,其自身系统也在这个过程中被"搅动"。到目前为止,还没有熟悉的词汇能用来有效地描述这种多层次的、复杂的活动安排。这样的词一旦出现,就可能将人们导向教学所需要的、目前尚难想象的可能性。

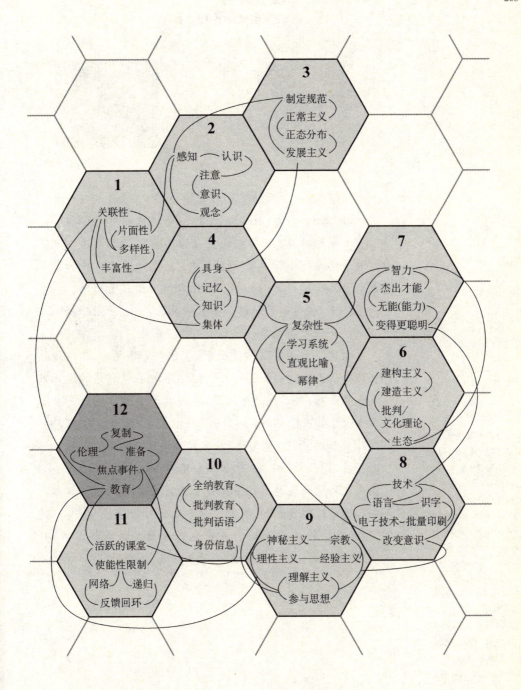

第十二章　教学遭遇
教学生活的伦理之维

> "基于农场项目的代际田野学习"(The Intergenerational Landed learning on the Farm Project)(简称"田野学习")*接受了一项挑战,即探索促使孩子关爱环境的方法。它采用的策略是把小学生带到社区老人(包括退休农民和园艺爱好者)身边,让他们一起在市内农场种植粮食作物。在整个学年中,这些孩子和老人在农场见面,一起计划、种植、培育和收获粮食及花朵。
>
> 该项目由两位大学教授于2002年夏季发起,参与者还包括一位教师、18个七年级学生、几位从社区聘请的退休农民。两年后,项目得到了发展,有来自两个学校的近100名学生、18个家校(home schooled)学生和30个成年志愿农友(Farm Friends)参与进来,而且目前该项目仍在发展。
>
> 该项目的框架、教育方法和研究方向主要围绕三个相互交织的问题展开:(1)安排孩子与社区成人一起在市内有机农场种植粮食作物,有助于培养他们对于环境的爱心吗?(2)代际合作在鼓励孩子关爱自然方面发挥着什么作用?(3)这种教育以什么方式影响孩子和成人的健康及幸福?

---

* 该项目由英属哥伦比亚大学课程研究系 Jolie Mayer-Smith 和 Linda Peterat 发起和指导。穿插在本章中的叙事引自以下几篇文章,如"Growing together to understand sustainability: An intergenerational farming project"(co-authored with Oksana Bartosh), in Inovation, education and communication for sustainable development (ed. Walter Leal Filho; New York: Peter Lang, 2006). Images are drawn (with permission) from their website: http://www.cust.Educ.ubc.ca/landedlearningproject.

第一节 焦点事件

教学中的有意行为应该围绕"焦点事件"(吸引并集中学习者注意力的事物或活动)来展开。

不言而喻,准备教学的第一步是确定教学目标:学生在学期结束时要学会什么?单元的目的是什么?课的目的是什么?

就现代学校的大部分历史来看,人们一直是在片断化和线性化的课程框架内表达教学目的。举一个具体例子:大部分编写中学学习大纲和教科书的人似乎都假定,要学会两个分数相加,就必须依照特定顺序来学习,即先了解分数名称,接着通分,然后确定公分母。类似的例子在其他学科领域也很常见。

事实上,这种分析和排列概念的方式所隐含的思想是有道理的,因为这些教学实践的基本认识是,人的意识范围很小。既然学习者一次只能处理少量信息,教师就必须缩小需要注意的范围。对于某些特定的主题而言,要克服人类意识的有限性,线性化的、一次处理一个概念(one-concept-at-a-time)的方法似乎是唯一合乎逻辑的选择。

然而,线性课程不是唯一可行的办法。事实上,我们可以认为它是一种较差的选择。大部分人类学习发生在感觉丰富而集中的场域中。很明显,对于学生的学习而言,没有必要把观点分割开来,也没有必要预设学习的顺序和在概念之间人为地划出界线。

不过,焦点至关重要。借助焦点,我们才能从常见的数量丰富和种类繁多的感觉可能性中抽取细节。在历史上,这方面最常见的教学策略是使一些概念相互分离和脱离情境,以期学生能在更真实的情境中重新整合这些概念,并使其学习普遍适用(事实表明,在这种学习环境下把理解迁移到其他课程或者应用于校外情境是非常有限的)。* 一个可供替代的方法是,教师要设计能指引学生注意的学习场景,而不是把观点从赋予其意义的情境中剥离出来。从教学上看,这种教导所关心的不是分解和排列概念,而是选择和展开有利于突出重要差别的目标和事件。

比如,在本章所附轶事中,教育者的明确目的是影响学生,

专制还是放任?

儿童不会遵守规矩而且容易分心,因而必须让他们学会遵守纪律,所以教学主要在于控制。

儿童要取得成功,就必须能够自然发展。因此,教师应该创造环境和给予学生自由。

共同的基础: 正规教育着眼于个体发展,教学在人为环境中进行。因此,教育的目的是帮助学生为现实世界做准备,而不是使他们参与其中。教师与学生之间界线分明,互不交叉。

* 参见 John D. Bransford, Ann L. Brown, & Rodney R. Cocking (editors), How people learn: Brain, mind, experience and school (Washington, DC: National Academy Press, 1999).

有研究表明*,参与型课堂教学结构比专制型或放任型结构更有利于社会能力和学术成就的发展。在这样的环境里,教师通常:

● 与学生一起确定标准。
● 运用非控制的谈话。
● 给予深入思考答案的时间。
● 承认他们自己的不确定性。
● 既尊重独立性也尊重相互依赖性。

*参见 Rogoff, the cultural nature of human development.

即使学生重新理解他们与"超人类世界"之间的关系及应尽的责任。不难想象,如果改用一组线性化的基于课堂的课来处理该主题的话,这些课可能会从一些关键概念入手,接着加入对于食物网络的研究,最后从学术角度讨论各种食物生产手段的相对优势……所有这些过程中都会穿插常规测验,以便给学生提供展示其理解的机会。

本章所引用的轶事没有采用上述方法组织课堂。相反,它把教学目融入了各种相互关联的经历之中,因而具有情境性(与特定地方相关)和参与性(与特定活动相关)。也就是说,它的教学目的不是一系列教学结束时所要达到的目标,而是渗透和体现于学习过程的各个方面。在这个项目中,由于教育者着眼于特定要素并致力于理解各种活动之间的关系,因而这种认识教学目的的方式不仅有效,而且渗透在其他校内和校外的经历之中。

本章叙事(实际上所有章节的叙事)所描述的教学活动都是围绕焦点事件来组织的,即通过注意特定事物来考察一般事物。这些事件的选择和阐述都落脚于这种观点:感知不是"吸收事物"的过程,而是理解的积累,是地球、种族、文化和个体的历史的集合。

212

> 2002年初,英属哥伦比亚大学农业科学院的一群学生和教师了解到,根据大学发展计划,该大学的农场将改建为住房(这个占地40公顷的农场曾是一个兴旺发达的研究基地)。师生们担心会失去该地区的最后一个市内农场,于是发起了一场拯救农场的运动。
>
> 他们的策略是把农场改造成教育基地。从教育学院邀请来的几位教授视察了这个杂草丛生的农场以及几头牛、羊和鸡——这就是这个曾经繁荣一时的畜牧业和农业项目的所有遗产。田园里空气新鲜、绿草如茵、生机勃勃,步行其间使这些教授可以在案头工作和室内劳动之余得到片刻休息。

在教育者看来,这个农场的可能性用途很多,远不止是一个传授科学实践知识和生产粮食的场所。这些教授很关心环境变化,并且比较担忧年轻人的生态意识,他们很想知道为什么自己在情感上能够如此亲近大自然?是什么经历影响了自己的价值观和信仰?得出的结论是:他们在年轻时曾住在户外,在地里嬉戏和劳作时思考和享受过大自然,因而从内心深处愿意长久地致力于地球的福利。于是接下来的一个问题就是:教育要怎样重构才能为孩子创造一些经历,以促使他们理解自然,尊重和照顾地球。

在进一步讨论中,大家开始弄清了所存在的两种断裂:一是人与自然的断裂;二是年青一代与年长一代之间的断裂。就后者而言,很明显,在步向城市化的现代化趋势中,与地球打过交道的人越来越少。

这些断裂成了该项目关注的焦点。主持项目的教授们试图协调断裂双方,因而采用了"基于场所的方法"(Place-based approach),着手建立项目来支持孩子与社区中具有务农背景的老人合作,以培养他们的生态意识。

第二节 伦理责任

在整本书中,我们一直认为教育者有一种伦理责任,即他们要认识和明确自己的理解框架,因为人们理解世界的方式会决定其在世界上的感知和行为方式。

以一件特别适切的事情为例:几百年以来,西方世界普遍认为地球没有活动能力,是独立于人类的可任意利用的资源。学校教育通过多种方式促进了这种思想倾向的延续和发展,其中最明显的方式是强调提高工具能力,即把重点放在学习如何做事而不是为什么做事或者事情能否持久上。讲得更有说服力一点就是,教学的重点放在知识而不是智慧上。

直至最近为止,这种态度和观点似乎未曾表现出特别不当之处。但是,随着人口呈指数增长,人类对环境的要求也在呈指数增长,而环境却是不可持续的。因此,目前的情况已经清楚表明,流行了几百年的世界观必须改变。

环境和生态这两个词指的并非是同一件事情。

所谓"环境主义"(environmentalism),是对围绕在我们周围的事物进行的研究。根据这个定义,环境主义假定人类与自然是分离的。

生态学是对关系的研究。该词源自希腊语"oikos",意指"家庭的"(household),使用这个词能使人注意到活动与意义之间相互交织的网络关系。它淡化了人与自然之间的界线,并把人放在一个"超人类世界"中来讨论问题。

事实上这种世界观正在发生改变。随着灾难不断涌现以及各种危机隐隐出现在从细胞到星球的各个层面上,有迹象表明,人们已在重新重视人与自然合一的生存方式。控制、掌管、占有和管理等词汇(即把人类与世界其他部分相分离或使之凌驾于它们之上的词汇),正在让位于更具不确定性、参与性、嵌套性、具身性和渗透性的词汇。

对于教学而言,这可能意味着什么呢?

显然,不是每个教学事件都与生态责任和社会正义明显相关。然而,我们有责任关注这些教学事件的思想框架,察看其盲点,考察它们可能以什么方式促使不良行为和态度产生。从这个目的来看,每个学科领域都有足够的机会来处理知识中所包含的社会和生态问题。但这些机会并不总是显而易见的,因而通常需要教师将其揭示出来。教师必须认识课程是怎样塑造师生不断变化的个人身份和集体身份,并通过这种方式来发掘隐藏在其中的机会。

本章所描述的"田野学习项目"就是一个可用来解释这些认识的很好例子:农场活动不仅可以作为一个统整各个课程领域的焦点,还可作为一个使技能情景化和概念一般化的、整合学科知识和拓展概念框架的场所。与所有课程目标一样,农场成了理解的焦点;像所有的学习经验一样,农场活动既有助于改变学生已有的记忆和关注点,也有助于改变他们参照彼此经验来对其过去、现在和将来的经验进行解读的方式。

因此,安排几组学生每个月去农场一次,会影响他们的记忆和理解,而且不止影响与农场事件相关的记忆和理解。当学生进入到更广大的关系和身份网络时,他们就会重塑自己的整个身份。

然而,教师不必寻求新异的情境和运用不熟悉的活动来影响学生对于自我的认识。相反,日常生活世界本身就提供了无穷无尽的创造和再创造的机会。教师在这方面所要发挥的作用就是要帮助学生重新思考他们业已熟悉的事物。事实上,好的教学不只是要向学生介绍不曾注意或不熟悉的方面,还要帮助他们重新审视已经熟视无睹的事物和实践。

翻开大家公认的具有创造性的人物的传记,我们总能发现

正如"生态心理学"(ecopychology)的字面意思所示,它综合了心理学和生态学两方面的观点,主张与自然重建联系是解决个体和集体病态(pathologies)的有力手段。其核心原则是,精神健康不能狭隘地理解为神经上的、个人的和(或者)人际的,而必须考虑它与其他物种的关系,并将这些关系置于各个相互嵌套和交叠的生态系统中。

生态心理学认为,考察生态系统健康能为处理人类心理健康提供启示。*

* 参见 Allen D. Kannner, Theodore Roszak, & Mary E. Gomes (editors) Ecopsychology: Restoring the earth, healing the mind (San Francisco: Sierra Club, 1995).

支持以上观点的证据。尽管新奇的事物和活动也有作用,但是创造性大多来自人们对于日常事件和日常用品的反思。比如,在我们进行的分形卡片活动中(参见第二章),当同学们在常见的事物中寻找分形模式时,本来熟悉的东西就不再熟悉了。同样,在诗歌创作活动中(参见第十一章),当大家对着某个特定钮扣猜想穿衣者的身份时,熟悉的事物就变得陌生起来。借助这些创造活动,我们可以打破根深蒂固的思维习惯(更精确地讲,即打破不思考的习惯)。

创造性有一个重要特点,即要创造就必须具备获取基本背景知识的能力。比如,在文学技能或社会关系没有充分形成的情况下(如在小学课堂中或在学年伊始时),钮扣猜想活动(如第十一章所述)极有可能会导致糟糕的结果。同样,发起"田野学习项目"的两位大学教育者挑选经验丰富的农民和园艺大师参与活动,是非常有道理的。要创造性地教学,教师必须精通他们想要使用的东西。

> 该项目的目标是从联系的角度来界定的,包括(1)培养人与自然的情感联系;(2)增强对于人、土地、食物、环境之间联系的理解;(3)发展儿童和老人之间的代际联系。
>
> 之所以采用这个新计划,是因为大家相信饮食是一种环境行为。也就是说,种植何种作物、如何种植和怎么处理所种植的粮食作物,这些决定均会对地球上的资源产生影响。基于这些认识,实验者草拟了一个清单,将课程中容易整合的论题集中起来,如食用哪些食物、为什么食用这些食物、它们产自哪里、生产它们需要哪些资源、选用它们对环境会造成什么影响,等等。
>
> 在安排农场实践工作时,实验者的最初打算是让同学们在田野里耕种土地,但他们立即发现可以通过更强的限制来激活该项目。该项目因而开始在12个园棚试行,这些园棚起初是出于其他目的而开辟出来的,但此时正处于闲置状态,等待着耕作。园棚之间界线分明,因而很适合团队协作,同学们可以在这里更明确地标出"我们的土地"。而且,园棚的大小也较适合个子小、没有技术的人,他们可以做大量的护理工作。
>
> 他们有一小笔拨款,如果节省使用,足以支付补给品及这些同学和助理人员的交通费。招聘第一批学生比较容易,他们是18个7年级学生,均来自一个距农场20分钟车程的初中。相对而言,寻找经验丰富的

> 农民难度较大。但四个月以来,通过求助"4H"(一个青年农业组织)、联系政府、口头询问和社区广告等途径,该项目终于吸纳了一些经验丰富的农民和技术熟练的园丁。

第三节 模 仿

人们通常从传递外显信息的角度,把教育理解为呈现、告知、表达、传播、传递、讲解等。

这些策略的确重要,但我们不应忘记,在教师讲解的过程中,实际上没有任何东西从一个大脑转移到另一个大脑。相反,如第六章所述,我们应该从引发学习者关系这一角度来理解这些策略。只要学习者掌握了足够的语言和适量的经验,我们就有理由假定他们会对所告知的事物形成具有足够一致性的理解。

当然,最后一句话至少表明两个重要问题。第一个问题的核心是经验:如果所讲解的对象没有足够的基础,那么即使世间最杰出的讲解也毫无用处。第二个与之相关的问题不常被人提及,即并非所有认知都适合讲解。我们的大部分知识都是看不见的,而是要通过生活来表现,这一点在最初几章中已有详述。正因为此,模仿虽然是重要的教学/学习策略,但经常遭到忽视。

如前所述,刚刚出生几小时的婴儿就已具备模仿旁人的能力。模仿不仅有利于掌握身体技能,而且有利于情感和语言等能力的发展。尤其是,婴儿学习语言有一个重要特点,即他们有机会模仿更高级的说话者,如重复别人的言行举止、训练发音、根据专家的提示调整语言的使用等。

模仿和重复是促进认知"组块"形成的重要技能(请参见本书第一编),而这些"组块"随后又交织进了更复杂的能力之中。然而,与学习第一语言或者发展身体技能相关的模仿通常不同于学校情境中常见的模仿任务。校外学习中教授与接受两者之间的差别甚微,学习者能接触丰富的情境化的细节,拥有各

人们在生理上容易获得神秘的精神体验,即体验没有时间、没有界线的超验感觉和作为宇宙本源的"一"(这些都与精神相关)。*

这些现象也许并不少见。我们都有过陶醉在书本中、沉醉在活动中和迷失在人群中的体验。这些体验可以通过反复的、有节奏的活动来激发和强化。大部分宗教仪式的明显目的是使参与者摆脱孤立感,进入超越自我的更大情景中。

* 参见 Andrew Newburg, Eugene d'Aquili, & Vince Rause, Why God won't go away: Brain science and the biology of belief (New York: Ballantine, 2001).

种模仿机会,具有犯错误而不担心遭训斥的自由。但在学校情境中,学生需要抄写笔记、反复练习、模仿问题解决策略、死记过程等,两者截然不同。

由于认识到了这两类模仿之间存在的显著差别,教育实践在最近发生了巨大变化。比如,在学校进行的第二语言教学中,重复短语、背诵单词表、完成书面作业等做法已经发生了转变。目前,教学更强调在具有弹性和变化的情境中模仿声音和短语,其目的不再是根据容易标记的工作表来呈现正确答案和死记硬背,而是重视培养能力,力图使学生以熟悉但却不可预见的、具有创造性的方式来使用和阐述所习得的知识,以此进入新的语言中。

这些模仿并非语言学习所特有。许多音乐教师上课之初都要将该周要上的乐曲表演一遍,其用意不在于向学生表明通过专心训练可以学到什么,而是试图让他们明白成为乐师意味着什么。同样的观点也屡屡出现在体育教学情境中。当涉及的不只是简单地接收信息时,观察、模仿和从专家那里获得即时而正确的反馈就变得非常重要。

从希望孩子们与经验丰富的农民和园丁并肩工作这个方面来看,"田野学习"项目当然也包含这些有关模仿的思想。除了与植物和农业技术有关的细节外,学生还可以学习更多东西:该项目的目的是让学生学会以特定的方式在世界上生存。而要获得这种特定的生存方式,学生必须有机会模仿拥有这种知识的人。

事实上,纵观人类文明的发展历程可发现,人类一直都很重视在丰富的情境中进行模仿。似乎只是到了最近几个世纪,模仿才开始淡化,并被基于讲解的教学所取代。比如,长期以来,模仿一直备受画家及学习者的青睐。17、18世纪的欧洲画师都要求学生临摹其作品。当他们模仿比较熟练时,画师会作出画的起始部分,然后鼓励学生完成剩下的部分。只有当他们发现学生已经精通了模仿技能后,才允许其自己作画。

象棋大师也会采用临摹来授徒。他们要求徒弟从已终了的棋局开始,"重演"其中每一步(有时要演练好几遍)。由于徒

人的这些反应可从神经学角度来解释。有些事情会对大脑中与逻辑推理相联结的部位产生影响,也会影响他们所想象的自我身份。当人们不刻意进行逻辑思维和自我认同时,与神秘体验相联系的感觉就会产生出来。

为什么人类在生理上容易产生超验感呢?在众多可能性答案中,有一个特别有吸引力。它认为,人之所以产生这种感觉,是因为存在"超验体"(transcendent unities),而我们总是并且已经是其中一部分。新兴的生态精神学(ecospirituality)运动即以此信念为核心,其鲜明特点在于它具有尊重所有生物并与其和谐共处的态度。

古代所有的宗教传统似乎都持这种态度,它们的根本原则是**参与**(participation)——在约一百年前人们用这个词来指土著民族的万物有灵论和口语文化的世界观。*

* Lucien Levy-Bruhl, How natives think (trans, Lilian A. Clare; Princeton, NJ: Princeton University Press, 1922/1985).

弟要"进入棋局创造者的思想",因而每一次"重演"都会花费数小时时间。

许多专业作家也认为,初学者应该"进入大师的思想"。常见的写作练习是,初学者先从最喜欢的作家的作品中挑选出几篇文章,然后反复模仿。通过这种反复模仿,他们会慢慢地注意到写作中的特定细节,如作者的思维"节奏"(rhythm)等。学习者通常承认,经过这种训练后,他们会不可避免地在其作品中少量地保留其他作家的写作风格。但他们自己通常很难觉察到这种模仿过来的文风,只有旁人才能发现。

人们普遍认为,给学生提供模仿现有作品和过程的机会有助于他们理解专家的思想。这些模仿策略正广泛应用于教师教育,但它在教师专业发展中的重要地位很少得到人们的承认。要促进新教师对于资深教师教学思想的理解,首要的就是先让他们接触这些教学思想的直接表现。

比如,经验丰富的教师不是简单地向新教师解释如何向6年级的学生介绍分数乘法,或者从理论上解释为什么人们要以特定方式来教授分数,而是请学生观察和详细记录课堂。然后,他们会给新教师一些机会来对这堂课进行提问和讨论,接着可能会要求他们在另一个班级中模仿这堂课。教师必须意识到这种模仿不是简单照搬,而是创造性地重现。其目的不是要重复已发生的行为,而是参与某种特定的思维方式,其背后的重要观念是:场景不同,事物发展的方式也可能不同。

然而,职前教师有时被要求全面负责整个班级的学生,以经受"磨练"。难怪这么多新教师发现自己的教学模式非常类似于他们承诺所要避免的教学模式。因为他们是通过这种方式学会教学的,所以往往要花数年时间来克服这种教学实践。

相比之下,模仿经验丰富的教师会促使新教师更深刻地理解教学的复杂性。新教师可以首先参与有意义的辅助性任务(如清点人数、批改作业等),然后逐渐增加不同层次的责任。

"美洲土著居民邦联"(The Native American Iroquois Confederacy)信奉"第七代哲学"(seventh generation philosophy),意即决策者有责任留心他们的行为对其后面七代子孙的影响。

目前,在生态基础上进行的有关持续性(sustainbility)的研究持类似观点。根据 Gro Harlem Brundtland*的界定,所谓"持续性"指"既满足当代人的需要又不危及后代人满足其自身需要的能力"的发展。

持续性旨在把人类活动的文化(即经济、社会、制度等)与环境相联系。也就是说,持续性涉及从个人到地球的各个组织层面。

* Gro Harlem Brundtland (editor). Our common future: The World Commission on Environment and Department (Oxford: Oxford University Press 1987).

此后几年，"田野学习"项目起初建立起来的结构得到了保留和发展。每年九月，都会有一批学生（其中许多学生以前从未经历过田园环境）聚集于此，与社区成员组成搭档，每个"农友"队通常由三到五个学生和一两个成人组成。

这些"代际"小组一起工作，共同经历一年四季中所有农作物的各个生长阶段。在整个项目中，教师与项目领导一起设计活动，以便将土地、食物、经历与学校中所有科目的课堂学习整合起来。金秋时节，大家忙着为冬天做准备；从一月到六月，这些团队一起耕种和照顾植物。六月份是活动最多的时候，孩子、家长、教师、农民、项目领导和农场管理员聚集在一起，共同享受"农友"的劳动成果和刚刚收获的美食。

"农友"队每年去农场约 12 次，每次都有一个特定主题。最近一年的主题有："收割"、"积肥"、"昆虫和蚯蚓"、"预种"、"播种"、"观察大自然"、"辨认植物"、"水栽培"、"灌溉"、"'第一民族'①与土地的关系"、"营养"、"庆祝收获"等。*

在此过程中，孩子可以了解食物来源、可持续性种植方法、食物分配和安全等，还可以熟悉与市内农场相关的其他活动，如蜜蜂养殖、蛋禽生产、商品果菜种植、附近森林保护区的生态系统等。在这些经历和活动中，孩子们通过记日志、写故事、画素描、制作幻灯片等方式记录和分享他们的所学所知。

第四节 预 备

在教师教育项目和其他以师—徒学习结构为特征的专业项目之间，存在显著区别。这种区别与按顺序排列主题有关：在教师教育中，课堂计划和对教育项目进行管理等任务通常是提前制订好的；而在其他专业活动中，与计划和监督有关的任务多半要留到学徒期结束的时候。** 其背后的原理并不复杂，即这些任务之所以要放在最后，是因为它们最消耗精力，要求

* 课堂建议和辅助材料可从"田野学习"网站上下载：http://www.cust.edu.ubc.ca/landedlearningproject/ideas.htm

** 参见 Lave & Wenger, *Situated learning*.

---

① "第一民族"（First Nations），是加拿大一个种族的名称，与印第安人（Indian）同义，指在现今加拿大境内的北美洲原住民及其子孙，但不包括因努伊特人和梅提斯人。——译者注

学习者对任务的其他方面均有深入理解。

比如，新教师应该如何预见学生可能遇到的困难、知道可能采用的教学方法、了解学生已经学过的知识、察觉班上存在的特定性格、注意这些成分和其他成分怎样同时出现在复杂的教学情境之中？有人坚持认为，处理上述问题职前教师应从课堂计划(lesson plan)开始，因而不鼓励他们逐渐承担起组织课堂活动的责任。这事实上是过于依赖已有知识，或者教材和工作表等已有的课程材料，其结果通常导致职前教师重现和延续以前的学习经历。也就是说，如果他们不采取措施来打破这个循环，就总是会承袭他们在学生时代所见到的教学方式。

另外，过早强调课堂计划（尤其是在学校里进行去情景性的课堂计划）也许会造成一种误解，即教师可以编制出"去"情景的适合所有学生的"通用课"(generic lessons)。事实上，目前流行的"最佳实践"(best practice)的提法就相信，有些技术可以超越情境、个性和主题。任何留心观察过两个人或两个学科之间差别的人，都会看出这种观点存在的问题：没有最好，只有够好。

这并不是说大学的研讨室不适合研究课堂计划所设计的问题，而是说课堂计划是一个复杂的要求很高的任务，因而绝不能简化成为学术训练。了解一些适合于课堂的要素是重要的，但是计划课堂不是填充模板。相反，足够好的课堂是围绕一群特定的学习者展开特定的主题。

课堂发展也是递归结构的，绝不只是把已完成的产品组装起来——总有些方面可以用不同的方法来处理，或者总有些方面更值得其他群体的重视。

以此为目的，教育中最近出现了一个突出的颇有前途的运动，它强调教师们围绕课堂计划进行互动。该运动对许多根深蒂固的有关课堂计划的假设（如"通用课"观念、相信教学是单独作业的观点等）提出了挑战和异议。在这些结构中，不同小组的教师一起工作，在备课、上课、听课、评课和修改课的过程中交流心得。课堂研究中的这些活动通常首先会提出有待考察的问题、初步计划课堂、全盘考虑所需材料、预测学生困难，并想出进行观察、理解和修改计划的策略。*

人们一直倾向于把过敏、哮喘和相关的疾病归结于空气污染。然而，这些假设无法解释为什么在一些发达国家这些疾病也会流行——那里的空气质量通常比世界上其他地方要好得多。

近来有假设认为，缺乏与微生物接触也许是导致哮喘和过敏等流行病的原因。事实上，过于干净的环境会剥夺免疫系统学会免疫所需要的经验，因而降低了它们的免疫能力。

"过于卫生"(over-sanitized)的课堂也会对孩子的心智发展产生类似影响吗？规定太明确、缺乏模糊性和指定性太强的任务，也许会降低对学生思考的要求（因而也会降低其思维的灵活性）。

* 这种方法可称之为"课堂研究"，参见 Clea Fernandez & Makoto Yoshida, Lesson study: A Japanese approach to improving mathematics teaching and learning (Mahwah, NJ: Lawrence Erlbaum, 2004).

实质上,在这些情景中,关键之处不在于计划,而在于**准备**,这两者具有很大的差别。有"计划"的教师给自己规定活动路径,而有"准备"的教师既会做计划,也能对各种可能出现的问题和情况进行预测。在后一种理解框架中,课程计划是帮助教师关注学生的手段,而不是阻止教师关注学生的障碍。

换言之,课堂计划是一种思想实验,需要对特定情境中特定学生在特定活动中所面临的可能性进行通盘考虑。这种实验没有硬性规定,既可以完全包含某种课堂计划模板,也可以是更灵活的设计;既可以改编在其他地方上过的课,也可以融入新想象出来的活动。从这个意义上讲,课堂计划的关键在于帮助计划者把握可能出现的动态的复杂的可能性。

我们可以通过一些问题来引导这种"思想实验",比如,我在教谁?有需要特别考虑或调整的地方吗?这些情境化的细节对所发生的事情可能会产生什么影响?我希望学生学到什么?各种学习理论对教学决策有何帮助?有哪些可用资源?这些资源是怎样影响学习的?

这些问题都很重要,教师候选人应该考虑,但未必能独立解决。同样,这些准备活动也应该与有经验的教师一起完成。

培养新教师的课堂计划能力还有一个好办法,即只从两三个学生开始,而不是从整个班级开始。这种安排可以提供更多机会,使教师能注意课程重点和教学策略的效果,同时也可使他们不必花太多精力来预测偶发事件。也就是说,教学重心更多地落在学生学习上,而不在教师行为上。而且,如果教师只与少数几个学生一起学习,就能更容易地摆脱预设的路径或预想的解释。

在此过程中,教师有更多机会关注课堂计划和教学之间的复杂关系。大部分教师认为,在好的**课堂计划**和**好课**之间存在巨大差别。如果教师不能创造某种促进学习者运用教材和相互合作的环境,即使最好的教学计划也可能根本达不到预期效果。

成功课堂的主要特点在于,教师能灵活应对课堂中所发生的事情。他既参照预设的教学目的,也知道在复杂活动(包括教学)中,调整、协调、实验、出错、迂回和惊讶都是常见现象。

如果要对本书内容作一总结的话,作为本书的作者,我们的回答可能是,人类已经到了一个必须从"全球公民"(global citizenship)的角度来理解认知、学习和教学的时候了。

"全球公民"要求我们承担起尊重和保护我们周围的人及生存环境的责任。它所涉及的是有道德有意识的行为,要求密切关注人在各种可能性发展中所起的作用;所信奉的箴言是:"世间无小事"(everything matters)。

也就是说,如前面几章所提及,教学在很大程度上是提供机会,以使事物通过不可能完全预测的方式结合起来。如前几章所述,这种观念植根于一种认识,即好学习"依靠"但不"取决于"教学。正因为此,教学总是应该提前作计划,但计划必须使人能在展开教学的过程中从多种可能性中进行选择。

> 在第一个项目年的六月下旬,有机蔬菜有了很好的收成。同时在庄稼管理和可持续性发展方面,同学们上了一系列丰富多样的培训课。尽管并不是每件事情都能如期进行,但从参与者的眼神、工作和行动来看,已经取得了明显的成效。孩子们和年长指导者变成了关系密切和相互信任的朋友,他们都与农场联系紧密,对于种植项目非常投入。
>
> 到了第二年,项目有了进一步发展。比如,为了使一些工作更具有科学性,学生要提出一个研究问题,并与农场朋友一起进行小型实验。他们也参与小组中主题明确的对话,讨论有机蔬菜的种植和培育方法。这一年,项目的重点是让学生描写在园子里感受到的所有事物(包括在环境中所听到、闻到、尝到、看到和感觉到的所有东西),目的是让他们在园子里放慢步调,深入思考。
>
> 在头两年中,该项目抓住机会开发了一个切实可行的培养可持续性耕作的模式。项目在第三年得到了发展,吸引了更多来自不同社会和经济背景的学生,所涉及的年级范围也很广。参与项目的学生数目的增长也引发了几个问题:(1)需要建立更多的园棚,其材料要靠当地一个木材公司捐赠;(2)需要更多资金来把孩子和志愿者载往工作场地,而这些资金全靠拨款和捐赠来保证;(3)需要找到更多农民朋友,这就意味着项目结构必须改变。由于找不到足够多的年长者,邀请的范围便拓展到了该大学的研究生和高年级本科生。
>
> 这些研究生和本科生很少具有与年长农民相媲美的耕种经验或专业技术,但他们的确具有专业知识和教育技能,也具有进一步了解可持续性耕作的愿望。

第五节 教育何为

许多(也许是大部分)教师在其职业生涯之初都以为,他们可以避免在学生时代所见到的无用或不恰当的教学实践。也就是说,他们会对学生少一些说教,多一些关心;更少注意教学技能而更多关注创造性的教学;向创造的可能性敞开大门,而较少束缚于课本。

然而,当这些教师转变为全职教师后,在满足教学要求时,他们通常会把上面这些解决办法搁置起来。应该怎样避免这种命运?人们是不是把自己嵌入了深受无意识的习惯影响的社会机构之中,而更加坚守其所信奉的教学目标?或者,人类是不是更倾向于陷入现行模式而不能自拔?

值得庆幸的是,历史已经表明,改变传统是有可能的。但历史同样也表明,变化不会因为个体倡议而产生,也不能被简单地视为有意决策的结果。社会变革或学习都是复杂的集体参与的过程,它们所跨越的时间长度不同于个体学习,是持续不断地对实践和内隐关系进行质询的过程。

在教学实践中,情况尤其如此。大部分人的教学行为都不是出于有意识的思考,也不是有意选择的结果。教师的注意力有限,但需要注意的东西又特别多,因而大部分教学行为都必须自动化,即使其与自身融于一体。换言之,在教学时,教师并非真的是在有意识地决策,而只是在一定情境中执行业已存在的决定。这些由他人制定的决定涉及各个方面,如适当行为的标准,环境的组织,获得各种技术权利等。

自动化(automaticity)并非坏事。如前几章所述,自动化是有意识的认识的必要补充;它有助于我们把熟悉的细节和常规事务转化为背景。然而,在改变根深蒂固的行为和理解方面,自动化的确会带来问题。影响变化的措施(即教学)之所以必须在复杂的共同活动的各个层面上展开,其原因就在于此。

当然,由于人们在理解教学时通常只从教育影响个体变化的角度入手,所以如果要从复杂的视角来看待教育,就必须拷问正规教育的目的。很明显,教育不能只是延续根深蒂固的传统理解或为年轻人进入成年作准备。复杂思想表明,这种看法不仅幼稚而且不可能实现。说它幼稚是因为学习总是一个阐发的过程,因而保留传统的措施必然会导致变化产生;说它

几个世纪以来,西方大部分学校的组织一直是线性的,就像秩序井然的行军队伍和工厂的装配线一样。

然而,"群体行动"这一隐喻开始受到人们青睐。正如前几章所述,有些事件和技术提高了人类联结思想的能力,因而在很大程度上促进了这些隐喻的产生。随着即时信息、博客、维基百科、聊天群、播放列表、多人网络游戏、文件共享(filing-sharing)的出现(可以预计人类在相互联系方面还会出现更大变化),"爵士乐队"和"足球队"的隐喻似乎更适合于表达不断涌现的可能性。参与者围绕共同的目标和主题聚集在一起,将其天才和兴趣共同融入集体创造中。这不是要抹杀个性,而是要给共同劳动的"我们"中的每一个"我"打开可能性空间。

西方文化已经接受了集体行为的手段和模式,学术界和商业界也有意识地将这种文化明确地纳入其体系之中。然而,很少有学校能体现这种新的对于认知和学习的生态理解。

不可能实现是因为这个世界变化太快，我们所要做的准备只能是获得灵活适应的能力（但许多现代课程和教学似乎都与此背道而驰）。

复杂性给人以重要的和有价值的启示，即教学的后果不可能完全为人所知。教学会超越我们明确表述的教学目的、教学情境、教学安排和教学理论。就像有些困难问题的解决办法往往出现在人们不太集中注意力的时候一样，教学的最深刻影响很少（如果有的话）在教学的当时被意识到。试想一下你所经历的重要课堂：你当时意识到了它们的重要性吗？上某堂课的当时，你不可能判断得出该课是否重要。

遗憾的是，在讨论和辩论教育目标和教育变革的手段时，人们似乎总会论及教学方法而非教学性质。论述的核心通常是所要学习的特定课程主题、应该表现出来的技能水平、更有效或者最有效的课堂结构等。

局限于这种技术至上的根本原因是没有追问学习所蕴含的意义。就像人们在理解"教学"一词时一样，"学习"通常被理所当然地视为吸收事物、获得某种能力，或者通过特定经验来引起行为上的变化。这种简单化表达遮蔽了一个事实，即学习会引起多个层面的结构变化。在学生学习时，他会重新审视其概念关系的交织状态，他的大脑会发生物理变化，他在社会活动网络中的位置也会受到影响。这些变化如此复杂，以至于把学习"归结"于经验或教学纯属无稽之谈。相反，学习之所以产生是因为"情境中的主体"的结构在不断发生变化。

我们在这里需要重新理解学校教育的目标和意图。课堂不能视为进行再生产和模仿的地方，相反，学习和教学的目的似乎更多地是拓展可能空间和创造条件，以便使未曾预料到的事物能够涌现出来。在这种理解框架中，教育不是聚焦于预先存在的真理，而是由此发散开来。学习和教学因而是通过探索现存空间来开拓新的可能空间的递归发展过程。

也就是说，理解学校教育的重点在于理解认知，即弄清认知是怎样蕴含于存在的各个方面的。认知并非固定不变的信息，它内在于行为和存在之中，是存在的动力机制。当认知在个体以外的其他层面发生变化时（即当学习发生时），这些变化通常表现于种族、文化、知识领域、社会运动等发生变革之时。这些领域处于相互交织和不断发展之中，教学贯穿和横跨这些领域的各个层面，因而绝不只是个体或人际的行为，而是涉及整个星球的"亚人类"（the subpersonal），是一个有意参与宇宙存在的过程。

"田野学习"项目前四年所收集到的信息表明,在农场中种植粮食作物为同学们提供了基于共同体的、代际交往的、体验丰富的情境,这显然非常有利于促进他们的可持续性学习。

孩子们指出,耕作和种园的实践经验有助于形成在成年生活中能继续存在的持久观念。他们也认识到户外学习与课堂学习完全是两码事:在以成人为依托的共同体情境中,学习变得更加真实、难忘,并且容易迁移;在这种教育场景中,他们具有决策和控制的机会,而这能够影响和促进有意义的学习。

成人和学生都重视聚在一起讨论现实问题和生活经历的机会。这种代际合作能使参与者更加重视多样性,同时它也是进行可持续的、复杂的集体活动所需遵循的原则。在农友队内形成的情谊和友谊能够加强各成员对于关系的认识,而这种认识是进行可持续的、复杂的共同活动所必须的。

在培养年长者与年幼者关系的过程中所创造的情境,有利于提高孩子培育和管养植物的能力。在这种以共同体和农场为基础的代际情境中,学生会感觉伦理和环境问题更加真实且与自身息息相关。同时,种园使他们有了更加深切的体会,既促使他们反思自己对于环境的责任,也促使他们围绕除草和控制庄稼害虫等紧迫的现实问题来反思如何进行可持续性实践。孩子们认为,由于这些策略允许自主和自学,因而有利于形成新的自我认同,加强人们在"超人类世界"中的责任意识。

怎样才能与维持我们生命形式的地球和谐共处?这是一个复杂的问题,需要从教育角度进行复杂的应对。"田野学习"项目提供的例子表明,将农民和学生组成团队非常有效,这不仅能促使学生更好地理解与土地相关的传统和关爱环境,还有助于整合学校课程的各个方面。

"田野学习"项目揭示了认知、学习和教学能够而且应该怎样突破正规教育的时间和场域,同时也例释了当教育的核心不再是预设必须掌握的东西,而是愿意参与可能教授、学习和认识的东西时,会产生什么效果。

因此,作为个体、文化和种族所涉及的众多问题之一,教学不在于如何控制所发生的事情,而在于如何有意识地促使各种可能性展现出来。教学的任务是不断地提醒人们：无论个体还是集体，都总是处于不断进行认知和学习的过程中。

也就是说，教学不是刻意做出来的。在我们与自我及他人、个体和集体、过去和将来、现实与可能等相遇的过程中，实际上就在"经历"教学。

参考文献

Abram, D. *The spell of the sensuous: Perception and language in a more-than-human world* (New York: Pantheon, 1996).

American Psychiatric Association. *Diagnostic and statistical manual of mental disorders*, 4th edition (New York: American Psychiatric Association, 2000).

Arbib, M. "From monkey-like action recognition to human language: An evolutionary framework for neurolinguistics," in *Behavioral and Brain Sciences*, vol. 28(2005):105–167.

Ashcroft, B., G. Griffiths, & H. Tiffin. *The post-colonial studies reader* (New York: Routledge, 1997).

Ashton-Warner, S. *Teacher* (New York: Simon & Schuster, 1963).

Azar, B. "How mimicry begat culture," in *Monitor on Psychology*, vol. 35, no. 9 (October 2005):54–57.

Ball, P. *Critical mass: How one thing leads to another* (New York: Farrar, Straus and Giroux, 2004).

Barabási, A-L. *Linked: How everything is connected to everything else and what it means for business, science, and everyday life* (New York: Plume, 2002).

Bell, G. & J. Gemmell. "A digital life," in *Scientific American*, vol. 296, no. 3 (March 2007):58–65.

Berlin, B. & P. Kay, *Basic color terms: Their universality and evolution* (Berkeley, CA: University of California Press, 1999).

Bloom, B. S. *Taxonomy of educational objectives, Handbook I: The cognitive domain* (New York: David McKay, 1956).

Bransford, J. D., A. L. Brown, & R. R. Cocking (eds.). *How people learn: Brain, mind, experience, and school* (Washington, DC: National Academy Press, 1999).

Britzman, D. *Practice makes practice: A critical study of learning to teach*, revised edition (Albany, NY: State University of New York Press, 2003).

Brooks, R. A. *Flesh and machines: How robots will change us* (New York: Pantheon, 2002).

Brundtland, G. H. (ed.). *Our common future. The World Commission on Environment and Development* (Oxford, UK: Oxford University Press, 1987).

Bryson, M. & S. de Castell. "Queer pedagogy: Praxis makes im/perfect," in *Canadian Journal of Education*, vol. 18, no. 2(1993):285–305.

Buchanan, M. *Ubiquity: The science of history ... or why the world is simpler than we think* (London: Phoenix, 2000).

Bunge, M. "Ethics and praxiology as technologies," in *Techne*, vol. 4, no. 4(1999):1–3.

Burdick, A. "The truth about invasive species: How to stop worrying and learn to love ecological intruders," in *Discover*, vol. 26, no. 5 (May 2005):34–41.

Cajete, G. *Look to the mountain: An ecology of indigenous education* (Asheville, NC: Kivaki, 1994).

Calvin, W. H. *How brains think: Evolving intelligence, then and now* (New York: Basic Books, 1996).

Carper, J. *Your miracle brain* (New York: Quill, 2000).

Cobb, P. "Multiple perspectives," in *Transforming children's mathematics education: International* perspectives (eds. Les P. Steffe & T. Wood; Barcombe, UK: Falmer Press, 1990):200-215.

Counternormativity Discourse Group. "Performing an archive of feeling: Experiences of normalizing structures in teaching and teacher education", in *Journal of Curriculum and Pedagogy*, vol. 2, no. 2 (2006):173-214.

Crozier, L. *Inventing the hawk* (Toronto: McClelland & Stewart, 1992).

Dar-Nimrod, I. & S. J. Heine. "Exposure to scientific theories affects women's math performance," in *Science*, vol. 314 (October 2006):435.

Davis, B. *Inventions of teaching: A genealogy* (Mahwah, NJ: Lawrence Erlbaum, 2004).

Davis, B. & E. Simmt. "Understanding learning systems: Mathematics teaching and complexity science," in *Journal for Research in Mathematics Education*, vol. 34, no. 2(2003):137-167.

Davis, B. & D. Sumara. "Cognition, complexity, and teacher education," in *Harvard Educational Review*, vol. 67, no. 1(1997):105-125.

Davis, B. & D. Sumara. *Complexity and education: Inquiries into learning, teaching, and research* (Mahwah, NJ: Erlbaum, 2006).

Davis, B., D. Sumara, & T. E. Kieren, "Cognition, co-emergence, curriculum," in *Journal of Curriculum Studies*, vol. 28, no. 2(1996):151-169.

Davis, W. *Light at the edge of the world: A journey through the realm of vanishing cultures* (Washington, DC: National Geographic, 2002).

Deacon, T. *The symbolic species: The co-evolution of language and the brain* (New York: W. W. Norton, 1997).

Deleuze, G. & F. Guattari. *Anti-Oedipus: Capitalism and schizophrenia* (Minneapolis: University of Minnesota Press, 1983).

Delpit, L. D. *Other people's children: Cultural conflict in the classroom* (New York: New Press, 1996).

Dennett, D. C. *Consciousness explained* (New York: Little, Brown and Company, 1991).

Dennett, D. C. *Kinds of minds: Towards an understanding of consciousness* (New York: Basic, 1997).

Donald, M. *Origins of the modern mind: Three stages in the evolution of culture and cognition* (Cambridge, MA: Harvard University Press, 1991).

Donald, M. *A mind so rare: The evolution of human consciousness* (New York, W. W. Norton, 2001).

Edwards, D. & N. Mercer. *Common knowledge: The development of understanding in the classroom* (London: Routledge, 1987).

Ellsworth, E. "Why doesn't this feel empowering? Working through the repressive myths of critical pedagogy," in *Harvard Educational Review*, vol. 59, no. 3(1989):271-297.

Evernden, N. *The natural alien: Humankind and environment* (Toronto: University of Toronto Press, 1993).

Fernandez, C. & M. Yoshida. *Lesson study: A Japanese approach to improving mathematics teaching and learning* (Mahwah, NJ: Lawrence Erlbaum, 2004).

Foucault, M. *Abnormal: Lectures at the Collège de France, 1974-1975* (eds. V. Marchetti & A. Salomoni; trans. G. Burchell; New York: Picador, 2004).

Freire, P. *Pedagogy of the oppressed* (New York: Seaview, 1971).

Gardner, H. *Frames of mind: The theory of multiple intelligences* (New York: Basic, 1993).

Gee, J. P. *What video games have to teach us about learning and literacy* (New York: Palgrave Macmillan, 2003).

Goldberger, A. L., L. A. N. Amaral, J. M. Hausdorff, P. Ch. Ivanov, C.-K. Peng, & H. E. Stanley, "Fractal dynamics in physiology: Alterations with disease and aging," in *PNAS (Proceedings of the National Academy of Sciences of the United States of America)*, vol. 99, suppl. 1(2002):2466-2472.

Gopnik, A., A. Meltzoff, & P. Kuhl. *The scientist in the crib: What early learning tells us about the mind*

(New York: Perennial, 1999).

Gould, S. J. *The mismeasure of man* (New York: W. W. Norton, 1996).

Greenwald, A. G., D. E. McGhee, & J. L. K. Schwartz. "Measuring individual differences in implicit cognition: The Implicit Association Test," in *Journal of Personality and Social Psychology*, vol. 74, no. 6(1998): 1464–1480.

Grumet, M. *Bitter milk: Women and teaching* (Amherst, MA: The University of Massachusetts Press, 1988).

Grumet, M. "The curriculum: What are the basics and are we teaching them?" in *Thirteen questions: Reframing education's conversation* (eds. J. L. Kincheloe & S. R. Steinberg; New York: Peter Lang, 1993): 15–21.

Haig-Brown, C. *With good intentions: Euro-Canadian and Aboriginal relations in colonial Canada* (Vancouver: University of British Columbia Press, 2006).

Harris, J. R. *The nurture assumption: Why children turn out the way they do* (New York: The Free Press, 1998).

Hawkins, J. *On intelligence: How a new understanding of the brain will lead to the creation of truly intelligent machines* (New York: Times Books, 2004).

Hayles, N. K. *My mother was a computer: Digital subjects and literary texts* (Chicago: University of Chicago Press, 2005).

Hebb, D. O. *The organization of behavior* (New York: Wiley, 1949).

Hoffman, D. D. *Visual intelligence: How we create what we see* (New York: W. W. Norton, 1998).

Huser, G. *Stitches* (Toronto: Groundwood, 2003).

Jackson, S. *Patchwork girl*. Available at http://www.eastgate.com.

Jaynes, J. *The origin of consciousness and the breakdown of the bicameral mind* (New York: Penguin, 1979).

Johnson, D. W. & R. T. Johnson. *Learning together and alone: Cooperative, competitive, and individualistic learning*, 5th edition (Boston: Allyn & Bacon, 1998).

Johnson, M. H. *Developmental cognitive neuroscience: An introduction* (London: Blackwell, 1997).

Johnson, S. *Emergence: The connected lives of ants, brains, cities, and software* (New York: Scribner, 2001).

Johnson, S. *Mind wide open: Your brain and the neuroscience of everyday life* (New York: Scribner, 2004).

Johnson, S. *Everything bad is good for you: How popular culture is actually making us smarter* (New York: Riverhead, 2005).

Juarrero, A. *Dynamics in action: Intentional behavior as a complex system* (Cambridge, MA: The MIT Press, 1999).

Kanner, A. D., T. Roszak, & M. E. Gomes (eds.). *Ecopsychology: Restoring the earth, healing the mind* (San Francisco: Sierra Club, 1995).

Kress, G. *Literacy in the new media age* (London: Routledge, 2003).

Kurzweil, R. *The singularity is near: When humans transcend biology* (New York: Viking, 2005).

Lakoff, G. & M. Johnson. *Metaphors we live by* (Chicago: University of Chicago Press, 1980).

Lakoff, G. & M. Johnson. *Philosophy in the flesh: The embodied mind and its challenge to western thought* (New York: Basic Books, 1999).

Lankshear, C. & M. Knobel. *New literacies: Changing knowledge and classroom learning* (Berkshire, UK: Open University Press, 2006).

Lave, J. & E. Wenger, *Situated learning: Legitimate peripheral participation* (Cambridge, UK: Cambridge University Press, 1991).

LeDoux, J. *Synaptic self: How our brains become who we are* (New York: Viking, 2002).

Lévy-Bruhl, L. *How natives think* (trans. L. A. Clare; Princeton, NJ: Princeton University Press, 1922/1985).

Lorde, A. *Sister outsider: Essays and speeches* (Trumansberg, NY: Crossing Press, 1984).

Lowry, L. *The giver* (New York: Bantam Doubleday, 1993).

Luce-Kapler, R. *Writing with, through, and beyond the text: An ecology of language* (Mahwah, NJ: Lawrence Erlbaum, 2004).

Luce-Kapler, R., T. Dobson, D. Sumara, T. Iftody, & B. Davis. "E-Literature and the digital engagement of concsiousness," in *55th Yearbook of the National Reading Conference* (eds. by J. Hoffman, D. Schallert, C. Fairbanks, J. Worthy, & B. Maloch; Oak Creek, WI: National Reading Conference, 2006):171–181.

Luke, C. *Feminisms and critical pedagogy* (New York: Routledge, 1992).

MacKay, D. M. *Behind the eye* (Oxford, UK: Blackwell, 1991).

Martin, L., J. Towers, & S. E. B. Pirie. "Collective mathematical understanding as improvisation," in *Mathematical Thinking and Learning*, vol. 8, no. 2(2006):149–183.

Maturana, H. & F. Varela. *The tree of knowledge: The biological roots of human understanding* (Boston: Shambhala, 1987).

Mayer-Smith, J., L. Peterat, & O. Bartosh. "Growing together to understand sustainability: An intergenerational farming project," in *Innovation, education and communication for sustainable development* (ed. Walter Leal Filho; New York: Peter Lang, 2006).

Meyer, M. "The grading of students," in *Science*, vol. 28(1908):243–250.

Miller, G. A. "The magical number seven, plus or minus two: Some limits on our capacity for processing information," in *Psychological Review*, vol. 63(1956):81–97.

Mithen, S. *The prehistory of the mind: The cognitive origins of art, religion and science* (London: Thames and Hudson, 1996).

Morin, E. *Seven complex lessons in education for the future* (Paris: UNESCO, 1999).

Murphy, M. J. "The relationship of school breakfast to psychosocial and academic functioning," in *Pediatric Adolescent Medicine*, vol. 152(1998):899–907.

Newburg, A., E. d'Aquili, & V. Rause. *Why God won't go away: Brain science and the biology of belief* (New York: Ballantine, 2001).

Noddings, N. *Caring: A feminine approach to ethics and moral education* (Berkeley: University of California Press, 1984).

Norman, J. *Living for the city* (London: Policy Exchange, 2006).

Norretranders, T. *The user illusion: Cutting consciousness down to size* (trans. J. Sydenham; New York: Viking, 1998).

Ogbu, J. U. "Understanding cultural diversity and learning," in *Educational Researcher*, vol. 21, no. 8 (1992):5–14.

Olson, D. R. *The world on paper: The conceptual and cognitive implications of writing and reading* (Cambridge, UK: Cambridge University Press, 1996).

Petrina, S. *Advanced teaching methods for the technology classroom* (Hershey, PA: Information Science Publishing, 2006).

Piaget, J. *The origins of intelligence in children* (New York: W. W. Norton, 1936/1963).

Piaget, J. *La construction réel chez l'enfant* (Paris: Delachaux & Niestle, 1952/1990).

Pinar, W. F. (ed.). *Queer theories in education* (Hillsdale, NJ: Lawrence Erlbaum, 1998).

Pinar, W. F., W. M. Reynolds, P. Slattery, & P. M. Taubman. *Understanding curriculum: An introduction to the study of historical and contemporary curriculum discourses* (New York: Peter Lang,

1995).

Pinker, S. *How the mind works* (New York: W.W. Norton, 1991).

Postman, N. & C. Weingartner. *Teaching as a subversive activity* (New York: Delacorte, 1969).

Ramachandran, V.S. & E. Hubbard. "Hearing colors, tasting shapes," in *Scientific American Mind*, vol. 16 (October 2005):17-23.

Rogoff, B. *The cultural nature of human development* (New York: Oxford University Press, 2003).

Rosch Heider, E. "Universals in color naming and memory," in *Journal of Experimental Psychology*, vol. 93(1972):1-20.

Ross, P. "The expert mind," in *Scientific American*, vol. 295, no. 2 (August, 2006):64-71.

Sabbagh, L. "The teen brain, hard at work," in *Scientific American Mind*, vol. 17, no. 4 (August/September 2006):20-25.

Sacks, O. *Seeing voices: A journey into the world of the deaf* (New York: HarperCollins, 1989).

Sacks, O. *An anthropologist on Mars: Seven paradoxical tales* (New York: Knopf, 1995).

Said, E. *Culture and imperialism* (New York: Vintage, 1994).

Simmt, E. & B. Davis, "Fractal cards: A space for exploration in geometry and discrete mathematics," in *Mathematics Teacher*, vol. 91 (December, 1998), 102-108.

Smith, L.T. *Decolonizing methodologies: Research and indigenous peoples* (London: Zed Books, 1999).

Stanley, R.D. "The body of a 'healthy' education system," in *Journal of Curriculum Theorizing*, vol. 20, no. 4(2004):63-74.

Starkes, J.L. & K.A. Ericsson (eds.). *Expert performance in sports: Advances in research on sport expertise* (Champaign: IL: Human Kinetics, 2003).

Steele, C. & J. Aronson. "Stereotype threat and intellectual test performance of African Americans," in *Journal of Personality and Social Psychology*, vol. 74, no. 4(1995):797-811.

Sternberg, R.G. & E.L. Grigorenko. *Our labeled children: What every parent and teacher needs to know about learning disabilities* (New York: Perseus, 2000).

Stone, J.E. "Developmentalism: An obscure but pervasive restriction on educational improvement," in *Education Policy Analysis Archives*, vol. 4, no. 8 (April, 1996).

Sumara, D. *Why reading literature in school still matters: Imagination, interpretation, insight* (Mahwah, NJ: Lawrence Erlbaum, 2002).

Sumara, D., B. Davis, & D. van der Wey. "The pleasure of thinking," in *Language Arts*, vol. 76, no. 2 (1998):135-143.

Surowiecki, J. *The wisdom of crowds: Why the many are stronger than the few and how collective wisdom shapes business, economies, societies, and nations* (New York: Doubleday, 2004).

Suzuki, D. & W. Grady. *Tree: A life story* (Vancouver, BC: Greystone, 2004).

Tapscott, D. & A.D. Williams. *Wikinomics: How mass collaboration changes everything* (New York: Portfolio, 2006).

Tobin, K. "The role of wait time in higher cognitive level learning," in *Review of Educational Research*, vol. 57 (Spring 1987):69-95.

Van de Walle, J.A. *Elementary and middle school mathematics: Teaching developmentally*, 6th edition (Boston: Allyn & Bacon, 2006).

Varela, F. *Ethical know-how: Action, wisdom, and cognition* (San Francisco: Stanford University Press, 1999).

Varela, F., E. Thompson, & E. Rosch, *The embodied mind: Cognitive science and human experience* (Cambridge, MA: The MIT Press, 1991).

von Maltzan, C. (ed.). *Africa and Europe, en/countering myths: Essays on literature and cultural politics* (New York: Peter Lang, 2003).

Vygotsky, L.S. *Thought and language, revised edition* (ed. Alex Kozulin; Cambridge, MA: The MIT Press, 1986).

Walker, S., III. *The hyperactivity hoax* (New York: St. Martin's Press, 1998).

Watson, J.B. *Behaviorism* (New York: Transaction, 1924/1988).

Watts, D. *Six degrees: The science of the connected age* (New York: W.W. Norton, 2003).

Webb, J.T. & D. Latimer. "ADHD and children who are gifted," in *ERIC Digest*, vol. 522 (1993, ED358673).

Williams, C. *Terminus brain: The environmental threats to human intelligence* (London: Cassell, 1997).

姓名索引

Abram, D., 106
Amaral, L.A.N., *205*
American Psychiatric Association, 116, 121
answers.com, 179
Arbib, M., 70
Aristotle, 160
Arntzen, J., *ix*
Aronson, J., 128
Ashcroft, Wm., 183
Ashton-Warner, S., 171
Azar, B., 70

Ball, P., 77
Barabási, A.-L., 56
Bartosh, O., *ix*, 210
Beethoven, L. von, *125*
Bell, G., 152
Berlin, B., 31
Bloom, B.S., 88
Bransford, J.D., 211
Britzman, D., 182
Brooks, R.A., 129
Brown, A.L., 211
Brundtland, G.R., *218*
Bryson, M., 184
Buchanan, M., 88
Bunge, M., 136
Burdick, A., 79

Cajal, S.R.y, 90
Cajete, G., 11
Calvin, W.H., 85
Carper, J., 123, 126, 127
Castro, J.C., *ix*
Cher, *125*

Christou, T., *ix*
Cobb, P., 58
Cocking, R.R., 211
Copernicus, 106
Counternormativity Discourse Group, 37
Crozier, L., 202
Cruise, T., *125*

D'Aquili, E., *216*
Dar-Nimrod, I., 206
Darwin, C., 77, *125*
Davis, B., 24, 53, 72, 110, 135, 157, 171, 197
Davis, J., *ix*
Davis, W., 9
de Castell, S., 184
Deacon, T., 151
Deleuze, G., 8
Delpit, L.D., 185
DeLuca, C., *ix*
Dennett, D.C., 34, 151
Dobson, T., 135
Donald, M., 25, 26, 69, 115, 151–154, 172

Edison, T., *125*
Edwards, D., 160, 200
Ellsworth, E., 185
Ericsson, K.A., 118
Erikson, E., *49*
Evernden, N., 3

Fermi, E., *193*
Fernandez, C., 221
Foucault, M., 46
Freire, P., 105, 179–180
Freud, S., 41, 130

Galileo, *34-35*, 106
Gardner, H., 115
Gates, Wm., *125*
Gauss, C.F., 45
Gee, J.P., 154
Gemmell, J., 152
Gerhard, G., *ix*
Goldberg, W., *125*
Goldberger, A.L., *205*
Gomes, M.E., 214
Gopnik, A., 26, 31, 49, 69
Gould, S.J., 128
Grady, W., 7
Greenwald, A.G., 42
Griffiths, G., 183
Grigorenko, E.L., 121
Grumet, M.R., 148, 183
Guatteri, F., 8
Gutenberg, J., 146

Haig-Brown, C., 12
Harriot, T., *34*
Harris, J.R., 70
Hausdorff, J.M., *205*
Hawkins, 61
Hayles, N.K., 154
Hebb, D.O., 127
Heine, S.J., 206
Herodotus, 140
Hoffman, D.D., 21
Hubbard, E., 30
Huser, G., 175, 178, 181

Iftody, T., *ix*, 135
Ivanov, P. Ch., *205*

Jaynes, J., 151

Jackson, S., 135
Johnson, D.W., *201*
Johnson, M., 57
Johnson, M.H., 51
Johnson, R.T., *201*
Johnson, S., 76, 129, 130, 131
Juarrero, A., 20
Jung, C., *125*

Kanner, A.D., 214
Kay, P., 31
Kieren, T., *vii*, 171
Knobel, M., 145
Kohlberg, L., *50*
Kress, G., 145
Kuhl, P., 26, 31, 49, 69
Kurzweil, R., 129, 132, 149

Lakoff, G., 57
Lankshear, C., 145
Laplace, P.-S. de, 45
Latimer, D., 124
Lave, J., 103, 169, 219
LeDoux, J., 60
Lévy-Bruhl, L., *215*
Lorde, A., 185
Lowry, L., 58
Luce-Kapler, R., 135, 194
Luke, A., 182
Luke, C., 183

MacKay, D.M., 21
Malzan, C. von, *186*
Martin, L., 171
Marx, K., 182-183
Maturana, H., 16
Mayer-Smith, J., 210

McEwen, L., *ix*
McGhee, D.E., 42
Meltzoff, A., 26,31,49,69
Mercer, N., 160,200
Meyer, M., 46
Miller, G., 27
Mithen, S., 151
Moll, R., *ix*
Montessori, M., *194*
Morin, E., 9
Morozov, G.F., 7
Murphy, M.J., 123

NASA, 66,75
National Academy of Sciences, *205*
National Research Center on Learning Disabilities, 176
Newburg, A., *216*
Newton, I., 17,77,*125*,160,65
Nightingale, F., *125*
Noddings, N., 171
Norden, M., 127
Norman, J., 6
Norretranders, T., 22,34,69

Ogbu, J.U., *188*
Olson, D.R., 140

Pageau, N., *180*
Pasteur, L., *125*
Peace It Together, *179*
Peng, C.-K., *205*
Peterat, L., 210
Petrina, S., 136
Piaget, J., *48*,101,114
Pinar, Wm., 182,184
Pinker, S., 27,52

Pirie, S.E.B., 171
Plato, 138-139,160
Poisson, S.-D., 45
Postman, N., 179

Ramachandran, V.S., 30
Rause, V., *216*
Renert, M., *ix*
Reynolds, Wm., 182
Rodin, A., *125*
Rogoff, B., 46,49,211
Rosch, E., 30,31
Ross, P., 26,118
Roszak, T., 214

Sabbagh, L., 49
Sacks, O., 25,32,119
Schwartz, J.L.K., 42
Shelley, Mary, 135
Silverman, N., *ix*
Simmt, E., 24,197
Slattery, P., 182
Smith, L.T., 10,*187*
Socrates, 160,162
Stanley, H.E., *205*
Stanley, R.D., 206
Starkes, J.L., 118
Steele, C., 128
Sternberg, R.G., 121
Stewart, M., 43
Stone, J.E., 50
Sumara, D., 53,72,110,135,144,171
Surowiecki, J., 66,193
Suzuki, D., 7

Tapscott, D., 149
Taubman, P., 182

Thompson, E., 30
Tiffin, H., 183
Tobin, K., 206
Towers, J., 171
Triggs, V., *ix*

van de Walle, J.A., 120
van der Wey, D., 72
van Gogh, V., *125*
van Ostade, A., *162*
Varela, F., 16, 30
Vygotsky, L.S., 103

Walker, S., 122, 123
Walz, L., *ix*

Watson, J.B., 93
Watts, D., 56
Webb, J.T., 124
Weingartner, C., 179
Welles, O., 143
Wenger, E., 103, 169, 219
Whistler, J., *125*
Williams, A.D., 149
Williams, C., 123
wikipedia.org, 32, 60, 115, 145, 149
Winfrey, O., 43
Woolf, V., *125*, 146

Yoshida, M., 221

主题索引

ADD 注意力障碍（参见 hyperactivity 多动症）

Adequacy 充足性，83，99（另参见 sufficiency 充足性）

ADHD 注意力障碍多动症（参见 hyperactivity 多动症）

Alphabet 字母表，139，144，148

Apprenticeship 学徒制，103，219—222

Artificial intelligence 人工智能，128—129

Autism 自闭症，107

Automaticity 自动化，224（另参见 chunking 组块信息）

Averages 平均，43，44—47，50，52，86—88，126

Awareness 认识，23—26；Conscious vs. noncomscious 有意识与无意识，25

Basics 基本的，57，148，165，182—182，185

Behavioral 行为的：modification 修改，95；objectives 客体，95；Bahaviorism 行为主义，25，92—95，97—98，165；limitations 限制，92—95；schooling and 学校教育和行为，94—95，165；

bell curve 钟形曲线（参见 normal distribution 正态分布）

Best practices 最佳实践，220

Biology 生物学：cluture and 文化和生物学，33，40；perception and 观念和生物学，30—31；Blindspot 盲点，21—22

Blinking 眨眼，22

Bloom's taxonomy 布卢姆分类法，88

Body 身体，57；knowledge and 知识和身体，56，65—66；learning 学习，99，111；mind vs 心与身，99；nested 嵌套的；politic 政治的，105（另参见 embodiment，具身）

Brain 大脑：as computer 将大脑比作电脑，96，130；development 发展，51；dynamics 动态机制，22，30，52，63，68—69，121，130，131，170，172，206，216—217；intelligence and 智力和大脑，117，131；injuries 脑伤，119；memory and 记忆和大脑，61；metaphors for 大脑的隐喻，130；nourishing 大脑的培育，126，127，128—129；perception and 感知和大脑，22；structure 大脑的结构，30，49，79，85，86，91，94，115，117，121，127，130（另参见 mirror neurons 反射神经元，neurology 神经学）

Capitalism 资本主义，106，148，162，164

Causality 因果关系，77，81；teaching and 教学和因果关系，20，95

Chess 象棋，118—119，217

Chunking 信息组块，16，27，118—119，137，170，216

Classical conditioning 经典条件反射，92

Classroom management 课堂管理，5，94—95，189，210，211（另参见 collectivity 集体）

Clockwork universe 像时钟一样运行的宇宙，76

Cognition 认知，97；collective 集体认知，68，102—103，172；ecology and 生态和认知，107；personal 个人认知，164—165

Coherence theories 一致性理论：of teaching 学习的一致性理论，98—109；of teaching 教学的一致性理论，166—172

Collateral learning 附属学习，131

Collectivity 集体，11，13，59，68—71，72，77，102，111，139—140，145，149，152—153，192；complexity and 复杂性和集体，77；individuality and 个体和集体，67，140，192—193；intelligence and 智力和集体，66—70，136；knowledge and 知识和集体，66—68；memory and 记忆和集体，63；stupidity and 愚蠢与集体，71，136，206—207；teaching and 教学与集体，172，192—207，224—225

Communication 交流，44，140，145，153，179；

network and 网络和交流 56; comparative dynamics 比较机制, 205—206

Complex systems 复杂系统, 77, 80; conditions of emergence 复杂系统涌现的条件, 192—207; examples 复杂系统的例子, 76—77, 79, 80, 107, 111; imagery of 复杂系统的图像, 82—85; as learners 复杂系统作为学习者, 78—79; metaphors for 复杂系统的隐喻, 82—89; qualities of 复杂系统的质量, 79, 80—81

Complexity science 复杂科学, 76—89; learning and 学习与复杂科学, 78—79, 109—111; teaching and 教学与复杂科学, 170—172

Complicated systems 复合系统, 76; complex vs 复杂性与复合系统, 76—78, 81; definition 复合系统的定义, 76; examples 复合系统的例子, 76

Conditioning 条件反射, 92—94; classical 经典条件反射, 92; operant 操作性条件反射, 93

Conditions of complex emergence 复杂性涌现的条件, 192—207

Conscientizacao, 105, 179—180

Consciousness 意识, 24, 29—35, 139, 151—154; affecting, 34—35; of collective 集体意识, 172, 03; as commentator 意识作为评论者, 34; coupling of 意识的耦合, 25, 68—69, 170—171; culture and 文化和意识, 40; influences on 意识的影响, 29—30; lag time 意识的滞后, 20, 34; learning and 学习和意识, 26; limitations of 意识的限制, 24, 25, 27, 31, 137; literacy and 识字和意识, 139; sensation vs 感觉与意识, 25; technology and 技术和意识, 151; types 意识的类型, 151—154, 151, 154

Consensus 共识, 67

Construct 建构: etymology 建构词源, 100, 101

Constructionism 建构主义, 102—104, 167, 168—169; core metaphors, 103

Constructivism 建造主义, 99—102, 167; core metaphors 建造主义的核心隐喻, 100; etymology 建造主义的词源, 100, 101; social 社会建造主义, 102—104; teaching and 教学和建造主义, 101, 168—169

Conversation 对话, 25, 44, 61, 68—69, 103, 149, 205

Cooperative learning 合作学习, 200—201

Coping 模仿, 213—218

Correspondence theories 对应理论: of learning 学习, 92—98; of teaching 教学, 160—166

Creativity 创造性, 82, 84, 109, 114, 161, 195, 212, 216, 218, 223

Critical pedagogy 批判教育学, 79—186; attitudes within 批判教育学的态度, 182—184; critiques of 批判教育学的批判, 184—186; emphases 批判教育学的要点, 180; examples 批判教育学的例子, 179, 180, 181—182, 186, 187; origins 批判教育学的起源, 179—180

Critical theory 批判理论, 104—106, 167; teaching 教学, 169 (另参见 critical pedagogy 批判教育学)

Cultural studies, 104—106, 167; teaching 教学, 169 (另参见 critical pedagogy 批判教育学)

Culture (文化): biology and 生物学和文化, 31—33, 33, 40, 70; change and 变化和文化, 38; consciousness and 意识和文化, 40; intelligence and 智力和文化, 116, 131—132; oral 口头文化, 109—140, 217; perception and 感知和文化, 30, 31—33

Curiculum 课程: hidden 隐性课程, 181, 182; nonlinear 非线性课程, 203, 210—211; spiral 螺旋课程, 202; visual metaphors of 课程的形象比喻, 165, 202—203

Cyborgs, 149

Decentralized: control 控制, 199—200; networks 网络, 56, 57, 61, 66—67, 85, 199—200

Deconstruction 解构, 39, 184

Developmentalism 发展主义, 48—53; critiques of

对发展主义的批判,49;definition 定义,48;example 例子,48,49,50;nonlinear interpretation 非线性解释,51

Digital technologies 数字技术,135,145,150,152,154(另参见 e-literature 网络文学)

Discovery learning 发现学习,160

Diversity 多样性,10—13,79,183,195—198;biological 生物学的多样性,9,79,196;conceptual 概念的多样性,195,196—198,199;cultural 文化的多样性,9,183,186,196

DNA,108,171,196

DSM,121

Dyscalculia 计算困难,120

Dysgraphia 书写困难,120

Dyslexia 诵读困难,120—121

Ecology 生态,9,67,79,99,206—226;etymology,106,223;of learning 学习的生态,106—108

Ecopsychology 生态心理学,212

Ecospirituality 生态精神,216—217

Ecosystems 生态系统,7,9,57,59,64,79,80,192,206,212;as metaphor 生态系统作为比喻,77,99,130,167

Education 教育:etymology 教育的词源,162;evolution of 教育的发展,153;purpose of 教育目的,9,20—21,35,38—40,43,179,187—188,223,226

Effortful study 艰辛的学习,118—119,153—154,183

E-literature 网络文化,135,138,141,146,148,150,154;identity and 身份和网络文化,141

Embodiment 具身,39,53,56—58,64,66,79,81,100—101,138,153—154

Emergence 涌现,5,71,103,130,148,152—154,171,192,207,225(另参见 self-organixation 自组织)

Emotional intelligence 情感智力,205,206

Empiricism 经验主义,10—13,106,148,160—161,164—165,185;emphases of 经验主义的要点,10;rationalism vs 理性主义与经验主义,164—165,164;teaching and 教学与经验主义,165

Enabling constraints 使能性限制,16,33,192—194;definition 使能性限制的定义,193—194

Enlightenment 启蒙,10,164

Enviormental issues 环境问题,8,9,13,107,123,211,220—221

Episteme 知识,1,160—161,164

Equilibrim 平衡,81

Errors 错误,65—66;constructivism and 建构主义和错误,101;ethics 伦理学,66—67,105,186—188,212—214;ethnosphere 人类文化圈,9,183,196

Etymologies 词源:construct 建构的词源,100,101;ecology 生态的词源,106,211;education 教育的词源,162;frame 框架的词源,4;intelligence 智力的词源,114;interpretation 解释的词源,167;know 认知的词源,1;learn 学习的词源,73;literature 文学的词源,144;logic 逻辑的词源,140;mathematics 数学的词源,23;nature 先天的词源,115;normal 正常的词源,37;reading 阅读的词源,139;spirituality 精神的词源,139;structure 结构的词源,59;teaching 教学的词源,155;technology 技术的词源,136

Evaluation 评估,46;of teaching 教学的评估,5

Evidence-based practice 基于证据的实践,12

Evolution 发展,99,225;of alphabet 字母表的发展,148;of consciousness 意识的发展,151—154,151;of culture 文化的发展,38;dynamics of 发展的动态机制,57—58,85,105—106,107;of education 教育的发展,153—154;imagery of 发展的图像,83,84,105,107;of knowledge 知识的发展,14,35;of language 语言的发展,159;learning theory and 学习理论和发展,99;of teaching 语言的发展,159

Expanding the space of the possible 拓展可能区域,
20—21,84,172,193,225

Expectation 期望:performance and 行为和期望,
43,128,206

Exponential growth 幂指数增长,132,205,211; of
intelligence 智力的幂指数增长,129,132,149; in
technologies 技术的幂指数增长,149

Familiar/strange 熟悉/陌生,28,40,180,212,216

Far-from-equilibrium 远离平衡,81

Feedback loops 反馈回环,204—207; negative 消极
的反馈回环,205,207; positive 积极的反馈回环,
204—207

Feminism 女性主义,182,183

Fermi problem Fermi 的问题,193

Fiction 虚构:literary 文学虚构,144; truth vs. 真相
与虚构,143

Fictionalizing acts 虚构行为,142—144,143

Focal events 焦点事件,210—211

Fractal 分形:cards 卡片,22,23,24,212; geometry
几何学,82—85,201; images 分形的图像,22,
26—27,28,84,203,225; qualities of 分形的质
量,29

Frame 框架:etymology 词源,4; of learning 学习
的框架,75—90; of knowing 认知的框架,3—17;
of teaching 教学的框架,157—174

Free will 自由意志,34

Gaussian distributeion 高斯分布(参见 normal
distribution 正态分布):genius 天才,117—119;
obsession and 迷恋和高斯分布,119; origins of
高斯分布的起源,117—118

Geometry 几何学:Euclindean 欧几里德,19,23,33,
35,38,57,82,85—86(另参见 linearity and
normal 线性和正态); fractal 分形,23,24,26—
27,29,35,57,82—86,171(另参见 fractal and
nonlinearity 分形和非线性)

Giftedness 天才,117—119; anomalous cases 反常
的例子,115,119; hyperactivity 多动症,122—
123; origin of 天才的起源,117—118

Global citizenship 全球公民,222

Globalization 全球化,12

Gnosis 诊断,1,160—161

Grammar 语法,136

Great Lakes 大湖区,79,80—81

Heterosexism 异性态主义,137,183—184,187

Hidden curriculum 隐性课程,181,182

Holism 整体主义,76

Hybrid forms 杂交形式,183,186

Hyperactivity 多动症,107,121—123,122;
giftednesss vs. 天才与多动症,122—123;
symptoms of 多动症的症状,122; treatments of
多动症的治疗,121—122; triggers of 多动症起
因,123

Identity 身份,41,151,158,161,164—165,171,
173,187,211; literacy and 识字和身份,140,
141; teaching 教学,157,160,163,165,166,
170,173

Imagination 想象,109,142,144—145

Imperialism 经验主义,10—13,106,148,162,164

Implicit associations 隐性联系,39—40,42—43,44,
70—71,94—95,153—154,188; tests 考试,
42—43

Improvisation 即席创造,171,222—223

Inclusive education 全纳教育,47,176—178;
critiques of 全纳教育的批判,178

Indigenous 本土的:education 本土教育,182,183,
187; knowledge 本土知识,10,11,67;
worldviews 本土世界观,10—13,217

Individualism 个人主义,59,77; collectivity 集体,
67,192—193; criques of 个人主义批判,59,64,
11,164—165; learning and 学习和个人主义,92

Industrialization 工业化, 17, 76, 106, 147—148, 162, 164

Inkblot test 墨迹测验, 32

Intelligence 智力, 66, 114—133; aging, 126; artificial, 128—129; collectivety 集体, 66—68, 136, 192; definition 定义, 114; diversity 多样性, 196—198; emotional 情感的, 127; enhancing 加强, 117—118, 126, 128—132, 149, 151, 192; etymology 词源, 114; fluid vs. crystallized 流动智力与晶体化智力, 127; human vs. nohuman 人性与非人性, 118—119; language 语言, 130, 136; limits 局限, 131—133; location of 智力的定位, 129—131; measurability of 智力的测量, 125—128; multiple 多元智能, 115—116, 117, 120, 121; popular culture 流行文化, 131—132; quotient 商数（参见 IQ 智商）; tecnology 技术, 132, 151—152

Interconnectivity 相互关系性, 4—6, 8, 11, 13, 211（另参见 ecology 生态）

Intergenerational landed learning on the farm project 基于农场项目的代际田野学习, 211—226

Interpretation 解释, 167—169; etymology 解释的同义词, 167; perception and 观念与解释, 32

Interpretivism 解释主义, 167—169

IQ 智商, 116, 125—128; critique of 对智商的批评, 125—127; gender and 性别与智商, 126; predictive value of 智商的预见性价值, 127; race and 种族与智商, 126; tests 智商测验, 125—126

Knowing 认知, 1—72, 107; bodies, 1, 56, 57; etymology 知识的同义词, 1; knowledge vs 知识与认知, 14, 35; location of 认知的定位, 59; nature of 认知的性质, 6, 8—9, 11—12, 196—197; partiality of 认知的前见, 7—8, 16; situated 情境的, 7, 9, 65, 66, 108; synonyms 认知的同义词, 1; systems 认知系统, 9（另参见 embodiment and knowledge 具身与知识）

Knowledge 知识, 65—67; definition 知识的定义, 65—66; embodied 具身知识, 39, 64, 66; as evoliving 知识作为发展, 197; knowing vs 认知与知识, 14, 35; memory vs 记忆与知识, 65; metaphors of 知识的隐喻, 1, 3, 6, 11, 12, 12—13, 57, 57—58, 139, 140; nowestern conceptions 非西方知识观, 10—13, 12—13; tacit 缄默的知识, 39, 43; western categories 西方的知识范畴, 1, 160—161; wisdom 智慧, 212—214（参见 knowing 认知）

Labels 命名, 46—47, 124—125

Landed Learning 田野学习, 211—226

Language 语言: critical pedagogy 批判教育, 180; evolution of 语言的发展, 140; intelligence and 智力与语言, 130, 136; perception and 感知与语言, 32—33; as technology 语言作为技术, 136—138

Learners 学习者, 78—79; definition 学习者的定义, 78; metaphor for 语言的隐喻, 108（另参见 complex system 复杂系统）

Learning 学习, 1, 78—79; coherence theories of 学习的一致性理论, 98—109; collateral 附属学习, 131; complexity theories 复杂理论, 109—111; complicated theory 复合理论, 76; correspondence thories 对应理论, 92—98; etymology 学习的词源, 73; metaphors 学习的隐喻, 108; synomyms 学习的同义词, 73; theories of 学习理论, 91—111

Learning disabilityies 学习无能, 120—121, 147; common types 学习无能的常见种类, 120; critiques of 对于学习无能的批判, 121

Learning styles 学习风格, 96, 115

Lesson study 课例研究, 220—221

Level-jumping 跳级, 59（加参见 transphenominality 跨学科）

Liberal arts 文科, 162

Liberating constraints 自由式限制（参见 enabling constraints 使能性限制）

Linearity 线性, 14, 50—51, 77, 82—84, 83, 94, 95, 140, 201; causality, 20—21, 77; curriculum 线性课程, 202, 210; strategies to interrupt 打破线性的策略, 14—16

Literacy 识字, 138—145; orality vs 口语与识字, 116, 139—140, 140

Literature 文学, 143—145; etymology 文学的词源, 144

Logic 逻辑: etymology, 140

Logistic growth 罗吉斯蒂增长, 132

Mainstreaming 主流教育, 47

Marxism 马克思主义, 182—183, 185

Mass printing 批量印刷, 146—148

Mathemtics 数学: cultural role of 数学的文化角色, 35; etymology 词源, 23; mathematical vs. 数理与数学, 23; pedagogy 数学教育学, 19, 23, 27, 29, 35, 75, 78, 80, 82, 85, 86, 89, 193, 197—198, 198—199

Memory 记忆, 58—64, 107, 203—204; collective 集体记忆, 63, 108, 203—204; declarative 陈述性记忆, 62; definition 定义, 60; distributed 分布记忆, 62—63; episodic 轶事记忆, 15, 62—63; individual 个体记忆, 60—63; knowledge vs. 知识与记忆, 65; long-term 长时记忆, 15, 60, 61; nondeclarative 非陈述性记忆, 61—62; rote 死记硬背, 28; semantic 语义记忆, 15, 62—63; sensory 感官记忆, 60, 61; short-term 短时记忆, 61; systems 系统记忆, 55, 60; types 记忆的类型, 15, 55, 60; working 工作记忆, 61

Mentalisms 心灵主义, 95—98; core metaphors 心灵主义的核心隐喻, 96

Metaphors 隐喻, 137, 144, 161; of brain, 130; of complex systems 复杂系统的, 82—89; inconstructivism 建构主义, 100; in constructionism 建造主义, 103; of curriculum 课程的, 202—203; of learning 学习的, 108; of knowledge 知识的, 1, 3, 6, 11, 12—13, 57, 57—58, 139; of schooling 学校教学的, 6

Metaphysics 形而上学, 160

Mind 心灵, 102; body 身体, 99

Mind-reading 心灵解读, 70, 71

Mirror neurons 反射神经元, 62—62, 69, 69—71, 70—71, 206

Mob mentality 暴民心理, 71, 206—207

More-than-human world 超人类世界, 106, 163

Multiple intelligences 多元智能, 115

Multiplication 乘法, 196—197

Mysticism 神秘主义, 160—163

Narcissism of minor difference 陶醉于细小差别, 41

Nature 先天: etymonolgy 先天的词源, 115; nurture 后天, 29—30, 114, 117—119

Neighbor interactions 邻居交互, 198—199

Neobehaviorism 新行为主义, 97—98

Nestedness 嵌套, 16, 29, 56, 65, 66, 85—86, 87, 105, 110—111, 171, 202（另参见 transphenomenality 超现象）

Networks 网络, 198—200; centralized 集中型网络, 56, 200; decentralized 分散型网络, 56, 57, 61, 66—77, 85, 199—200; distributed 分布的, 56; theory of 网络理论, 56, 199; types 网络的类型, 56

Neurology, 48—49, 51, 52, 55, 69—70, 86, 90, 115, 119, 130, 147（另参见 brain 大脑）

Nonlinearity 非线性, 77, 82—84, 83; classroom learning and 课堂学习与非线性, 201

Normal 正常, 37—38, 39, 43; child 正常儿童, 46, 93, 181; development 正常发展, 49—50; etymology 正常的词源, 37; measurement and 测量与正常, 44—47; paradox of 正常的悖论, 39—40; schools 正常学校, 38, synonyms 正常的同义

词,38,40,44,48,53
Normal distributions 正态分布,44—47,45,46,86—87; IQ and 智商与正态分布,125—126; origins of 正态分布的起源,44—45
Normalism 正常主义,37—53,181
Normativity 常态,43—44,181
Norms 规范:cultural role of 文化作用,40,179

Objectivity 客观,65,139
Open-ended questions 开放式问题,193
Operant conditioning 操作性条件反射,93
Oral cultures 口语文化,139—140,217

Pantheism 泛神论,67
Parent-child pairings 亲子活动,25—26,170
Partiality 前见,7—9,16; definition 前见的定义,7
Participatory 参与:teaching 教学,52,170—172,211; worldviews 世界观,14—15
Peer pressure 同辈压力,70
Perception 感知,19—35,41—43,166—167; biological roots of 感知的生物根源,30—31; cultural influences on 文化影响于感知的影响,30,31—33; directionality of 感知的方向,22; experiments in 感知实验,21,24,25,30,31,32,41,61; interpretation and 解释与感知,32; languageand 语言与感知,32—33
Peripheral participation 辅助性参与,169,218
Personanlity 人格,70,171
Phase space 阶段空间,84,107,203
Play 玩,84
Poetry writing 诗歌写作,191,194,198,200,202,204,207,212
Post-colonialism 后殖民主义,182—183,186
Postmodernism 后现代主义,167
Post-structuralism 后结构主义,182
Power 幂,181,182—183
Power law distributeion 幂指数分布,86—89,87

Practice 实践:effortful 艰辛的,118—119,153—154,183; theory vs 理论与实践,10,11(另参见 rehearsal 演练)
Prejudice 前见,53,188
Priming 准备,43,128,206
Progress 进步,83—84
Psychoanalysis 心理分析,25,41,130,182

Quantitative research 量性研究,(参见 statistical research 统计研究)
Queer theory 同性恋理论,182,183—184
Questions 问题: as enabling constraints 使能性限制,192—194; open-ended 开放式问题,193; types 问题类型,88; wait time 等待时间,205—206

Racism 种族主义,105,137,176,185; IQ 智商,126,128
Rationalism 理性主义,160—161,164—165,185; empiricism vs 经验主义与理性主义,164; teachingand 教学和理性主义,165
Reading 阅读,142—145; etymology 阅读的词源,139; internet and 互联网和阅读,150; pedagogy 教育学,55,58,64,48,71—72; silent 沉默,147
Reality television 真实电视,131
Recursive elaboration 递归发展,16,26,29,52,83,85,168,171,172,201—202; development and 发展与递归发展,52; teaching and 教学与递归发展,201—202,220,225; writing as 书写作为递归发展,142
Redundancy 冗余,195—196
Rehearsal 演练,11,16,70,203
Relationship 关系,8,12,57,59,61,66,71,79,80—81,106—111,139,140,142,173,177,211,226; perception 感知,22,35,41,41—42
Religion 宗教:normalism 正常主义,53; teaching and 教学与宗教,160—163

Rhizomatics 根茎的：definition 根茎的定义，8，11；examples 根茎的例子，10，33，47，65，85，99，144，142，164，176，192，210

Ritalin 瑞他林，121—122

Robotics 机器，129

Sapir-whorf hypothesis Sapir-whorf 假设，32

Scale independentce 层级独立性，29，56—57，85，171

Schools 学校：effects of 学校的效果，7—8，12；metaphors of 学校的隐喻，6；normal 正常的学校，38（另参见 education 教育）

Science pedagogy 科学教育，90，98，102，104，106，109，111

Second language learning 第二语言学习，216

Self-determination 自我决定，81

Self-maintenance 自我维护，81

Self-similarity 自我类似性，28，29，56，171；of complex system 复杂系统的自我类似性，56—57；of tree 树的自我类似性，1

Sensory system 感官系统，24，25；consciousness vs 意识与感官，25；diversities of 感官系统的多样性，30，31

Sexism 性别歧视，43，105，176，181，184，187，206；IQ tests and 智商测验和性别歧视，126

Shared 共同的：activity 共同活动，75，103；understanding 共同的理解，58—59，64

Situated learning 情境学习，66，103，168—169，219

Situatedness 情境，66

Scratic method 苏格拉底办法，162

Social constructivism 社会建构主义（参见 constructionism 建造主义）

Specialization 特别化，195—198

Spelling 拼写，136

Spirituality，66—67，139，216—217；etymology 精神的词源，139

Standard deviation 标准方差，45，46，95，181；of evaluateons 评估的标准方差，6，9，46，130，196；of language 语言的标准方差，131，140，147

Statistical research 统计研究，40，44—47，85；on intelligence 智力的统计研究，125—126

Structure 结构，57；definition 结构的定义，59；etymology 结构的词源，59（另参见 network 网络）

Student-centeredness 学生中心，192，200

Subjectivity 主体性，65，139

Sufficiency 充足性，3，14—17，77，79，99，101，194

Sustainability 可持续性，183，212，222—223，226，218

Symbols 符号，137，144，148，152

Synaesthesia 联觉，31

Taker-as-shared 视为一样，58—59

Teacher-centeredness 教师中心，192，200

Teacher education 教师教育，5—7，169，187—188，218，219—222；normative structures of 教师教育的常态结构，37；studies of 教师教育研究，37—38，40，43—44，47—48，53，157，160，163，166，170，173；tension of 教师教育中的矛盾，187—188

Teaching 教学：aims of 教学目的，28；conceptions of 教学观，1，27，38，52，97—98，101，108—109，146—167，154，157—173，179—186，212—212，222；as consciousnesss of the collective 教学作为集体意识，172，203；etymology 教学的词源，155；evolution of 教学的发展，159；genealogy of，教学的谱系 159；synonyms 教学的同义词，155，158，162—163，165，168，169，171—172

Techology 技术，136—154，149；emergent 技术的涌现，145，149—150；etymology 技术的词源，136；intelligence and 智力和技术，63；types of 技术的种类，136，151，151—154；of writing 书写的技术，138—141

Theory 理论：inter-理论之间，110；practice vs 实

践与理论,10,11; role of 理论的作用,13
Thinking styles 思维方式,115
Transdisciplinarity 跨学科,9,14,111
Transfer 迁移,210—211
Translation 翻译,168—169
Tranphenomenality 超现象,56,59,110,171,186,196,211,225—226
Trees 树: as ecosystems 树作为生态系统,7; as metaphors 树作为隐喻,3,5,17,83,84,85,105,107,159

Understanding 理解,59—59; skills vs 技能与理解,142
Urbanization 城市化,17,106,150,164

Vibrant sufficiency 动态丰富性,3,16—17,77,79,99,194
Voice 声音,139

Wait time 等待时间,205—206
Wikipedia.org 维基网,32,60,115,145,149
Wikis 维基百科,145,149
Wisdom 智慧,212—214
Words 词语,140
Writing 书写,138—141; genres of 书写的种类,142—145; pedagogy 教育学,191,194,198,200,202,204,207

Zebra mussels 斑马蚌,79,80—81

图书在版编目(CIP)数据

心智交汇:复杂时代的教学变革/(美)戴维斯(Davis,B.)
等著;杨小微主编.—上海:华东师范大学出版社,2009.12
(当代学校变革的理论与实践)
ISBN 978-7-5617-7443-4

Ⅰ.①心… Ⅱ.①戴…②杨… Ⅲ.①教学改革-研究
Ⅳ.①G420

中国版本图书馆 CIP 数据核字(2010)第 001293 号

心智交汇:复杂时代的教学变革

著　者	Brent Davis 等
译　者	毛齐明
策划编辑	彭呈军
项目编辑	刘荣飞
审读编辑	郑美花
责任校对	赖芳斌
装帧设计	高　山

出版发行	华东师范大学出版社
社　　址	上海市中山北路 3663 号　邮编 200062
网　　址	www.ecnupress.com.cn
电　　话	021-60821666　行政传真 021-62572105
客服电话	021-62865537　门市(邮购)电话 021-62869887
地　　址	上海市中山北路 3663 号华东师范大学校内先锋路口
网　　店	http://ecnup.taobao.com/

印 刷 者	上海商务联西印刷有限公司
开　　本	787×1092　16 开
印　　张	16.25
字　　数	274 千字
版　　次	2011 年 1 月第 1 版
印　　次	2011 年 1 月第 1 次
印　　数	4100
书　　号	ISBN 978-7-5617-7443-4/G·4298
定　　价	32.00 元

出 版 人　朱杰人

(如发现本版图书有印订质量问题,请寄回本社客服中心调换或电话 021-62865537 联系)